▇ 中国书籍学研丛刊

经济理论与探索

广东财经大学学报编辑部 | 编

图书在版编目（CIP）数据

经济理论与探索/广东财经大学学报编辑部编. —北京：中国书籍出版社，2021.9
ISBN 978－7－5068－8696－3

Ⅰ.①经… Ⅱ.①广… Ⅲ.①经济理论—文集 Ⅳ.①F0－53

中国版本图书馆 CIP 数据核字（2021）第 187316 号

经济理论与探索
广东财经大学学报编辑部 编

责任编辑	牛　超
责任印制	孙马飞　马　芝
封面设计	中联华文
出版发行	中国书籍出版社
地　　址	北京市丰台区三路居路 97 号（邮编：100073）
电　　话	（010）52257143（总编室）　　（010）52257140（发行部）
电子邮箱	eo@ chinabp. com. cn
经　　销	全国新华书店
印　　刷	三河市华东印刷有限公司
开　　本	710 毫米×1000 毫米　1/16
字　　数	265 千字
印　　张	15
版　　次	2021 年 9 月第 1 版
印　　次	2021 年 9 月第 1 次印刷
书　　号	ISBN 978－7－5068－8696－3
定　　价	95.00 元

版权所有　翻印必究

编辑委员会

主　任：邹新月
成　员：何　剑　汤　菲　欧翠珍
　　　　胡慧河　谢文亮

主　编：何　剑
副主编：欧翠珍

目录
CONTENTS

第一篇　经济高质量发展研究 …………………………………………… 1
  中国生产要素价格扭曲的宏观经济效应　3
  大国市场优势、消费结构升级与出口商品结构高级化　23
  资源禀赋、制度质量与经济增长质量　42
  市场化进程、金融摩擦与全要素生产率　55

第二篇　技术进步与创新发展研究 ………………………………………… 67
  高技术产业协同创新深度的影响因素及其行业比较　69
  中国要素收入分配中的技术进步偏向性：马克思偏向型还是新古典偏
    向型　83
  技术变化与产业结构演进：全球非平衡增长视角　103

第三篇　高层次开放型经济发展研究 ……………………………………… 123
  生产服务业开放对中国产业生产率的影响及其国际比较　125
  当代资本主义发展的空间隔离及其危机变化　140
  经济政策不确定性、国家形象与制度环境差异　154

第四篇　绿色经济发展研究 ………………………………………………… 177
  中国城市绿色创新空间格局及其影响因素　179
  中国制造 2025 的碳减排目标会实现吗　199
  生态文明视阈下中国环境污染排放绩效的演变与驱动　217

第一篇 01
经济高质量发展研究

中国生产要素价格扭曲的宏观经济效应[*]

——基于DSGE模型的分析

一、相关文献评述与新研究视角的提出

市场化改革是中国经济实现快速发展的关键。经过40年的不断推进，中国已经形成了较为健全的商品市场，但生产要素市场的发展长期相对滞后，时至今日，生产要素价格定价规则的透明性依然不够，政府不当干预依然广泛存在，导致市场无法对生产要素进行有效配置。中国生产要素价格长期扭曲有其历史原因。转轨时期，国家采取的是优先发展制造业和保持出口行业竞争优势的发展战略，而这些行业大多具有资本密集型的特点，与中国的要素禀赋相背离，因而国家只能通过人为降低制造业成本，即采取低利率、低汇率、低工资和低价能源与原材料政策等来适应这一战略，这导致中国的要素市场改革一直比较滞后（盛仕斌和徐海，1999）[1]。劳动力要素方面，严格的户籍管理制度阻碍了劳动力的自由流动，由此形成的城乡二元经济结构导致了劳动力市场的分割和扭曲，人才无法按照市场机制有效配置，进而抑制了要素配置效率的提升。资本市场方面，我国利率市场化起步较晚，政府对金融部门的信贷决策干预力度一直比较大，资本市场的"寻租"问题大量存在，同样阻碍了资本的有效配置。但伴随市场化改革的不断推进，生产要素市场成为下一步深化市场化改革的重点。党的十九大报告明确指出，经济体制改革必须以完善产权制度和要素市场化配置为重点。

所谓生产要素价格扭曲，是指因生产要素市场不完善而导致的生产要素市场价格和机会成本的偏差或背离，它将直接影响生产要素的配置效率。生产要素价格扭曲可进一步分为生产要素价格绝对扭曲和生产要素价格相对扭曲。前

---

[*] 原载于《广东财经大学学报》2019年第2期第17-30页。
　　作者：李言，南京大学经济学院博士研究生；黄婷婷，南京大学经济学院博士研究生。

者是指单个生产要素的实际价格与其边际产出或机会成本之间的偏离;后者则包括了两层含义:一是指同一部门一种生产要素相对于另一种生产要素的相对扭曲程度;二是指不同部门两种或两种以上生产要素的价格构成比率不相等(Atkinson 和 Halvorsen,1980)[2]。生产要素是经济体系循环的起点,生产要素价格扭曲会通过影响资源的配置效率,对消费、投资、总产出和全要素生产率等宏观经济变量产生影响(陈晓华等,2017)[3]。对此,已有研究多集中于生产要素价格扭曲对全要素生产率或配置效率的影响,而忽视了从一般均衡视角分析生产要素价格扭曲的宏观经济效应。

目前,关于生产要素价格扭曲宏观经济效应的研究主要有两种方法。一种是局部均衡视角分析方法,即主要考察生产要素价格扭曲对某一宏观经济变量的影响,通常采用的是计量分析方法;另一种为一般均衡视角分析方法,即同时考察生产要素价格扭曲对诸多宏观经济变量的影响,通常采用的是数值模拟分析方法。采用局部均衡视角的分析大多关注生产要素价格扭曲对全要素生产率的影响。如 Hsieh 和 Klenow(2009)[4]利用企业层面的数据研究了要素市场扭曲对全要素生产率损失的影响,提出中国的资源配置效率若能达到美国的水平,制造业的全要素生产率将提高 30%—50%,若完全消除要素市场的扭曲,制造业的全要素生产率可以提高 86.6%—115%;盖庆恩等(2015)[5]基于 1998—2007 年中国工业企业数据库的实证分析表明,若资本市场扭曲得到改善,样本期间制造业的全要素生产率平均可提高 57.79%,若劳动力市场扭曲得到改善,全要素生产率可提高 33.12%。也有一些研究者采用了一般均衡视角分析方法。如罗德明等(2012)[6]构建了一个微观企业层面的动态随机一般均衡模型,分析了生产要素市场价格扭曲对全要素生产率的影响,该模型引入了垄断竞争的中间产品生产企业与内生化的进入退出选择,发现若生产要素价格不再扭曲,加总的全要素生产率将增长 9.15%。

随着对生产要素价格扭曲研究的不断深入,不少研究者开始关注其对宏观经济其他变量的影响。如丁建勋(2015)[7]在研究资本深化与中国消费率的关系时,发现因要素价格扭曲导致各经济部门偏向选择资本密集型技术是中国资本深化进而消费率降低的一个重要影响因素。冼国明和石庆芳(2013)[8]考察了要素市场扭曲对中国投资行为的影响,发现要素市场扭曲与中国投资之间呈倒 U 型关系,要素市场扭曲过高或过低均不利于地方投资。同时,要素市场扭曲对中国投资的影响存在明显的区域差异性,东部地区的要素市场扭曲增加会促进当地投资,中部地区的要素市场扭曲降低有利于投资增加,西部地区的要素市场扭曲与投资之间呈倒 U 型关系,这些研究主要都是从局部分析视角展开。但王宁和史晋川（2015）[9]的研究则是从一般分析视角切入，通过拓展包含家庭部门、生产部门和政府部门的 Ramsey–Cass–Koopmans 模型，分析了生产要素价格扭曲对中国投资消费结构的影响，其研究发现资本和劳动价格的负向扭曲均会刺激投资、减少消费，但劳动价格扭曲的作用力更大；而当劳动价格扭曲比资本价格扭曲更为严重时，将更加不利于投资与消费结构的改善。此外，他们的研究还分析了生产要素价格扭曲对人均 GDP 的影响，发现消除扭曲后人均 GDP 将增长 115.61%。

以上研究表明，生产要素价格扭曲对宏观经济的影响是多方面的，但相对于局部均衡视角的分析，从一般均衡视角的研究仍有待进一步拓展。将生产要素价格扭曲纳入一般均衡模型，不仅可以探讨其对全要素生产率的影响，还可以进一步分析其对消费、投资和总产出等宏观经济变量的影响，这一视角应成为下一步研究的重点。

鉴此，本文将利用宏观经济学的动态随机一般均衡即 DSGE 模型研究生产要素价格扭曲的宏观经济效应，以补已有研究之不足。本文主要借鉴 Hsieh 和 Klenow（2009）[4]的研究，将生产要素价格扭曲引入生产部门的利润函数。相比已有相关研究，本文的主要创新之处在于：将生产要素价格扭曲因素纳入 DSGE 模型分析框架，利用 DSGE 模型所具有的比较静态分析和动态冲击分析方法，从经济变量均衡值与波动的视角出发，模拟分析生产要素价格扭曲对消费、投资、总产出和全要素生产率等宏观经济变量的影响。由于 DSGE 模型具有较强的拓展性，将生产要素价格扭曲纳入 DSGE 模型，还可为以后从更多视角分析生产要素价格扭曲的宏观经济效应提供新的方法。

二、基于生产函数法的生产要素价格扭曲对宏观经济的影响

（一）生产要素价格扭曲测算

下面主要利用生产函数法引入生产要素价格扭曲，并从总量层面切入，将要素价格扭曲引入地区 i 的利润函数中，然后通过求解利润最大化得出测算要素价格扭曲的表达式。采用生产函数法测算生产要素价格扭曲，其优势主要在于能区分不同生产要素的价格扭曲，进而可进行比较分析。

首先，将劳动力价格扭曲和资本价格扭曲引入地区 i 的利润函数，并假设地区 i 追求利润最大化：

$$\max \pi_{i,t} = Y_{i,t} - (1+\tau_{i,t}^{N}) W_{i,t} N_{i,t} - (1+\tau_{i,t}^{K}) R_{i,t}^{K} K_{i,t} \quad (1)$$

$$st.\ Y_{i,t} = TFP_{i,t} N_{i,t}^{1-v_{K}} K_{i,t}^{v_{K}} \quad (2)$$

$$TFP_{i,t} = K_{i,t}^{v_{TFP}} \quad (3)$$

其中，Y 表示地区总产出，W 表示地区劳动力平均工资，N 表示地区劳动力投入，R 表示地区资本收益率，K 表示地区资本存量，τ^N 和 τ^K 分别表示劳动力价格扭曲和资本价格扭曲。地区 i 的生产函数为 Cobb-Douglas 形式，TFP 表示地区全要素生产率，v_K 表示资本产出弹性。为分析要素市场扭曲对全要素生产率的影响，本文借鉴内生增长理论"干中学"模型的建模思想（戴维·罗默，2014）[10]，将全要素生产率设定为资本存量的函数，式中 v_{TFP} 表示资本全要素生产率的产出弹性。通过求解利润最大化一阶条件并作进一步转换后，即可得出如下劳动力价格扭曲和资本价格扭曲的测算公式：

$$\tau_{i,t}^N = (1 - v_K) Y_{i,t} / W_{i,t} N_{i,t} - 1 \quad (4)$$

$$\tau_{i,t}^K = (v_K + v_{TFP}) Y_{i,t} / R_{i,t}^K K_{i,t} - 1 \quad (5)$$

在具体测算过程中，本文利用随机前沿模型估计资本生产弹性与劳动力生产弹性。在测算资本价格扭曲时，采用 Hsieh 和 Klenow（2009）[4]的处理方式，将实际资本收益率设为 10%。测算过程中依据的主要数据包括中国省级层面的地区总产出、地区资本存量、地区劳动力投入和地区劳动力平均工资，数据的时间跨度为 2000—2016 年。下面重点对后 3 笔数据的处理进行说明。测算地区资本存量需要 3 笔数据，即 2000 年的地区固定资本存量、2000—2016 年的固定资本形成额以及 2000—2016 年的投资品价格指数。其中：2000—2016 年的固定资本形成额以及 2000—2016 年的投资品价格指数数据可直接从统计局网站获得；2000 年各省份固定资本存量（K_{2000}）则参考 Hall 和 Jones（1999）[11]的测算方法，用 2000 年的固定资本形成额（I_{2000}）除以 2000—2010 年的固定资本形成额的几何平均增长率（θ）与固定资本折旧率（δ）之和，即 $K_{2000} = I_{2000} / (\theta + \delta)$。参考张军等（2004）[12]的研究，将折旧率设定为 9.6%。依据上述 3 笔数据，再利用永续盘存法测算得出以 2000 年为基期的 2000—2016 年间各地区的资本存量，测算公式为：$K_t = (1 - \delta) K_{t-1} + I_t / p_t$。西藏因相关数据缺失严重而未列入测算范围。

地区劳动力投入的测算借鉴张曙光和程炼（2010）[13]的研究，采用相关动态随机一般均衡模型；进行贝叶斯估计时借鉴 Iacoviello 和 Neil（2010）[14]的方法，采用以下步骤进行测算：第一步，通过测算得到各地区 15-64 岁年龄段的人口数据；第二步，以全国层面的就业人员数除以各地区 15-64 岁年龄段的人口总数，得到各年份全国就业人员数与 15-64 岁人口数的比重；第三步，利用第二步获得的比重值与各地区 15-64 岁人口数相乘，即可得出地区就业人员数，亦即劳动力投入数据。以总产出乘以劳动报酬率可得到劳动力工资总额。

根据研究需要，劳动力工资总额再转换为实际值，本文采用城镇在岗职工工资总额指数，将名义劳动力工资总额转化为实际劳动力工资总额。根据劳动力投入数据和劳动力工资总额，可计算得出劳动力的平均工资。

为具体测算劳动力和资本两种主要生产要素的价格扭曲，本文结合生产函数法与随机前沿分析法，计算得出理想情况的生产函数，结果如表1所示。

表1　生产函数随机前沿模型估计结果

变量	$lncap$	$lnlab$	con
$lngdp$	0.571 5*** (0.003 5)	0.499 9*** (0.043 9)	-0.128 9* (0.296 1)

注：***、**、*分别对应系数在1%、5%和10%水平上显著；括号中为系数对应的标准差。表2同。

利用以上系数测算劳动力和资本的边际产出，再将其与生产要素的实际支付进行比较，便可得出各类生产要素对应的价格扭曲。

（二）实证分析

实证分析前，需对所使用的宏观经济变量数据进行处理。消费、投资和总产出均是人均层面的数据，消费数据取自社会消费品总额，利用消费品价格指数将其转换成基期为2000年的实际数据；投资数据取自固定资本形成额，利用投资品价格指数将其转换成基期为2000年的实际数据；总产出数据取自地区总产出，利用地区总产出指数将其转换成基期为2000年的实际数据。将以上3笔数据均除以15-64岁年龄段的人口数并取自然对数，得到下文实证分析所使用的人均层面数据。全要素生产率是总量层面数据，采用式（3）的方式通过换算得到。在估计过程中，本文不是通过加入控制变量而是通过加入被解释变量滞后项的方式来反映其他因素的影响，采用的方法是处理动态面板数据常用的系统广义矩估计回归方法（见表2）。

表2　生产要素价格扭曲对宏观经济影响的回归结果

变量	$lngdp$	$lncc$	$lnik$	$lntfp$
lnX	0.909 3*** (0.003 2)	0.928 4*** (0.003 2)	0.753 1*** (0.011 9)	0.928 6*** (0.001 7)
τ^K	-0.049 7*** (0.001 0)	-0.028 5*** (0.001 7)	-0.166 3*** (0.007 3)	-0.002 5** (0.000 1)
τ^N	-0.030 9 (0.013 0)	-0.074 3 (0.018 2)	-0.343 0* (0.030 9)	-0.009 3 (0.000 2)

续表

变量	lngdp	lncc	lnik	lntfp
con	1.1358***	0.8906***	3.0706***	0.0661***
	(0.0363)	(0.0402)	(0.1360)	(0.0013)
N	480	480	480	480
AR (1)	0.0003	0.0001	0.0004	0.0118
AR (2)	0.7693	0.6860	0.0342	0.0696
Sargan	0.4779	0.5288	0.4661	0.4375

表2表明，所有模型均通过了检验，说明结果具有合理性。具体结果如下：首先，关于生产要素价格扭曲对总产出的影响。资本价格扭曲和劳动力价格扭曲对总产出的影响始终是负面的，即随着资本价格扭曲或劳动力价格扭曲增加，总产出会逐渐减少。其次，关于生产要素价格扭曲对消费的影响。与对总产出的影响不同，两种生产要素价格扭曲对消费的影响始终是负面的，即随着生产要素价格扭曲的增加，消费会逐渐减少。再次，关于生产要素价格扭曲对投资的影响。与对总产出的影响相似，资本价格扭曲和劳动力价格扭曲对投资的影响始终是负面的，即随着资本价格扭曲或劳动力价格扭曲的增加，投资会逐渐减少。最后，关于生产要素价格扭曲对全要素生产率的影响。与对消费的影响相似，两种生产要素价格扭曲对全要素生产率的影响始终是负面的，即随着生产要素价格扭曲的增加，全要素生产率会逐渐减少。

以上结果表明，从总体来看，生产要素价格扭曲对宏观经济具有普遍的负面影响，但只有资本价格扭曲对宏观经济变量有全面显著的负面影响，而劳动力价格扭曲仅对投资负面影响显著。为更好地理解生产要素价格扭曲的宏观经济影响，下文将构建一个一般均衡模型分析框架进一步展开分析。

三、DSGE模型构建与参数估计

DSGE基准模型的逻辑框架主要包含3大模块：政府部门－家庭部门、生产部门－家庭部门和生产部门－政府部门。在"政府部门－家庭部门"模块中，政府部门向家庭部门提供公共物品和服务，家庭部门向政府部门缴纳税收。同时，政府部门利用税收收入向家庭部门提供公共物品，且假设政府部门收支平衡。在"生产部门－家庭部门"模块中，家庭部门向生产部门提供劳动力和资本，生产部门向家庭部门支付工资和资本收益。为引入价格黏性机制，进一步将生产部门划分为中间品部门和最终品部门，中间品部门将产品提供给最终品部门，最终品部门再将产品提供给家庭部门消费。在"生产部门－政府部门"

模块中,政府部门通过扭曲税的形式,向生产部门所使用的生产要素征税。需要进一步说明的是,这里所谓的扭曲税并不是一种真正的税,而是政府采取差别化政策或因市场本身存在的外部性等所导致的一种价格扭曲,即边际产出决定的价格与生产部门实际支付的价格之间存在差额,且这部分差额就代表价格扭曲所导致的资源浪费量。

(一) 对 DSGE 模型中各部门的分析

1. 家庭部门

假设家庭部门的效用包括消费带来的正效用和劳动带来的负效应两部分,且代表性家庭的选择是无限期的,其对效用函数 E 的最大化追求可以下式来表示:

$$E \sum_{t=0}^{\infty} A_{p,t} \beta^t [\Gamma_t \log(C_t - \varepsilon C_{t-1}) - N_t^{1+\eta}/(1+\eta)] \tag{6}$$

式中,C、N 分别表示消费和中间品部门的劳动力供给,β 表示家庭贴现因子,ε 表示家庭消费习惯因子,比例因子 Γ_t 用来标准化边际消费效用,η 表示家庭部门对闲暇的偏好。$A_{p,t}$ 用来测度跨期偏好冲击,即总需求冲击,冲击模式服从 AR(1)过程,且本文涉及的冲击均采用以下设定方式:

$$\log A_{p,t} = \rho_{p,t} \log A_{p,t-1} + \mu_{p,t}, \quad \mu_{p,t} \sim N(0, \sigma_p) \tag{7}$$

式(7)中,ρ_p 表示冲击的持续性,μ_p 表示引起冲击的扰动项,σ_p 表示冲击的大小。家庭部门面临的收支约束如下:

$$C_t + I_t + B_t + T_t = W_t N_t + R_{K,t-1} K_{t-1} + R_{b,t-1} B_{t-1}/\pi_t + (1 - X_t) Y_t/X_t + G_t \tag{8}$$

式(8)为家庭部门面临的收支约束方程,方程左端表示家庭在第 t 期的支出,主要包括消费支出、中间品部门投资支出、购买债券支出、总量税支出,右端表示对应的第 t 期的收入,主要包括中间品部门的工资收入、上一期持有中间品部门资本的回报、上一期购买债券的收益、中间品部门利润和政府部门提供的公共物品。

$$K_t = I_t + (1 - \delta_k) K_{t-1} - \varphi_t \tag{9}$$

式(9)表示资本的动态积累过程,参考 Iacoviello (2015)[15]的研究,将资本调整成本设定为资本增长率的一个二次函数。即:

$$\varphi_t = \frac{\varphi_K}{2} \left(\frac{K_t}{K_{t-1}} - 1\right)^2 K_{t-1} \tag{10}$$

式中 φ_K 表示资本调整成本系数。

2. 生产部门

生产部门包括中间品部门和最终品部门,具体分析如下。

(1) 中间品部门

假设中间品部门的生产函数符合 Cobb-Douglas 形式，即：

$$Y_t = A_t TFP_t N_t^{1-v_K} K_t^{v_K} \tag{11}$$

其中，A_t 表示中间品部门的生产技术冲击，冲击模式同样均服从一阶自回归过程；$1-v_K$ 表示家庭部门向中间品生产部门提供劳动力的产出弹性，v_K 表示投入中间品部门的资本产出弹性。采用与前文相同的设定方式，将全要素生产率设定为资本存量的函数：

$$TFP_t = K_{i,t}^{v_{TFP}} \tag{12}$$

则中间品部门的利润函数可表示为：

$$\max Y_t / X_t - ((1+\tau_n) W_t N_t + (1+\tau_K) R_{K,t} K_t) \tag{13}$$

其中，X_t 表示最终品部门购进中间品部门的产品之后再制定价格时的价格加成率，括号中的2项代表中间品部门的工资和资本收益支出，τ_n 和 τ_K 分别表示劳动力价格和资本价格扭曲。借鉴生产函数测度生产要素价格扭曲的方法，在利润函数中引入价格扭曲因素。

(2) 最终品部门

经济中有连续的最终品部门，以 $z \in (0,1)$ 标记。假定最终品生产厂商 z 在完全竞争的中间品市场以价格 P_t 购买中间品，且最终品的合成技术为：

$$Y_t^f = (\int_0^1 Y_t(z)^{(\varepsilon-1)/\varepsilon} dz)^{\varepsilon/(\varepsilon-1)} \tag{14}$$

其中，Y_t^f 表示最终品，Y 表示最终品部门购买的中间品，ε 表示最终品生产过程中中间品之间的替代弹性。

最终品价格可表示为：

$$P_t^f = (\int_0^1 P_t(z)^{1-\varepsilon} dz)^{1/(\varepsilon-1)} \tag{15}$$

其中，P_t^f 表示最终品价格，P 表示最终品部门购买中间品的价格。最终品生产商遵从 Calvo (1983)[16] 的定价原则，即每一期都有比例 $1-\theta$ 的生产商调整其产品价格至最优水平 P^*，其余生产商定价时只能盯住上期通货膨胀率，即有：

$$P_t = (\theta P_{t-1}^\varepsilon + (1-\theta)(P_t^*)^{1-\varepsilon})^{1/(1-\varepsilon)} \tag{16}$$

最终品部门根据利润最大化原则得出一阶条件为：

$$\sum_{k=0}^{\infty} \theta^k E_t \{\beta(C_t/C_{t+k})(P_t^*(z)/P_{t+k}) Y_{t+k}^*(z)\} = 0 \tag{17}$$

将式 (16) (17) 对数线性化后进行合并，可得如下附加预期的菲利普斯曲线方程：

$$\log \pi_t - \iota_p \log \pi_{t-1} = \beta(E_t \log \pi_{t+1} - \log \pi_t) - \varepsilon_\pi \log(X_t/X) \tag{18}$$

式中，ι_p 表示通货膨胀的惯性，$\varepsilon_\pi = (1-\theta)(1-\beta\theta)/\theta$。

3. 中央银行

中央银行部门主要是制定利率政策。假设利率政策的制定遵循 Taylor 准则，将利率设定为通货膨胀和国内总产出增长率的函数，可得：

$$R_t = R_{t-1}^{R_R} \pi_t^{(1-R_R)R_\pi} (Y_t/Y_{t-1})^{(1-R_R)R_y} rr^{1-R_R} \mu_{R,t}, \quad \mu_{R,t} \sim N(0, \sigma_R) \quad (19)$$

其中，rr 表示均衡状态时的真实利率；Y_t 代表总产出，主要由消费和投资构成；随机项 $\mu_{R,t}$ 表示利率政策冲击，σ_p 表示利率冲击的大小。R_R 表示利率平滑系数，R_π 表示通货膨胀预期反映系数，R_y 表示产出缺口反映系数。

4. 模型的均衡条件

模型的均衡条件是为了保证整个模型出清，从而得到均衡解。本研究中，一般均衡模型涉及一个主要市场，即中间品市场，该市场向家庭部门提供的收入被家庭部门用于消费和投资，所以从支出视角来看，市场出清条件为：

$$C_t + I_t = Y_t \quad (20)$$

（二）参数估计

先利用校准法对 DSGE 模型涉及的部分参数进行估计。参考王爱俭和王璟怡（2014）[17]的研究，将家庭部门的贴现因子 β 设定为 0.988 7；参考骆永民和伍文中（2013）[18]的研究，将房屋季度折旧率设定为 0.012 5；参考龚六堂和谢丹阳（2004）[19]的研究，将中间品部门季度资本折旧率 δ_K 设定为 0.025；参考黄志刚（2011）[20]的研究，将价格加成率 X 设定为 1.1；参考 Zhang（2008）[21]的研究，将 Taylor 准则中的利率平滑系数 R_R、通货膨胀预期反映系数 R_π 和产出缺口反映系数 R_y 分别设定为 0.75、2.6 和 0.6。根据前面随机前沿生产函数的估计结果，将中间品部门的资本产出弹性 v_K 设定为 0.5，全要素生产率的资本产出弹性设定为 0.07。根据前面对各省生产要素价格扭曲的测算，2016 年所有省份劳动力价格扭曲的均值为 -0.24，资本价格扭曲的均值为 0.23，现根据王宁和史晋川（2015）[9]的定义，要素真实价格大于其边际生产力所决定的均衡价格时，为正向扭曲，即 $\tau<0$，反之则为负向扭曲，即 $\tau>0$。从 2016 年的平均值来看，劳动力价格存在正向扭曲，资本价格存在负向扭曲。本文将劳动力价格扭曲 τ_n 设定为 -0.24，将资本价格扭曲 τ_K 设定为 0.23。

对其他参数采用贝叶斯方法进行估计。使用的数据主要来源于 CCER 数据库和国家统计局，时间跨度为 2000 年第 1 季度—2017 年第 4 季度。具体原始数据包括：月度社会消费品零售总额、月度固定资产投资额、月度居民消费价格指数。经过处理后得到本文实际采用的两类数据，即消费和投资。结构性参数的先验分布主要参考 Iacoviello 和 Neri（2010）[14]、Iacoviello（2015）[15]以及王君斌等（2011）[22]的研究。

（三）适用性检验

适用性检验见表3的宏观经济变量统计特征比较。对比分析表3中的数据发现，本文所构建的模型对实际经济的总体模拟效果良好，无论从标准差还是从与总产出标准差的比值来看，模拟经济的结果都与实际经济接近。

表3 宏观经济变量的统计特征比较

变量	实际经济				模拟经济			
	自相关系数（-1）	标准差	与Y_c的相关系数	与Y_c标准差的比值	自相关系数（-1）	标准差	与Y_c的相关系数	与Y_c标准差的比值
Y_c	0.856 2	0.021 5	1	1	0.344 7	0.015 3	1	1
C	0.688 8	0.019 1	0.514 5	0.886 7	0.411 8	0.012 1	0.721 7	0.791 1
IK_c	0.251 3	0.052 3	0.109 4	2.430 6	0.295 6	0.043 2	0.812 4	2.813 4

注：实际经济变量的数据均通过以2000年为基期的标准化处理并进行HP滤波后计算得到。

四、基于DSGE模型的生产要素价格扭曲对宏观经济的影响

本节基于上文构建的DSGE模型，分析生产要素价格扭曲变动对宏观经济主要变量均衡值的影响，重点考察劳动力价格正向扭曲和资本价格负向扭曲逐渐趋近于0和逐渐偏离于0的两种情形下，家庭部门和生产部门相关变量均衡值的变动情况。所考察的经济变量包括消费（C）、投资（I）、总产出（Y）和全要素生产率（TFP）。在静态模拟分析部分，为充分理解这一影响机制，对就业（N）和工资（W）的影响也将一并纳入分析。

（一）静态模拟分析

表4反映了劳动力价格正向扭曲变动对宏观经济变量均衡值的影响，表5为资本价格负向扭曲变动对宏观经济均衡值的影响。下面从两个方面具体分析。

表4 劳动力价格正向扭曲变动对宏观经济变量均衡值的影响　　　%

τ_N	C	I	Y	TFP	N	W
-10	-14.71	-3.69	-3.69	-0.26	-3.18	-16.01
-20	-4.72	-1.09	-1.09	-0.08	-0.94	-5.15
-24	—	—	—	—	—	—
-30	8.09	1.68	1.68	0.12	1.44	8.83
-40	25.16	4.63	4.63	0.32	3.97	27.50

表5　资本价格负向扭曲变动对宏观经济均衡值的影响　　　　　　%

τ_K	C	I	Y	TFP	N	W
10	16.38	27.83	14.34	1.73	-1.17	15.73
20	3.41	5.59	3.02	0.38	-0.25	3.28
23	—	—	—	—	—	—
30	-7.23	-11.50	-6.47	-0.85	0.54	-6.99
40	-16.08	-24.88	-14.52	-1.98	1.24	-15.59

1. **劳动力价格正向扭曲逐渐偏离于0时的宏观经济变量均衡值变动分析**

根据表4，考察的所有宏观经济变量的均衡值均呈逐渐增大的趋势，其中增幅最大的是工资，增幅最小的是全要素生产率。当劳动力价格扭曲由-24%变动至-40%时，消费、投资、就业、总产出和全要素生产率的均衡值分别增加了25.16%、4.63%、3.97%、27.50%和0.32%。劳动力价格正向扭曲偏离于0时会直接导致工资增加，从而对就业产生负面影响，但由于高工资致使家庭收入水平明显提高，根据家庭部门的收支约束，此时家庭部门的消费和投资支出相应增加，而投资的增加又会进一步推动总产出和全要素生产率的增加，总产出的增加又会对就业产生正面影响。根据表5的结果可知，总产出对就业的正面影响更大一些，所以就业会随着劳动力价格正向扭曲的增加而增加。由于本文假设全要素生产率的变动主要取决于资本存量，投资增加自然会对全要素生产率产生正面影响，所以随着劳动力价格正向扭曲的增加，全要素生产率将会逐渐增加。

2. **劳动力价格正向扭曲逐渐趋近于0时的宏观经济变量均衡值的变动分析**

根据表4，此时的结果与扭曲加剧的情形正好相反，所有宏观经济变量的均衡值均呈逐渐减小的趋势，其中减小幅度最大的依然是工资，减小幅度最小的也还是全要素生产率。当劳动力价格扭曲由-24%减至-10%时，消费、投资、总产出、全要素生产率、就业和工资的均衡值分别减小了14.71%、3.69%、3.69%、0.26%、3.18%和16.01%。即劳动力价格正向扭曲趋近于0对宏观经济变量均衡值的影响机制与前面的分析正好相反。

3. **资本价格负向扭曲逐渐偏离于0时的宏观经济变量均衡值的变动分析**

根据表5，除了就业的均衡值，其他宏观经济变量的均衡值均呈逐渐减小的趋势，其中减少幅度最大的是投资，减小幅度最小的依然是全要素生产率。当资本价格负向扭曲由23%增加至40%时，消费、投资、总产出、全要素生产率、工资的均衡值分别减少了16.08%、24.88%、14.52%、1.98%、15.59%，就业的均衡值则增加了1.24%。说明资本价格负向扭曲将会直接导致资本价格的增加,进而对投资产生明显的负面影响,且其影响幅度要远大于劳动力价格正向扭曲对就业的影响幅度。另外,资本价格负向扭曲也会间接导致工资减少,由于此时没有考虑劳动力价格扭曲的变动,所以工资减少会使得就业有所增加,进而使得总产出的减少幅度小于投资的减少幅度。根据家庭的收支约束,虽然就业增加,但是工资减少幅度大于就业增加幅度,再加上来自生产部门的利润有所减少,因此家庭部门的收入端依然是减少的,消费减少意味着收入减少的幅度大于其投资支出减少的幅度,所以家庭部门还需要进一步减少其消费水平。同样,由于资本价格负向扭曲对投资的负面影响明显,也使其对全要素生产率的负面影响相较于前面劳动力价格正向扭曲的正面影响更加明显。

4. 资本价格负向扭曲逐渐趋近于0时的宏观经济变量均衡值的变动情况

根据表5,此时的结果与扭曲加剧的情形正好相反。除了就业的均衡值,其他所有宏观经济变量的均衡值均呈逐渐增加的趋势,其中增加幅度最大的依然是投资,增加幅度最小的依然是全要素生产率。当资本价格负向扭曲由23%变动至10%时,消费、投资、总产出、全要素生产率、工资的均衡值分别增加了16.38%、27.83%、14.34%、1.73%、15.73%,就业的均衡值则减少了1.17%。即资本价格负向扭曲趋近于0对宏观经济变量均衡值的影响机制也与前面的分析正好相反。

综上,由于劳动力价格是正向扭曲,而资本价格是负向扭曲,所以,当生产要素价格扭曲逐渐减小或增加时,除了就业,劳动力价格正向扭曲和资本价格负向扭曲对宏观经济变量均衡值的影响结果是相反的。但由于资本价格负向扭曲对宏观经济变量均衡值的影响幅度更大一些,所以,如果两种生产要素价格扭曲以相同幅度逐渐减小时,宏观经济变量将会以向上变动为主。另外,由于负向扭曲趋近于0意味着生产要素价格扭曲增大,正向扭曲趋近于0意味着生产要素价格扭曲减小,所以,以上模拟结论也表明生产要素价格扭曲对宏观经济具有普遍的负面影响。

(二)动态模拟分析

下面分析生产要素价格扭曲趋向于0和偏离于0两种情形所形成的冲击对宏观经济波动的影响。为增强可比性,进一步假设生产要素价格扭曲的冲击过程服从AR(1)模式,且AR(1)系数均为0.8,冲击标准差均为0.0025。

1. 劳动力价格正向扭曲偏离于0所形成的冲击对宏观经济波动的影响

根据图1,冲击对宏观经济波动主要为正面影响,这与前面的比较静态分析结果相似。即劳动力价格正向扭曲偏离于 0 不仅会导致宏观经济变量均衡值增加，也会导致宏观经济变量向上波动。受劳动力价格正向扭曲偏离于 0 所形成的冲击的影响，消费向上波动，且会经历一个先增后减的波动过程，并在冲击后的第 3 期到达波峰，然后便开始向均衡值回复。投资的波动过程与消费类似，同样是向上波动，也会经历一个先增后减的波动过程，且到达波峰的时期是第 1 期。不同的是，投资回复均衡值的速度更快，在考察期内即已回复到均衡值，而消费则不是这样。总产出的波动幅度介于消费与投资之间，波动幅度大于消费但小于投资，且波动过程与两者相似，这是因为总产出主要由消费和投资两项构成。最后来看全要素生产率，相较于其他宏观经济变量，全要素生产率受到冲击后的波动过程与其他变量相似，但波动幅度较小，且到达波谷的时期较晚。此外，根据图 1，随着劳动力价格正向扭曲水平由 -24% 变动至 -30%，扭曲冲击对宏观经济波动的负面影响幅度也有所增大。

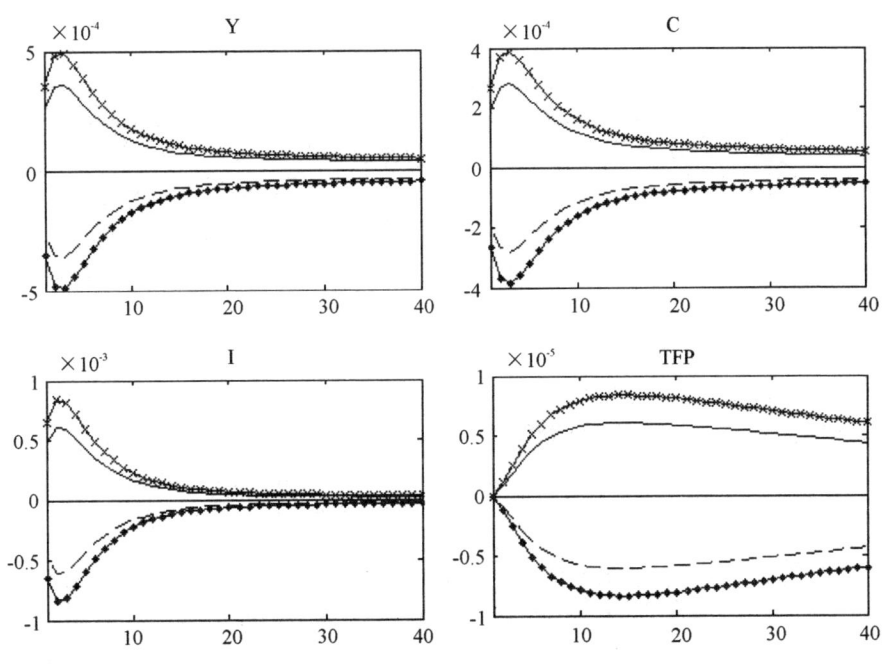

图 1　劳动力价格正向扭曲冲击对宏观经济波动的影响

说明：实线（-24%）和差号连线（-30%）为扭曲偏离于 0 情形，虚线（-24%）和实点连线（-30%）为扭曲趋近于 0 情形。

2. 劳动力价格正向扭曲趋近于 0 所形成的冲击对宏观经济波动的影响

根据图 1，冲击对宏观经济波动的影响主要是负面影响，这与前面的比较静态分析所得到的结果相似。即劳动力价格正向扭曲趋近于0不仅会导致宏观经济变量均衡值减少，也会导致宏观经济变量向下波动。

3. 资本价格负向扭曲偏离于0所形成的冲击对宏观经济波动的影响

根据图2，总体来看，资本价格负向扭曲偏离于0对宏观经济波动的影响与劳动力价格正向扭曲趋近于0对宏观经济波动的影响相似，不同的只是，此时扭曲冲击对宏观经济波动的影响幅度有所减小。受资本价格负向扭曲偏离于0所形成的冲击影响，所考察的4个宏观经济变量都是向下波动，且均会经历一个波动幅度先增后减的过程，消费、投资和总产出较早到达波谷，然后便开始向均衡值回复。全要素生产率则是较晚达到波谷，然后开始向均衡值回复。总产出的波动依然是介于消费和投资之间。此外，根据图2，随着资本价格负向扭曲水平的增加，扭曲冲击对宏观经济波动的负面影响幅度也有所增加。

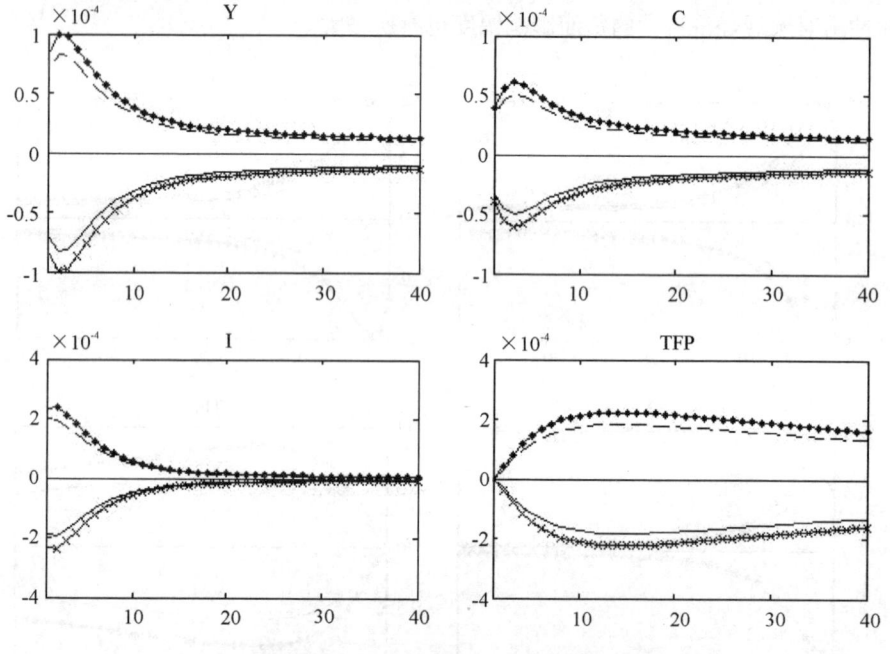

图2　资本价格负向扭曲冲击对宏观经济波动的影响

注：实线（23%）和差号连线（30%）为扭曲偏离于0情形，虚线（23%）和实点连线（30%）为扭曲趋近于0情形。

4. 资本价格负向扭曲趋近于0所形成的冲击对宏观经济波动的影响

根据图2，冲击对宏观经济波动的影响主要是正面影响，这与前面比较静态分析所得到的结果相似。即资本价格负向扭曲趋近于0不仅会导致宏观经济变量均衡值增加，也会导致宏观经济变量向上波动。

综上，劳动力价格正向扭曲冲击对宏观经济波动的影响正好与资本价格负向扭曲冲击对宏观经济波动的影响相反，这与前面比较静态分析的结果相同。与比较静态分析不同的是，此时，劳动力价格正向扭曲变动所形成的冲击对宏观经济波动的影响幅度更大一些。因此，如果两种生产要素价格扭曲在大致相似的水平上由于偏离于0而形成冲击时，宏观经济变量将会以向上变动为主；相反，如果价格扭曲在大致相似的水平上由于趋近于0而形成冲击时，宏观经济变量将会以向下变动为主。另外，生产要素价格扭曲越大，冲击对宏观经济波动的影响幅度也越大。

（三）社会福利损失分析

生产要素价格扭曲变动必然对社会福利损失带来一定影响，这里的社会福利损失主要是指总产出和物价的波动情况。利用DSGE模型分析某项改革对社会福利损失的影响是目前评价改革社会经济效应的主要方式之一，本研究亦依此方法进行具体分析（见表6和表7）。

表6　劳动力价格正向扭曲对社会福利损失的影响

τN	σgdp	$\sigma \pi$	loss	$\triangle loss$
-10%	0.015 3	0.006 9	0.011 1	18.491 7
-20%	0.013 1	0.006 6	0.009 9	5.160 8
-24%	0.012 3	0.006 5	0.009 4	—
-30%	0.011 0	0.006 4	0.008 7	-7.562 8
-40%	0.009 0	0.006 1	0.007 5	-19.695 4

表7　资本价格负向扭曲对社会福利损失的影响

τK	σgdp	$\sigma \pi$	loss	$\triangle loss$
10%	0.011 6	0.006 4	0.009 0	-4.037 1%
20%	0.012 1	0.006 5	0.009 3	-0.937 4%
23%	0.012 3	0.006 5	0.009 4	—
30%	0.012 6	0.006 6	0.009 6	2.199 6%
40%	0.013 1	0.006 7	0.009 9	5.352 6%

1. 劳动力价格正向扭曲偏离于0对社会福利损失的影响

根据表6，随着劳动力价格正向扭曲偏离于0，总产出波动和物价波动均逐渐减弱。赋予总产出波动与物价波动以相同的权重，换算得到的社会福利损失则是随着劳动力价格正向扭曲偏离于0而减小，表明此时社会福利越来越高。

从社会福利损失的变动幅度来看,当劳动力价格正向扭曲变动至 - 40% 时,社会福利损失相较于不存在价格扭曲的情形减小了近 19.70%。

2. 劳动力价格正向扭曲趋近于 0 对社会福利损失的影响

根据表 6,此时总产出波动和物价波动均逐渐增强,换算得到的社会福利损失则随着劳动力价格正向扭曲趋近于 0 而增加,表明此时社会福利越来越低。从社会福利损失的变动幅度来看,当劳动力价格正向扭曲变动至 - 10% 时,社会福利损失相较于不存在价格扭曲的情形增加了近 18.49%。

3. 资本价格负向扭曲偏离于 0 对社会福利损失的影响

根据表 7,随着资本价格负向扭曲偏离于 0,总产出波动和物价波动均逐渐增强,此时,换算得到的社会福利损失则是随着资本价格负向扭曲偏离于 0 而增加,表明此时社会福利越来越低,与劳动力价格正向扭曲正好相反。从社会福利损失的变动幅度来看,当资本价格负向扭曲变动至 40% 时,社会福利损失相较于不存在价格扭曲的情形增加了近 5.35%。

4. 资本价格负向扭曲趋近于 0 对社会福利损失的影响

根据表 7,此时总产出波动和物价波动均逐渐减弱,换算得到的社会福利损失则是随着资本价格负向扭曲趋近于 0 而减小,表明此时社会福利越来越高。从社会福利损失的变动幅度来看,当资本价格负向扭曲变动至 10% 时,社会福利损失相较于不存在价格扭曲的情形减小了近 4.04%。

综上,劳动力价格正向扭曲变动对社会福利损失的影响正好与资本价格负向扭曲变动对社会福利损失的影响相反。另外,劳动力价格正向扭曲变动对社会福利损失的影响幅度更大一些。所以,如果两种生产要素价格扭曲以相同的幅度偏离于 0 时,社会福利损失将会减小;相反,如果价格扭曲以相同的幅度趋近于 0 时,社会福利损失将会增加。

(四)稳健性检验

本文主要通过改变参数的方式对前面的分析结果进行稳健性检验。由于没有合适的研究可以用来校准与全要素生产率相关的参数,本文对其相关参数的设定也是参照计量估计结果,故可能会存在设置偏误。因此,本文通过改变全要素生产率的资本产出弹性的方式,即将 0.07 改为 0.01 来进行稳健性检验①。

将改变参数后得到的静态模拟结果与前面的相应结果进行对比可知,无论是变动方向还是相对大小,均与前面的模拟结果相同。劳动力价格正向扭曲变

---

① 稳健性检验省略备索。

动对宏观经济变量均衡值的影响正好与资本价格负向扭曲的影响相反。而且，除了对就业的影响，资本价格负向扭曲对宏观经济变量均衡值的影响幅度也更大一些。将修改参数后得到的动态冲击结果与前面相应的结果进行对比可知，无论是波动方向还是波动过程，均与前面的动态模拟结果相同。劳动力价格正向扭曲冲击对宏观经济波动的影响正好与资本价格负向扭曲冲击对宏观经济波动的影响相反，而且劳动力价格正向扭曲冲击对宏观经济波动的影响幅度也依然大于资本价格负向扭曲冲击的影响幅度。另外，生产要素价格扭曲越大，冲击对宏观经济波动的影响幅度也越大。将改变参数后模拟得到的社会福利损失分析得到的结果与前面相应的结果比较可知，无论是变动方向还是相对大小，都与前面的分析结果相同。劳动力价格正向扭曲变动对社会福利损失的影响正好与资本价格负向扭曲变动对社会福利损失的影响相反。另外，劳动力价格正向扭曲变动对社会福利损失的影响幅度更大一些。以上分析验证了前文分析结果的稳健性。

五、结论、启示与下一步研究方向

（一）主要结论

生产要素价格的市场化改革是市场经济体制的内在要求。目前关于生产要素价格扭曲的宏观经济效应研究主要侧重于局部均衡分析，而忽视了从一般均衡的视角揭示价格扭曲的宏观经济效应。本文将生产要素价格扭曲因素纳入DSGE模型分析框架，从动态随机一般均衡的视角出发，审视生产要素价格扭曲的宏观经济效应，既关注了价格扭曲对宏观经济变量均衡值的影响，也分析了价格扭曲对宏观经济变量波动的影响。主要结论如下：

第一，从生产要素价格扭曲对宏观经济均衡值的影响来看，除了就业，劳动力价格正向扭曲和资本价格负向扭曲对宏观经济变量均衡值的影响结果是相反的。随着劳动力价格正向扭曲渐趋于0，总产出、消费、投资、全要素生产率等宏观经济变量的均衡值也逐渐减小，而随着资本价格负向扭曲逐渐趋近于0，上述宏观经济变量的均衡值则逐渐增加，且资本价格负向扭曲对宏观经济变量均衡值的影响幅度更大一些。由于负向扭曲趋近于0相当于生产要素价格扭曲减小，正向扭曲趋近于0相当于生产要素价格扭曲增大，所以，以上模拟结论也验证了前文实证分析得到的主要结论，即生产要素价格扭曲对宏观经济具有普遍的负面影响。

第二，从生产要素价格扭曲冲击对宏观经济波动的影响来看，劳动力价格正向扭曲冲击对宏观经济波动的影响正好与资本价格负向扭曲冲击对宏观经济波动的影响相反。当劳动力价格正向扭曲趋近于0形成冲击时，将导致总产出、消费、投资、全要素生产率等宏观经济变量向下波动，而当资本价格负向扭曲趋近于0形成冲击时，将导致上述宏观经济变量向上波动，且劳动力价格正向扭曲冲击对宏观经济变量波动的影响幅度更大一些。

第三，从生产要素价格扭曲对社会福利损失的影响来看，劳动力价格正向扭曲对社会福利损失的影响同样与资本价格负向扭曲对社会福利损失的影响相反。随着劳动力价格正向扭曲趋近于0，社会福利损失逐渐增加，意味着经济稳定性有所降低，而随着资本价格负向扭曲的逐渐趋近于0，社会福利损失逐渐减小，意味着经济稳定性有所提高，且劳动力价格正向扭曲对社会福利损失的影响幅度更大一些。

（二）政策启示

以上结论表明，我国的生产要素价格市场化改革已迫在眉睫，而其中又以加快资本价格的市场化改革最为迫切。根据本文的模拟结果，在扭曲绝对水平接近的情况下，资本价格负向扭曲对宏观经济的影响要大于劳动力价格正向扭曲的影响，尤其是对宏观经济变量均衡值的影响更是如此。从目前中国的实际情况来看，随着阻碍劳动力流动的因素逐渐被清除，劳动力如今可以根据市场供给和需求"用脚投票"，致使市场供求机制逐渐成为决定劳动力价格的主要机制，劳动力价格扭曲在很大程度上已得到缓解。反观资本市场，地方政府经常通过资本市场过度差异化的税收优惠或补贴等政策干预地方经济发展，从而加重了资本价格的扭曲。另外，银行部门对国有企业的偏好，中央政府对国有企业一些不当的税收优惠或补贴，同样会加剧资本价格的扭曲。鉴此，笔者认为下一步推动要素配置市场化改革的关键，就是减少政府对资本市场的不当干预，尤其是要减少对国有企业和非国有企业的差别化政策，同时推动资本融资市场改革，拓展更多的融资渠道，合理增加资本市场的竞争力度，打破资本市场的行政性垄断和市场垄断，最大限度地发挥市场决定资本价格的作用，以优化资源配置。

（三）未来研究方向

本文在研究过程中假设政府部门从生产部门征收的扭曲税没有得到有效利用，可能会放大生产要素价格扭曲对宏观经济的负面影响，虽然能在一定程度上说明问题，但这毕竟是一种较为极端的情形。未来的研究可进一步探讨政府采用不同方式利用这种扭曲税时，生产要素价格扭曲对宏观经济的影响。此外，本文在模型中没有对劳动力或资本进行异质化处理，从而没能揭示部门间生产要素价格相对扭曲对宏观经济的影响，这也是未来研究的一个重要方向，如将资本划分为国有资本和民营资本，就可探讨资本市场不对称的扭曲政策对宏观经济所产生的影响。

参考文献

［1］盛仕斌，徐海．要素价格扭曲的就业效应研究［J］．经济研究，1999（5）：68-74．

［2］ATKINSON S E, HALVORSEN R. A test of relative and absolute price efficiency in regulated utilities［J］. The Review of Economics and Statistics, 1980, 62（1）: 81-88.

［3］陈晓华，金泽成，余林徽．技术复杂度革新、要素价格扭曲和企业价格加成——基于高中低技术复杂度企业视角的实证分析［J］．财经论丛，2017（7）：3-11．

［4］HSIEH C T, KLENOW P J. Misallocation and manufacturing TFP in China and India［J］. Quarterly Journal of Economics, 2009, 124（4）: 1403-1448.

［5］盖庆恩，朱喜，程名望，等．要素市场扭曲、垄断势力与全要素生产率［J］．经济研究，2015（5）：61-75．

［6］罗德明，李晔，史晋川．要素市场扭曲、资源错置与生产率［J］．经济研究，2012（3）：4-14，39．

［7］丁建勋．资本深化与中国消费率的关系研究［J］．上海经济研究，2015（9）：77-85，94．

［8］冼国明，石庆芳．要素市场扭曲与中国的投资行为——基于省际面板数据分析［J］．财经科学，2013（10）：31-42．

［9］王宁，史晋川．要素价格扭曲对中国投资消费结构的影响分析［J］．财贸经济，2015（4）：121-133．

［10］戴维·罗默．高级宏观经济学［M］．4版．吴化斌，龚关，译．上海：上海财经大学出版社，2014：92-94．

［11］HALL R E, JONES C I. Why do some countries produce so much more output per worker than others?［J］. The Quarterly Journal of Economics, 1999, 114（1）: 83-116.

［12］张军，吴桂英，张吉鹏．中国省际物质资本存量估算：1952－2000［J］．经济研究，2004（10）：35-44．

［13］张曙光，程炼．中国经济转轨过程中的要素价格扭曲与财富转移［J］．世界经济，2010（10）：3-24．

［14］IACOVIELLO M, NERI S. Housing market spillovers: evidence from an estimated DSGE model［J］. American Economic Journal: Macroeconomics, 2010, 2（2）: 125-164.

［15］IACOVIELLO M. Financial business cycles［J］. Review of Economic Dynamics,

2015, 18 (1): 140-163.

[16] CALVO G A. Staggered prices in a utility-maximizing framework [J]. Journal of Monetary Economics, 1983, 12 (3): 383-398.

[17] 王爱俭,王璟怡. 宏观审慎政策效应及其与货币政策关系研究[J]. 经济研究, 2014 (4): 17-31.

[18] 骆永民,伍文中. 房产税改革与房价变动的宏观经济效应——基于 DSGE 模型的数值模拟分析[J]. 金融研究, 2012 (5): 1-3, 5-14.

[19] 龚六堂,谢丹阳. 中国省份之间的要素流动和边际生产率的差异分析[J]. 经济研究, 2004 (1): 45-53.

[20] 黄志刚. 货币政策与贸易不平衡的调整[J]. 经济研究, 2011 (3): 32-47.

[21] ZHANG W L. China's monetary policy: quantity versus price rules [J]. Journal of Macroeconomics, 2008, 31 (3): 473-484.

[22] 王君斌,郭新强,蔡建波. 扩张性货币政策下的产出超调、消费抑制和通货膨胀惯性[J]. 管理世界, 2011 (3): 7-21.

大国市场优势、消费结构升级与出口商品结构高级化[*]

一、引言

改革开放以来,对外贸易尤其是货物贸易出口成为我国经济发展的重要支撑,出口商品结构和贸易发展方式也从以劳动—资源密集型制成品为主向以劳动—技术密集型制成品为主转变,形成了以机电产品、高新技术产品等资本—技术密集型产品为主的出口商品结构(Tello,2009;李汉君,2012)[1-2]。不过值得注意的是,有研究表明,我国出口商品结构的实际优化幅度远小于名义优化幅度,总体上仍处于国际分工的较低位置(魏浩和程玮,2010)[3]。而出口结构不够优化已成为制约出口规模扩大的主要瓶颈(卫平和冯春晓,2010)[4]。在此背景下,如何进一步优化出口商品结构,推动出口贸易发展,已引起众多学者的重视。相关研究主要体现在以下几个方面:一是认为应在政府引导下,结合自身要素禀赋积极发挥比较优势(鞠建东等,2004;林毅夫等,2014)[5-6]。二是要进一步对外开放,特别是要用好外资。因为经济开放度的变化会引起出口商品结构的变化(江小娟,2007)[7],外商投资企业有助于改善出口商品结构(黄丽丽和綦建红,2018)[8],其中 FDI 对机电产品和高新技术产品的贡献尤为显著(江小娟,2002)[9]。三是认为应充分发挥技术创新在出口商品结构升级中的驱动作用(Gruber 等,1967;蔺建武等,2011)[10-11]。

近年来,中国经济发展引擎正由依赖外需转向依赖内需(洪银兴和孙宁华,2015)[12],国内消费在增长中的驱动作用日益受到重视(李颖和高建刚,2016)[13]。大国市场是中国实现经济增长动力转换的独有优势,同时,国内需

---

[*] 原载于《广东财经大学学报》2018 年第 4 期第 27 - 37 页。
作者:谢小平,广州大学经济与统计学院讲师,博士;傅元海,广州大学经济与统计学院教授。

求具有规模性与稳定性（欧阳峣等，2012）[14]，也有效推动了我国制成品的出口（林发勤和唐宜红，2010；易先忠和欧阳峣，2018）[15-16]，从中美贸易看，这一效应甚至已经超过传统比较优势的作用（王岚和盛斌，2013）[17]。

基于上述特征，近期的研究认为，只有将内需结构转变与供给侧结构性改革结合起来，才能充分发挥大国优势，推动经济发展和外贸升级（欧阳峣等，2016；戴翔等，2017）[18-19]。其基本逻辑是：出口结构是本土产业结构在空间上的扩展（张曙霄和张磊，2013）[20]，只有依托国内市场，才能更好地发展对外贸易（朱希伟等，2005；易先忠等，2014）[21-22]，因此，出口可视为依托国内需求逐步培养动态比较优势的过程（杨小凯，2003）[23]。

从中国的实践看，在微观层面，庞大的国内需求有助于厂商建立竞争优势（Porter，1990）[24]。例如在代工企业升级的过程中，国内市场为企业实现规模经济、建立自有品牌提供了必要条件（孙红燕和张先锋，2012）[25]。在宏观层面，内需的数量扩张和结构升级可培育国家竞争优势，推动出口转型升级（许德友，2015）[26]，大国市场优势可能是中国制造业跳出代工阶段、实现价值链攀升的有效路径（吴庆春，2017）[27]。

我国的居民消费结构已进入持续升级阶段，对消费增长的支撑作用也在不断增大（孙皓和胡鞍钢，2013；俞剑和方福前，2015）[28-29]。本文拟沿着前述理论脉络建立分析框架，进一步揭示在消费结构升级的背景下，大国优势促进本土新兴产业发展并形成"国内消费升级—本土新兴产业培育—出口结构优化"的良性循环路径。在此基础上，基于2000—2015年的省级面板数据，我们检验了一系列理论假说。结果表明，只有在大国市场优势下，消费结构升级才能推动出口商品结构升级，这在2007年金融危机导致外需不足的背景下表现尤为突出。从机制上看，这可能是借助大国市场优势，通过消费结构升级促进国内供给的发展，进而推动了出口商品结构优化。但由于进口产品对本土产品的替代作用，进口增加会削弱上述机制的发挥效果。

本文可能的贡献包括：一是从依托国内市场发展对外贸易的基本逻辑出发，沿着需求转型诱发供给升级、进而形成出口竞争新优势的文献脉络，在消费结构升级的背景下建立理论框架，深入探讨了消费结构升级、大国市场优势与外贸模式转型升级的关系，拓宽了对动态比较优势理论的认识。二是放松了消费者偏好不变的假定，从消费结构升级的角度对本地市场效应进行了分析，并通过实证研究为其提供了新的经验证据。三是立足于中国外贸发展困境和国内消费升级的基本事实，从消费结构升级出发，从理论和实证两方面探讨本土需求、国内供给和出口部门间实现良性互动的有效条件，为新常态下探寻中国外贸发展的大国道路提供有益参考。

二、理论框架与研究假设

（一）理论框架

本文的理论框架可用图1来说明。假设存在两个国家：一个是发展中国家，记为 S；另一个是发达国家，记为 N。在经济发展的初始阶段，S 的消费结构为 CS_{S0}，对应的产品质量空间为 $[PS_{S0}^{LOW}, PS_{S0}^{UP}]$；N 的消费结构为 CS_N，对应的产品质量空间为 $[PS_N^{LOW}, PS_N^{UP}]$。在这一阶段，由于两类国家的产品质量空间无重叠部分，发展中国家不可能走培育本土新兴产业、满足国内市场，同时又推进出口的发展道路，而只能凭借廉价劳动力等禀赋优势，承接发达国家生产制造业中的某些低附加值环节，因而其出口贸易可能演变为"两头在外"模式，成为其他国家的代工工厂。由于缺乏国内消费结构升级的驱动，本土企业难以形成获取竞争优势的转化路径，这种出口贸易结构将会进一步被固化。

随着经济的发展，S 的消费结构由 CS_{S0} 升级为 CS_{S1}，对应的产品质量空间也转换为 $[PS_{S1}^{LOW}, PS_{S1}^{UP}]$。此时 S 与 N 的产品需求有了重叠部分 $[PS_N^{LOW}, PS_{S1}^{UP}]$，从而使"国内消费升级—本土新兴产业培育—出口结构优化"良性循环有了可能，不过这会受到当前的分工结构与国内市场规模的制约。

在当前国际分工结构下，发达国家 N 发展较早，对于需求重叠部分的某类产品，其生产的平均成本曲线如图1B中的 AC_N 所示。此时发达国家以平均成本 AC_0 供给产量 Q_N，其供给人群既包括了本国的消费者，也包括发展中国家的消费者，即充当了主要出口者角色。

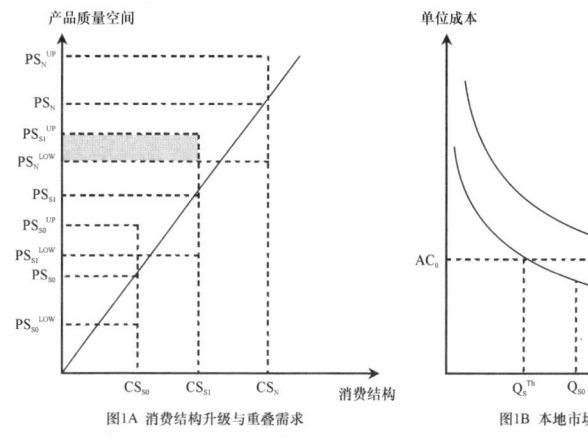

图1A 消费结构升级与重叠需求　　图1B 本地市场规模与出口竞争力

图1

在国内消费升级的驱动下，假如发展中国家发展出某种新技术，可将生产这些产品的平均成本曲线下移至 AC_S，则原有分工格局可能会被改变。但除非其产量超过门槛值 Q_S^{Th}，否则难以占据优势。但对发展中大国来说则不然，大国的国内市场足以培养出一个具有较大竞争优势的新兴产业。此时产量从 Q_{S0} 增加到 Q_{S1}，平均成本也将随之进一步下降，发展中大国凭此优势将完全可能成为高质量新产品的主要出口者。通过上述路径，国内消费结构升级可培育本土新兴产业，提高其竞争力。在对外开放条件下，则会推动出口商品结构的升级。

（二）研究假设

根据以上分析，在消费结构升级的背景下，如果能充分发挥大国市场优势，将有可能形成"国内消费升级—本土新兴产业培育—出口结构优化"的良性循环，促进外贸结构转型升级。由此提出：

假说1：在消费结构升级的背景下，本地市场规模越大，出口商品结构越趋于高度化。

值得注意的是，在规模报酬递增和贸易成本为正的贸易体系中，如果一个发展中大国已通过对外开放融入全球生产网络，因其发展初期的消费结构较低，加上外资企业瞄准的是发展中大国的充裕劳动力等禀赋优势，发展中国家主要采取"两头在外"的加工贸易模式，这时，本地市场效应反而会将其锁定在低水平的产业结构中。在图1B的框架下，有可能发达国家N生产 Q_N 的代工环节本来就放在发展中国家，此时发展中国家S有大量企业参与到使用原有技术的加工贸易环节，发达国家因其主导了国际分工而强化了自身的竞争优势。这时，具备大国市场优势的发展中国家即使消费结构升级，若无重大外部冲击，也很难打破原有均衡。

始于2007年的世界金融危机是一个打破既有均衡的重大事件。有研究表明，自危机以来我国对外贸易发生了一系列结构性的变化（李向阳，2009；李玉举，2013）[30-31]，使得中国内需与外贸之间的联动关系呈现出某种过渡特征，如"体外循环"式加工贸易出口比重持续下降、新产品内销比例不断提高等（易先忠和欧阳峣，2018）[16]。在金融危机的负向冲击下，发达国家的需求下降，部分发展中国家代工厂商的订单减少。在图1的框架下，由发达国家主导的生产减少，其平均成本沿着 AC_N 左移而逐渐上升，发展中国家厂商则将生产重心转向国内市场。在图1B的框架下，发展中国家的产量上升，平均成本沿着 AC_S 右移而逐渐降低。伴随着消费结构升级，发展中国家在满足国内需求的条件下更容易建立出口竞争优势。由此提出：

假说 2：2007 年之前，原有全球分工格局带来锁定效应，消费结构升级难以撬动出口结构升级；2007 年之后，金融危机打破了原有均衡，消费结构升级更有利于发挥本地市场优势，培育本土新兴产业，促进出口结构高级化。

此外，在开放经济条件下，进口和消费外溢现象越来越频繁（刘胜和冯海波，2016）[32]，可能会对发展中国家的国内消费形成挤出效应，削弱本国的消费结构升级。在图 1B 的框架中，在消费结构升级的背景下，基于发展中国家国内消费者的需求，本土企业的生产原本可以越过门槛值 Q_s^{Th}，但国内消费者的需求部分若转向进口产品，必将导致本土产量降低，发达国家的产量则相应扩大，其优势得到加强，发展中国家通过培育本土新兴产业、由内而外逐步形成优势的贸易模式难以形成。由此提出：

假说 3：进口产品和本土产品存在一定替代作用，因而一个国家或地区进口越多，越有可能不利于"国内消费升级—本土新兴产业培育—出口结构优化"路径的形成。

三、模型设定、数据来源与变量说明

（一）模型设定

为检验前述假说，我们构建以下计量模型：

$$EXS_{it} = \alpha_0 + \alpha_1 \cdot CS_{it} + \alpha_2 \cdot HMS_{it} + \alpha_3 \cdot CS_{it} \cdot HMS_{it} + X \cdot \varphi + \tau_t + \eta_i + \varepsilon_{it} \quad (1)$$

其中，EXS 代表出口商品结构，CS 代表消费结构，HMS 代表本地市场规模，X 为系列控制变量。为控制其他因素的影响，借鉴江小娟（2007）[7]、蔺建武等（2011）[11]、邵帅（2017）[33]对我国出口商品结构影响因素的研究方法，加入技术创新、要素禀赋、对外开放程度、FDI 利用水平等控制变量。η_i 为省区固定效应，τ_t 为时间固定效应，ε_{it} 表示干扰项，下标 i 和 t 分别表示省份和年份。

若假说 1 成立，则 α_3 显著为正；若假说 2 成立，则 α_3 在 2007 年前可能并不显著但之后显著为正。

下面从两方面检验逻辑链条"国内消费升级—本土新兴产业培育—出口结构优化"是否存在。首先，基于式（1）将因变量换成本地产业结构（INDS），分析在大国市场优势下消费结构升级是否会带来本地产业结构的发展；其次，基于假说 3 检验进口是否会削弱上述机制的作用，进而对上述逻辑链条是否存在做出判断。模型设定如下：

$$EXS_{it} = \beta_0 + \beta_1 \cdot CS_{it} + \beta_2 \cdot HMS_{it} + \beta_3 \cdot CS_{it} \cdot HMS_{it} + \beta_4 \cdot CS_{it} \cdot HMS_{it} \cdot IMP_{it} + Z \cdot \phi + \tau_t + \eta_i + \varepsilon_{it} \quad (2)$$

式（2）加入了进口（IMP）的三次交乘项。为使回归模型对交互项的估计保持一致，在模型中加入 CS、HMS、IMP 三者交互项的同时，再引入其全部低阶交互项（Jaccard and Turrisi，1990；谢宇，2010）[34-35]，此时控制变量集 Z 不仅包括了式（1）中的控制变量，还包括了 CS×HMS、CS×IMP、HMS×IMP 三个交互项。如前所述，预期 β_4 显著为负。

（二）数据来源及变量

本文的数据来源主要包括两个方面：（1）历年的《中国高技术统计年鉴》。根据现有研究，衡量出口商品结构高度化的方法主要有三种：一是出口的初级产品与工业制成品的比例，二是资本密集型产品与劳动密集型产品的比例，三是高新技术产品出口占总出口的比例。本研究主要分析消费结构升级情形下如何通过大国市场优势培育本地高新技术产业，进而实现出口商品结构高级化，因而选取"高新技术产品出口额占总出口额的比例"作为出口商品结构高级化的衡量指标。（2）相关年份的《中国统计年鉴》《中国科技统计年鉴》和《中国劳动统计年鉴》。基于以上统计资料，我们计算得出了 2000—2015 年的消费结构、R&D 强度、对外开放度、FDI 利用等指标（见表1）。

表1 变量名称、含义及计算方法

变量	变量含义	计算方法
EXS	出口商品结构高度化	高新技术产品出口额占总出口额的比例
CS	消费结构	除食物外的消费支出占比、除衣食外的消费支出占比以及享受、发展型消费支出占比
HMS	本地市场规模	人口的自然对数
INDS	本地产业结构高级化	高新技术产业就业人数占总就业人数的比例
IMP	商品进口	进口额/GDP
R&D	技术创新	R&D 经费支出/GDP
OPNE	对外开放度	进出口总额/GDP（检验假说3时，由于解释变量中包含进口比重，故改用出口总额/GDP）
FDI	FDI 利用情况	实际利用外资额/GDP
FAEN	要素禀赋	资本劳动比的自然对数

四、实证结果与分析

（一）基本回归结果分析

首先基于式（1）对假说1进行检验。借鉴王选选和刘娟英（2007）[36]、孙皓和胡鞍钢（2013）[28]等的思路，我们用除食品消费支出之外的其他消费支出占比衡量消费结构，该指标越大，说明居民对基本的生存资料消费越少，而发展和享受型消费越多。此方法测算不易受物价因素的干扰。表2表明，不管是否加入控制变量和是否控制时间效应，消费结构（CS）和本地市场规模（HMS）交乘项的系数始终显著为正。其含义是：若其他条件不变，在消费结构升级的背景下，本地市场规模越大，出口商品结构越趋于高级化。

下面将消费结构升级对出口商品结构高度化的边际影响绘成图形，以获得两者关系更直观的印象。根据表2中的模型（7）绘制成图2，可以看出，消费结构升级未必能带来出口商品结构的高级化，只有当本地市场规模超过一定阈值，消费结构的升级才能真正有助于出口商品结构的高级化。

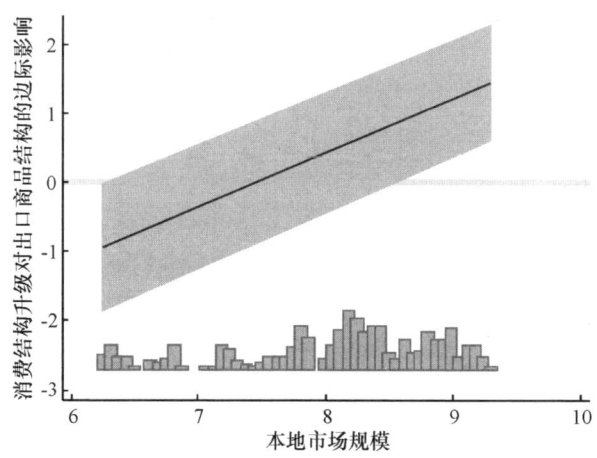

图2 本地市场规模、消费结构升级与出口商品结构高级化

（二）稳健性分析

表2以除食物之外的消费支出占比来衡量消费结构升级，考虑到可能存在的度量问题，我们采用两种方法进行稳健性分析。一是将消费结构升级的指标更改为除衣着、食物以外的消费支出占比；二是将消费支出进一步细分为生存资料消费、享受资料消费和发展资料消费（尹世杰，2003）[37]。其中，生存资料消费包括食品、衣着、居住和交通通信，享受和发展资料消费包括家庭设备用品及服务、医疗保健和教育文化支出（刘颖嘉等，2012）[38]。为体现消费结构从生存型到享受型再到发展型的升级过程，我们以享受和发展资料占比重新衡量了消费结构升级。

表2 本地市场规模、消费结构升级与出口商品结构高级化：基本结果

	(1)	(2)	(3)	(4)	(5)	(6)	(7)	(8)
CS	-5.371**	-4.861**	-5.820**	-5.359**	-5.146**	-4.413**	-5.780**	-5.139**
	(-2.362)	(-2.233)	(-2.395)	(-2.317)	(-2.367)	(-2.159)	(-2.455)	(-2.262)
HMS	-0.445**	-0.433***	-0.539**	-0.451***	-0.354*	-0.307**	-0.293	-0.314**
	(-2.497)	(-2.678)	(-2.735)	(-2.728)	(-1.907)	(-2.110)	(-1.579)	(-2.067)
CS×HMS	0.815***	0.754***	0.781***	0.747***	0.702**	0.597**	0.727**	0.612**
	(2.849)	(2.720)	(2.640)	(2.651)	(2.555)	(2.310)	(2.568)	(2.253)
R&D					0.001*	0.001***	0.001*	0.001***
					(1.971)	(4.202)	(2.024)	(3.639)
OPEN					0.211**	0.178***	0.283**	0.221***
					(2.249)	(4.055)	(2.098)	(3.003)
FAEN					0.038*	0.043**	0.099	0.057
					(1.765)	(2.026)	(1.613)	(1.362)
FDI					0.224	0.212**	0.169	0.176*
					(1.575)	(2.219)	(1.495)	(1.833)
时间效应	否	否	是	是	否	否	是	是
常数项	3.073***	2.961**	4.226**	3.411**	2.567*	2.264**	2.316	2.660**
	(2.252)	(2.355)	(2.486)	(2.521)	(1.706)	(1.966)	(1.484)	(2.089)
N	480	480	480	480	480	480	480	480
R²	0.279		0.305		0.353		0.386	
F/Wald	6.50	17.71	4.91	79.06	3.38	55.29	8.91	363.18
模型设定	FE	RE	FE	RE	FE	RE	FE	RE
Hausman χ²	11.17		13.17		32.78		29.46	
模型选定	FE		FE		FE		FE	

注：括号内为t值，为提高免差异导致的推断问题，使用了White稳健型标准误；FE、RE分别代表固定效应模型和随机效应模型，模型的选定根据Hausman检验的结果而定；进行系数联合检验时，FE、RE设定下分别使用了F或Wald统计量；报告的R²是组内（within）R²，RE框架下的R²不具有常规意义，故未列入报告；时间效应已通过加入虚拟变量控制。表3—表7同。

采用第一种方法将消费结构的衡量指标替换为除衣着、食品外的消费支出占比后,回归结果见表3。表3表明,消费结构（CS）和本地市场规模（HMS）的交乘项始终显著为正,即我们的基本结论并未改变。

基于第二种方法的回归结构见表4。表4表明,即使将消费结构进一步更换为享受型和发展型消费支出占比,消费结构（CS）和本地市场规模（HMS）的交乘项仍然始终显著为正,说明前述结果是稳健的。考虑到消费结构的第一、第二种衡量方法与第三种衡量方法之间的相关系数分别为0.5252、0.4299,上述相关关系在任何惯常的显著性水平上均显著。而且前两种方法在测算消费结构时不易受物价因素的干扰,故仍主要采用前两种方法来衡量消费结构。

（三）机制分析

1. 金融危机的影响

如前所述,发展中大国若是通过对外开放融入全球生产网络,早期因其消费结构偏低,加工贸易占主导地位,本地市场效应可能会令其被锁定在低水平的产业结构中。此时为打破原有的国际分工格局,可能需要借助外部的强烈冲击。为此,我们基于式（1）将样本分成两个时间段,分别考察消费结构升级背景下本地市场规模如何驱动出口商品结构高级化,具体结果见表5。

从表5可以看出：金融危机之前,不管是以食品外的消费支出占比还是以衣着、食品外的消费支出占比来衡量消费结构,消费结构（CS）与本地市场规模（HMS）的交乘项均不显著,说明在金融危机之前,原有全球分工格局带来的锁定效应令消费结构升级难以撬动出口结构升级；而全球金融危机之后,消费结构（CS）与本地市场规模（HMS）的交乘项则显著为正,说明金融危机打破了原有均衡,此时在消费结构升级背景下,完全可以发挥本地市场优势,培育本土新兴产业,促进出口结构高级化。

2. 消费结构升级背景下的本地市场规模与本地新兴产业培育

上文分析表明,在消费结构升级的背景下,如果能够充分发挥大国市场优势,就有可能形成"国内消费升级—本土新兴产业培育—出口结构优化"的良性循环,促进外贸结构转型升级。为此,可进一步检验消费结构升级背景下本地市场规模与本土新兴产业培育的关系。我们以高新技术产业就业人员占比来衡量本地产业结构高级化（INDS）,并基于式（1）进行回归。从表6的结果来看,不管以食品外的消费支出占比还是以衣着、食品外的消费支出占比来衡量消费结构,消费结构（CS）与本地市场规模（HMS）交乘项的系数均为正,且在危机发生后均显著,其对本地产业结构的影响与对出口商品结构的影响基本

表3 本地市场规模、消费结构升级与出口商品结构高级化：稳健性分析Ⅰ

	(1)	(2)	(3)	(4)	(5)	(6)	(7)	(8)
CS	-5.300**	-4.531**	-5.958**	-5.246**	-4.849**	-4.408**	-5.692**	-5.348**
	(-2.376)	(-2.111)	(-2.478)	(-2.233)	(-2.356)	(-2.232)	(-2.491)	(-2.357)
HMS	-0.326**	-0.342**	-0.510**	-0.358**	-0.273	-0.245**	-0.237	-0.242**
	(-2.060)	(-2.464)	(-2.618)	(-2.534)	(-1.665)	(-2.069)	(-1.361)	(-1.990)
CS×HMS	0.788***	0.702**	0.696**	0.679**	0.636**	0.577**	0.637**	0.576**
	(2.763)	(2.539)	(2.402)	(2.453)	(2.437)	(2.322)	(2.353)	(2.235)
R&D					0.001**	0.001***	0.001*	0.001***
					(2.078)	(4.121)	(1.958)	(3.551)
OPEN					0.215**	0.179***	0.289**	0.238***
					(2.254)	(3.828)	(2.137)	(2.742)
FAEN					0.052**	0.052**	0.099	0.068
					(2.337)	(2.324)	(1.495)	(1.551)
FDI					0.233	0.216**	0.196	0.204*
					(1.643)	(2.292)	(1.662)	(1.940)
时间效应	否	否	是	是	否	否	是	是
常数项	2.285*	2.378**	4.424**	2.924**	2.062	1.874**	2.168	2.286**
	(1.884)	(2.223)	(2.438)	(2.428)	(1.536)	(1.995)	(1.399)	(2.154)
N	480	480	480	480	480	480	480	480
R^2	0.243		0.298		0.342		0.384	
F/Wald	5.63	15.70	4.92	76.88	3.29	49.69	10.19	403.14
模型设定	FE	RE	FE	RE	FE	RE	FE	RE
Hausman χ^2	40.29		9.18		4.84		18.11	
模型选定	FE		FE		FE		FE	

表 4　本地市场规模、消费结构升级与出口商品结构高级化：稳健性分析 II

	(1)	(2)	(3)	(4)	(5)	(6)	(7)	(8)
CS	-8.560**	-11.039***	-11.358***	-6.592**	-10.606***	-8.800***	-11.543***	-8.349***
	(-2.394)	(-3.311)	(-3.493)	(-2.175)	(-3.464)	(-3.173)	(-3.728)	(-2.958)
HMS	0.106	-0.296***	-0.581***	-0.234**	-0.369**	-0.234***	-0.389**	-0.223**
	(0.635)	(-2.658)	(-3.526)	(-2.300)	(-2.341)	(-2.607)	(-2.431)	(-2.472)
CS×HMS	1.266***	1.521***	1.509***	0.981**	1.463***	1.224***	1.510***	1.144***
	(2.869)	(3.637)	(3.763)	(2.575)	(3.883)	(3.525)	(3.980)	(3.252)
R&D					0.001***	0.001***	0.001***	0.001***
					(5.464)	(6.000)	(4.752)	(5.052)
OPEN					0.190***	0.157***	0.250***	0.200***
					(4.588)	(4.681)	(5.520)	(5.576)
FAEN					0.065***	0.065***	0.100***	0.038
					(6.722)	(7.388)	(2.754)	(1.439)
FDI					0.279***	0.260***	0.229***	0.263***
					(3.633)	(3.629)	(2.795)	(3.348)
时间效应	否	否	是	是	否	否	是	是
常数项	-1.061	2.305**	4.643***	1.717**	2.658**	1.630**	2.966**	1.582**
	(-0.773)	(2.571)	(3.406)	(2.092)	(2.045)	(2.261)	(2.240)	(2.174)
N	480	480	480	480	480	480	480	480
R^2	0.094		0.290		0.353		0.380	
F/Wald	15.50	26.98	9.79	165.85	34.49	285.53	11.90	304.86
模型设定	FE	RE	FE	RE	FE	RE	FE	RE
Hausman χ^2	56.11		955.69		3.22		9.98	
模型选定	FE		FE		RE		RE	

表5 金融危机前后的本地市场规模、消费结构升级与出口商品结构高级化

	以食品以外的消费支出占比衡量				以衣、食以外的消费支出占比衡量			
	金融危机前		金融危机后		金融危机前		金融危机后	
	(1)	(2)	(3)	(4)	(5)	(6)	(7)	(8)
CS	−0.708	2.628	−7.397**	−6.312*	−1.019	2.283	−6.954**	−6.470**
	(−0.328)	(1.253)	(−2.196)	(−1.891)	(−0.500)	(1.038)	(−2.493)	(−2.285)
HMS	0.410	0.226	−0.444*	−0.372	0.410	0.171	−0.304*	−0.245
	(1.015)	(1.482)	(−1.925)	(−1.642)	(0.971)	(1.226)	(−1.701)	(−1.596)
CS×HMS	0.181	−0.340	0.831**	0.715*	0.188	−0.287	0.652**	0.608**
	(0.662)	(−1.293)	(2.344)	(1.946)	(0.683)	(−1.018)	(2.271)	(2.082)
R&D	−0.000	0.001**	0.001	0.000*	−0.000	0.001*	0.000	0.000*
	(−0.007)	(2.291)	(0.907)	(1.910)	(−0.042)	(1.924)	(0.627)	(1.867)
OPEN	0.268***	0.202***	0.235	0.178*	0.281***	0.211***	0.221	0.182*
	(3.010)	(5.903)	(1.367)	(1.714)	(3.149)	(5.339)	(1.336)	(1.756)
FAEN	0.091	0.039	0.136	0.074	0.089	0.036	0.125	0.093
	(0.771)	(0.774)	(0.981)	(0.940)	(0.736)	(0.721)	(0.925)	(1.329)
FDI	0.023	0.080**	1.592**	1.231***	0.028	0.065**	1.848**	1.527***
	(0.558)	(2.100)	(2.140)	(3.060)	(0.702)	(2.176)	(2.353)	(3.402)
时间效应	是	是	是	是	是	是	是	是
常数项	−3.642	−1.726	3.850*	3.283	−3.461	−1.327	3.199*	2.703*
	(−1.090)	(−1.439)	(1.829)	(1.616)	(−1.000)	(−1.242)	(1.958)	(1.878)
N	210	210	270	270	210	210	270	270
R^2	0.312		0.375		0.303		0.391	
F/Wald	5.156	307.76	3.42	243.69	4.68	252.64	4.31	297.39
模型设定	FE	RE	FE	RE	FE	RE	FE	RE
Hausman χ^2	17.81		136.46		13.04		11.57	
模型选定	FE		FE		FE		FE	

34

表 6　本地市场规模、消费结构升级与本地产业结构高级化

	以食物以外的消费支出占比衡量			以衣着、食物外的消费支出占比衡量		
	全样本	危机前	危机后	全样本	危机前	危机后
	(1)	(2)	(3)	(4)	(5)	(6)
CS	-0.258	-0.340	-0.212***	-0.249	-0.328	-0.193***
	(-1.539)	(-1.348)	(-3.167)	(-1.674)	(-1.294)	(-3.420)
HMS	-0.025*	-0.002	-0.021***	-0.022*	0.001	-0.017***
	(-1.805)	(-0.069)	(-3.206)	(-1.865)	(0.023)	(-3.322)
CS×HMS	0.033	0.046	0.024***	0.029	0.044	0.020***
	(1.618)	(1.403)	(2.903)	(1.625)	(1.348)	(2.915)
R&D	0.000**	-0.000*	0.000	0.000**	-0.000*	0.000
	(2.250)	(-1.756)	(0.892)	(2.220)	(-1.701)	(0.739)
OPEN	0.002	0.024***	0.003	0.002	0.024***	0.003
	(0.395)	(3.787)	(1.210)	(0.430)	(3.731)	(1.169)
FAEN	-0.001	0.006*	0.004	-0.001	0.006*	0.004
	(-0.600)	(1.933)	(1.614)	(-0.568)	(1.921)	(1.678)
FDI	-0.011	-0.004	-0.019	-0.010	-0.004	-0.014
	(-1.033)	(-0.957)	(-1.025)	(-0.976)	(-0.894)	(-0.784)
时间效应	是	是	是	是	是	是
常数项	0.200*	0.005	0.183***	0.189*	-0.012	0.158***
	(1.748)	(0.024)	(3.382)	(1.893)	(-0.059)	(3.614)
N	480	210	270	480	210	270
R²	0.342	0.445	0.451	0.337	0.434	0.459
F/Wald	6.97	25.84	4.97	7.26	31.19	5.64
Hausman χ²	119.18	22.31	4.69	143.36	20.99	18.61
模型选定	FE	FE	FE	FE	FE	FE

一致，表明在一定程度上出口结构就是本土产业结构在空间上的扩展。

3. 进口的影响

根据上述分析，在消费结构升级的背景下，外贸转型升级的关键在于培育本土企业高层次产业的竞争优势。考虑到进口品对本国消费品具有替代关系，预计一个国家或地区的进口品越多，就越可能削弱"国内消费升级—本土新兴产业培育—出口结构优化"的效应。从表7中经Huasman检验选定的模型（1）（3）（5）来看，不管用何种指标衡量消费支出，进口品均确实削弱了"国内消费升级—本土新兴产业培育—出口结构优化"的作用机制，这证实了前述假说。

五、结论与启示

当前的国际经济环境发生了巨大变化，国际贸易摩擦剧增，亟需转变外贸增长方式。本文认为，消费结构升级为破解外贸发展困境提供了一条大国优势路径。在消费结构升级的背景下，外贸转型升级的关键在于培育本土新兴产业的竞争优势。如果能充分发挥大国市场优势，就有可能形成"国内消费升级—本土新兴产业培育—出口结构优化"的良性循环，促进外贸结构转型升级。这意味着，依托国内大市场的消费驱动出口模式，有利于发挥大国市场优势，进而形成外贸转型升级的内生动力。在此基础上，通过本土产业与出口的有力关联，将可更好地发挥出口贸易作为增长引擎的作用。

因此，在全球消费终端市场转移和国内消费结构不断升级的战略机遇下，我们首先要把握住国内需求市场这一大国特殊优势的战略基点，将本土新兴产业培育与出口商品结构高级化结合起来，跳出之前将两者单独分析的旧框架，形成植根于本土新兴产业发展的贸易模式。其次，要充分认识到金融危机既是挑战也是难得机遇的现实。正是金融危机打破了既有的全球分工格局，为消费结构升级背景下依托本国市场优势发展新兴产业留出了发展空间。如能迎难而上，形成"国内消费升级—本土新兴产业培育—出口结构优化"的良性循环，将有助于构筑对外开放的新局面，使中国的出口扩张能更好地发挥"增长引擎"作用。最后，还需认识到进口和消费外溢可能会干扰上述发展进程，因而要借助供给侧结构性改革的契机，使供给侧和消费侧能更好地对接，从而避免因国内供需结构错配而导致消费外溢问题。

表7 进口对"国内消费升级—本土新兴产业培育—出口结构优化"机制的影响

	食物外的消费占比		衣、食外的消费占比		享受、发展型消费占比	
	(1)	(2)	(3)	(4)	(5)	(6)
CS	-7.488**	-6.512**	-7.994***	-7.154**	-18.794***	-16.836***
	(-2.653)	(-2.226)	(-2.774)	(-2.392)	(-4.831)	(-4.378)
CS × HMS × IMP	-2.050	-1.953	-3.158*	-2.990**	-4.690*	-3.574*
	(-1.652)	(-1.572)	(-2.248)	(-2.104)	(-2.331)	(-1.874)
CS × HMS	0.898**	0.758	0.906**	0.776**	2.377***	2.143***
	(2.665)	(2.168)	(2.705)	(2.274)	(2.255)	(-3.978)
CS × IMP	16.141	15.205	24.468**	22.958**	35.683*	27.907*
	(1.698)	(1.602)	(2.299)	(2.121)	(2.349)	(1.945)
HMS	-0.198	-0.412**	-0.154	-0.354**	-0.383**	-0.474***
	(-0.793)	(-2.097)	(-0.663)	(-2.170)	(-2.255)	(-3.978)
IMP	-9.653	-9.060	-13.090**	-12.121**	-8.551**	-6.582*
	(-1.547)	(-1.494)	(-2.105)	(-2.007)	(-2.034)	(-1.719)
HMS × IMP	1.227	1.172	1.691**	1.591**	1.133**	0.847*
	(1.514)	(1.463)	(2.073)	(1.995)	(2.043)	(1.667)
R&D	0.001	0.001***	0.001	0.001***	0.001***	0.001***
	(1.696)	(2.875)	(1.570)	(2.903)	(4.186)	(4.884)
OPEN	0.866**	0.559**	0.868**	0.566**	0.817***	0.588***
	(2.455)	(2.198)	(2.590)	(2.226)	(6.936)	(6.231)

续表

	食物外的消费占比		衣、食外的消费占比		享受、发展型消费占比	
	(1)	(2)	(3)	(4)	(5)	(6)
FAEN	0.119	0.052	0.116	0.058	0.104***	0.024
	(1.553)	(1.129)	(1.515)	(1.248)	(2.881)	(0.907)
FDI	0.017	0.043	0.042	0.075	0.091	0.127
	(0.120)	(0.415)	(0.304)	(0.714)	(1.110)	(1.619)
时间效应	是	是	是	是	是	是
常数项	1.721	3.547**	1.551	3.277**	2.956**	3.692***
	(0.794)	(2.138)	(0.731)	(2.268)	(2.119)	(3.817)
N	480	480	480	480	480	480
R^2	0.452		0.457		0.450	
F/Wald	57.98	1874.55	176.09	368.48	13.32	368.76
模型设定	FE	RE	FE	RE	FE	RE
Hausman χ^2	54.52		29.68		18.69	
模型选定	FE		FE		FE	

参考文献

[1] TELLO M D. Export product composition indexes in developing countries: the case of peru, 1993-2004[J]. The International Trade Journal, 2009 (1): 78-100.

[2] 李汉君. 技术创新对中国出口商品结构的影响——基于技术含量视角的实证分析[J]. 国际经贸探索, 2012 (11): 26-33.

[3] 魏浩, 程珽. 中国出口商品结构、劳动力市场结构与高端人才战略[J]. 财贸经济, 2010 (10): 93-99.

[4] 卫平, 冯春晓. 中国出口商品结构高度化的影响因素研究——基于省际面板数据的实证检验[J]. 国际贸易问题, 2010 (10): 24-31.

[5] 鞠建东, 林毅夫, 王勇. 要素禀赋、专业化分工、贸易的理论与实证：与杨小凯、张永生商榷[J]. 经济学（季刊）, 2004 (4): 27-54.

[6] 林毅夫, 蔡昉, 李周. 中国的奇迹：发展战略与经济改革[M]. 增订版. 上海：格致出版社, 2014.

[7] 江小涓. 我国出口商品结构的决定因素和变化趋势[J]. 经济研究, 2007 (5): 4-16.

[8] 黄丽丽, 綦建红. 中国企业从出口到OFDI的渐进国际化——基于不确定性的视角[J]. 南方经济, 2018 (1): 115-132.

[9] 江小涓. 中国出口增长与结构变化：外商投资企业的贡献[J]. 南开经济研究, 2002 (2): 30-34.

[10] GRUBER W, MEHTA D, VERNON R. The R&D factor in international trade and international investment of United States industries[J]. Journal of Political Economy, 1967, 1: 20-37.

[11] 蔺建武, 仲伟周, 杨洪焦. 我国出口商品结构变动决定因素的理论研究与计量检验[J]. 经济问题探索, 2011 (5): 108-114.

[12] 洪银兴, 孙宁华. 中国经济学发展：理论·实践·趋势[M]. 南京：南京大学出版社, 2015.

[13] 李颖, 高建刚. 人民币汇率变动、城乡收入差距与居民消费[J]. 广东财经大学学报, 2016 (2): 43-56.

[14] 欧阳峣, 生延超, 易先忠. 大国经济发展的典型化特征[J]. 经济理论与经济管理, 2012 (5): 27-35.

[15] 林发勤, 唐宜红. 比较优势、本地市场效应与中国制成品出口[J]. 国际贸易问题, 2010 (1): 18-24.

[16] 易先忠, 欧阳峣. 大国如何出口：国际经验与中国贸易模式回归[J]. 财贸经济, 2018 (3): 79-94.

[17] 王岚, 盛斌. 中国对美制成品出口竞争优势：本土市场效应与比较优势——基

于倍差引力模型的经验分析[J].世界经济文汇,2013（2）：67-79.

[18] 欧阳峣,傅元海,王松.居民消费的规模效应及其演变机制[J].经济研究,2016（2）：56-68.

[19] 戴翔,刘梦,张为付.本土市场规模扩张如何引领价值链攀升[J].世界经济,2017（9）：27-50.

[20] 张曙霄,张磊.中国贸易结构与产业结构发展的悖论[J].经济学动态,2013（11）：40-44.

[21] 朱希伟,金祥荣,罗德明.国内市场分割与中国的出口贸易扩张[J].经济研究,2005（12）：68-76.

[22] 易先忠,欧阳峣,傅晓岚.国内市场规模与出口产品结构多元化：制度环境的门槛效应[J].经济研究,2014（6）：18-29.

[23] 杨小凯.经济学：新兴古典经济学与新古典经济学［M］.北京：社会科学文献出版社,2003.

[24] PORTER M E.The competitive advantages of nations［M］.New York：The Free Press,1990.

[25] 孙红燕,张先锋.国际代工企业升级模式研究[J].国际贸易问题,2012（6）：135-142.

[26] 许德友.以内需市场培育出口竞争新优势：基于市场规模的视角[J].学术研究,2015（5）：92-98.

[27] 吴庆春.人民币汇率变动对中国经济影响的传递机制研究[J].湖南科技大学学报：社会科学版,2017（4）：130-137.

[28] 孙皓,胡鞍钢.城乡居民消费结构升级的消费增长效应分析[J].财政研究,2013（7）：56-62.

[29] 俞剑,方福前.中国城乡居民消费结构升级对经济增长的影响[J].中国人民大学学报,2015（5）：68-78.

[30] 李向阳.国际金融危机与国际贸易、国际金融秩序的发展方向[J].经济研究,2009（11）：47-54.

[31] 李玉举.金融危机以来国际贸易发展的特点及趋势[J].国际贸易,2013（2）：9-15.

[32] 刘胜,冯海波.税制结构与消费外溢：跨国证据[J].中国工业经济,2016（6）：22-38.

[33] 邵帅.环境规制如何影响货物贸易的出口商品结构[J].南方经济,2017（10）：111-125.

[34] JACCARD J,TURRISI R.Interaction effects in multiple regression［M］.California：Sage Publications,1990.

[35] 谢宇.回归分析［M］.北京：社会科学文献出版社,2010.

[36] 王选选, 刘娟英. 中国农村居民省际间消费结构差异分析[J]. 数理统计与管理, 2007 (5): 846-851.

[37] 尹世杰. 消费经济学[M]. 北京: 高等教育出版社, 2003.

[38] 刘颖嘉, 杜磊, 周颖祺. 东中西部居民消费结构的比较与启示——以江苏、安徽、甘肃三省城镇居民消费为例[J]. 消费经济, 2012 (4): 53-56.

资源禀赋、制度质量与经济增长质量[①]

一、文献回顾与问题的提出

自1978年以来，我国经济实现了持续快速增长，但近年来也呈现出明显的经济新常态特征，即经济发展由高速增长转向中高速增长、由粗放发展方式转向质量效益型的集约发展方式、由要素投资驱动转向创新驱动。增长质量的提升远远低于增长速度的提升，成为当前经济发展中面临的主要问题。探讨提升经济增长质量和效益的路径，是未来一段时间我国经济社会发展急需解决的焦点问题，这些问题主要包括以下几个方面：

（一）关于经济增长质量

国外学者较早探讨了经济增长质量的内涵，并普遍认为经济增长质量的内涵要比经济增长速度的内涵宽泛得多，因而许多文献均构建了多指标体系来衡量经济增长质量。如维诺德·托马斯（2001）[1]认为，经济增长质量的内涵应该包括经济、社会和环境等内容；Barro（2002）[2]则认为健康、政治制度、犯罪、宗教等内容也是反映经济增长质量的重要指标。国内学者主要采用单指标评价和综合指标评价方法对我国经济增长质量进行测度。其中，采用单指标进行评价的文献其常规做法是将全要素生产率作为经济增长质量的代理变量，如钞小静和任保平（2008）[3]、黄志基和贺灿飞（2013）[4]、刘文革等（2014）[5]等。随着研究的深入，越来越多的文献通过构建综合指标体系对经济增长质量进行评价，如胡艺和陈继勇（2010）[6]构建了包括经济发展效率、环境压力、能耗、平稳性和平衡性等为内容的经济增长质量评价指标体系；钞小静和惠康（2009）[7]、钞小静和任保平（2011）[8]构建了包括经济发展的结构、稳定性、

---

① 原载于《广东财经大学学报》2017年第1期第4–12页。
作者：李强，安徽财经大学经济学院副教授，博士；高楠，安徽财经大学经济学院研究生。

福利分配、资源环境等为内容的经济增长质量评价指标体系，等等。

（二）关于经济增长质量的影响因素

探讨经济增长质量的影响因素是近年来国内外学者研究的一个重要分支，主要从经济、贸易、科技、民生、生态5个方面进行讨论。就整体经济发展区域而言，社会经济结构水平的高低会直接影响经济发展水平的高低。一旦经济结构出现失衡，必然会对经济增长质量造成负面影响（刘燕妮等，2014）[9]。随着我国对外开放程度的日益提高，对外经济发展日渐成熟，外商投资规模日趋扩大。结合国家经济发展的经验数据不难发现，FDI和国际贸易对我国经济增长质量的提高发挥了积极作用。下一步应在规范制度框架、尊重市场规律的基础上继续推进引资政策，充分利用全球资本流动的势头强化外资的作用，实现经济增长质量的突破性发展（随洪光，2013）[10]。同时，还需加大智力投资，通过普及教育实现人力资本积累水平的提高、技术进步的外溢，为经济增长质量提供后续动力（刘海英等，2004）[11]。党的十八大以来，民生与环境保障问题日益凸显，李胭胭和鲁丰先（2016）[12]提出，应将其作为一国经济发展需要解决的根本问题和最终目的，并认为促进财富公平分配、人民安居乐业的经济增长才是真正高质量的增长。未来的经济发展在关注经济增长效率的同时，更应注重居民生活环境的改善和生活水平的提高、资源的有效合理利用和环境保护等。资源利用效率和生态环境保护都是经济增长质量的重要方面，资源利用效率的改进可以节约资源、改善生态环境，从而降低经济增长的成本；生态环境的改善则可以提高居民的整体福利水平，进而提高经济增长的质量（钞小静和任保平，2012）[13]。

（三）关于资源禀赋对经济增长质量的影响

资源禀赋对于经济增长质量的影响是本文研究的重点内容。已有相关研究对于资源禀赋经济效用的分析主要分为两类：一类是将资源禀赋单纯地视为福音或是诅咒。如姚毓春等（2014）[14]认为，无论是从整体还是分段来看，我国资源富集地区的自然资源均有利于该区域的经济增长；另一类则是认为资源禀赋对于经济增长质量具有异质性，并对其产生异质性的原因进行了探讨。如李强和徐康宁（2013）[15]认为自然资源是一把"双刃剑"，对于资源生产地区而言，自然资源开发会通过"荷兰病"、制度弱化、对资本积累和人力资本的挤出效应等传导机制阻碍地区经济增长，因而自然资源是诅咒；对于资源消费地区而言，资源消费有利于促进地区经济增长，自然资源是福音。岳利萍等（2011）[16]将自然资源禀赋对经济增长的负面影响归结为后天的人文因素，即自然资源禀赋主要是通过影响投资、受教育水平、开放度、R&D 等社会经济变量，降低它们对经济增长的促进作用，导致经济增长质量水平下降。在对世界各国经济增长质量水平进行比较分析的研究中，郑义和秦炳涛（2016）[17]的研究发现，丰富的自然资源对于一个国家来说是恩赐还是诅咒主要取决于该国的制度。在制度优良的国家，其制度设计有利于生产性活动，丰富的自然资源能助推经济增长；而在制度疲软的国家，寻租活动频繁，零和博弈明显，生产性活动常让位于寻租活动，资源诅咒成立。

综上，国内外有关经济增长质量的研究成果较为丰富，其中有关经济增长质量的测度及其影响因素的分析为本研究带来较多启发。当前学界主要采取单指标和多指标两种方法对经济增长质量进行考量，其中单指标法主要以全要素生产率来表示，多指标法则综合了经济、制度、社会、环境等多方因素构建指标体系。与此同时，国内学者越来越认同资源禀赋对于地区经济增长具有异质性，认为资源对于地区经济发展的效用主要取决于复杂的外部因素。党的十八大以来，生态建设、民生工程逐渐成为我国提高国家经济增长质量的重要策略，但遗憾的是，国内较少有研究将其纳入到经济增长质量的分析中，相关研究指标体系亦有待完善。同时，有关资源禀赋与经济增长质量关系的研究中，影响资源禀赋经济效用的外部因素分析偏重理论化，缺少实证检验支持。

鉴此，本文将在已有研究的基础上，将民生、资源环境作为影响经济增长质量的重要因素引入指标体系，实证分析资源禀赋、制度质量及其他外部因素对于经济增长质量的影响作用，在此基础上得出结论，提出相关政策建议。

二、经济增长质量测度

（一）指标体系

当前我国经济发展处于增长速度的换挡期，重塑经济增长新动力、提高经济增长质量，成为经济新常态下亟待解决的关键问题。同时，这一时期也是转变经济发展方式的关键阶段，国家"十三五"规划从经济结构、科技与创新、民生、资源与环境以及对外开放等 5 个方面对转变我国经济发展方式做出了明确要求。因而本研究拟从综合经济结构（$Struc$）、科技与创新（$Tech$）、民生（$Live$）、资源与环境（$Ecol$）、对外开放（$Open$）5 个方面来测试经济增长质量水平。用公式表示为：

$$Q = Q(Struc, Tech, Live, Ecol, Open) \qquad (1)$$

其中：Q 表示经济增长质量水平；5 个 2 级指标又可细分为 23 个 3 级指标（见图1）。

1. 经济结构（Struc）指标以投资率、消费率、投资消费比、第三产业占比4个3级指标来表示；相应的3级指标分别用资本形成总额占GDP比重、最终消费支出占GDP比重、资本形成总额与最终消费支出之比、第三产业产值占GDP比重来表示。

2. 科技与创新（Tech）指标以创新、人力资本、全要素生产率、技术效率和科技进步5个3级指标表示。其中，创新与人力资本表示创新水平；全要素生产率、技术效率和科技进步表示科技水平。创新指标用各地区每年的3种专利批准量表示；人力资本用平均受教育年限表示，具体计算参考李强和徐康宁（2013）[15]的方法，计算公式为：平均受教育年限 =（小学文化程度×6＋初中文化程度×9＋高中文化程度×12＋大专及以上文化程度×16）/各地区6岁以上总人口。全要素生产率、技术效率和科技进步所表示的科技水平采用DEA指数方法计算得出。

3. 民生指标以人均GDP、城镇居民收入、农村居民收入、城乡收入差距比、城乡消费水平对比和通货膨胀率6个3级指标表示；相应的3级指标分别用人均GDP、城镇居民人均可支配收入、农村居民人均纯收入、城镇居民人均可支配收入与农村居民人均纯收入之比、城乡居民消费之比、居民消费价格指数表示。

4. 资源与环境指标以能源强度、大气污染程度、污水污染程度、大气治理程度和污水治理程度5个3级指标表示；相应的3级指标分别用地区生产总值能耗指标值、工业废气排放总量、工业废水排放总量、废气治理设施数和废水治理设施数表示。

5. 对外开放指标以进出口贸易总额、出口总额、外商直接投资3个3级指标表示；相应的3级指标分别用进出口贸易额占GDP比重、出口贸易额占GDP比重和实际利用外商直接投资占GDP比重表示。

指标体系结构图如下：

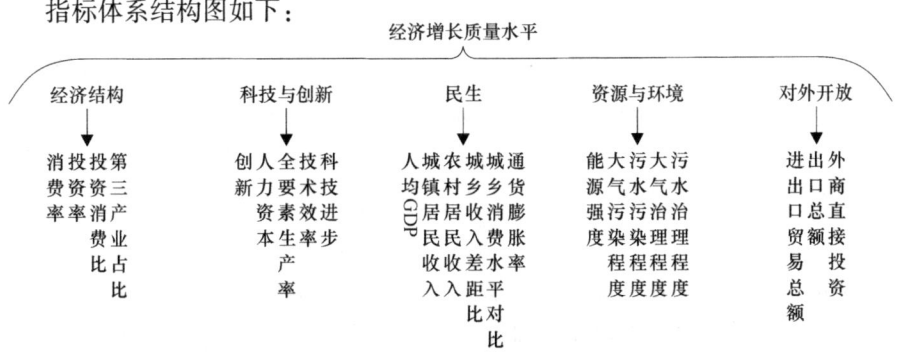

图1　经济增长质量指标体系结构

（二）数据来源

本文所选取的基础指标属性分为正指标、逆指标和适度指标3种。其中，消费率、投资率、第三产业占比、创新、人力资本、全要素生产率、技术效率、科技进步、人均GDP、城镇居民收入、农村居民收入、大气治理程度、污水治理程度、进出口贸易总额、出口总额、外商直接投资为正指标；城乡收入差距比、城乡消费水平对比、通货膨胀率、能源强度、大气污染程度、污水污染程度为逆指标；投资消费比为适度指标。

采用主成分分析法确定各指标体系的权重，以反映各基础指标对经济增长质量贡献的大小，进而测度各省份的经济增长质量。考虑到所选取的基础指标的属性，在进行计量分析之前先做必要处理。一是对各逆指标取其倒数；二是采用均值化方法对基础指标进行无量纲化处理；三是根据第一主成分系数值确定各基础指标的权重。采用SPSS21.0软件计算得到各基础指标的第一主成分系数值，并乘以经正向化和无量纲化处理后的基础指标值，得到二级指标值。

（三）对经济增长速度和经济增长质量的时空特征分析

下面针对全国范围（西藏、港澳台除外）进行比较分析，以找出地域间的发展差异并分析其内在原因，探索国家经济增长速度与增长质量协调发展的新路径。

本文将经济增长速度（质量）水平由低到高均分为5个层次，分别代表优秀、良好、较好、及格、较差，再将全国划分为东、中、西三部分。其中，东部地区包括江苏、上海、浙江、福建、广东、山东、安徽、海南、黑龙江、辽宁、吉林、河北、天津、北京，中部地区包括河南、湖北、湖南、江西、山西、内蒙古，西部地区包括陕西、宁夏、甘肃、四川、重庆、贵州、广西、云南、青海、新疆。

研究发现，2000年中国经济增长速度水平处于优秀等级的有山东、江苏、广东、上海，处于良好等级的有辽宁、河北、河南、浙江，处于较好等级的有黑龙江、北京、安徽、湖北、湖南、福建、四川，处于及格等级的为内蒙古、吉林、山西、陕西、重庆、云南、广西、江西、天津，处于较差等级的为新疆、青海、甘肃、宁夏、贵州、海南。总体来看，全国总体增长速度较慢，区域间增长速度差异较大。其中，东部地区经济增长速度最快，中部地区次之，西部地区最慢，2014年中国经济增长速度水平处于优秀等级的有山东、江苏、上海、广东，处于良好等级的有辽宁、河北、河南、湖北、湖南、浙江、四川，处于较好等级的有北京、内蒙古、陕西、安徽、福建，处于及格等级的有天津、吉林、山西、重庆、贵州、云南、广西、江西，处于较差等级的有新疆、青海、甘肃、宁夏、海南、黑龙江。总体来看，2014年区域内的经济增长速度发展状况与2000年一致，全国尤其是中部地区经济增长速度水平显著上升，说明东部地区经济增长速度始终处于全国前列，中部地区近年来也在加快发展，西部地区发展相对滞后，各省份之间的经济增长速度差距明显拉大，区域发展不平衡。

研究发现，2000年中国经济增长质量处于优秀等级的有北京、江苏、上海、浙江、广东，处于良好等级的有辽宁、天津、山东、福建，处于较好等级的有黑龙江、河北、山西、河南、湖北、湖南、四川、广西，处于及格等级的有内蒙古、吉林、陕西、重庆、安徽、江西、云南、新疆，处于较差等级的有青海、甘肃、宁夏、贵州、海南。总体来看，全国经济增长质量水平不高，且区域间存在差异。其中，东部地区经济增长质量水平最高，中部地区次之，西部地区较差。2014年中国经济增长质量水平处于优秀等级的有北京、天津、江苏、上海、浙江、广东，处于良好等级的有内蒙古、吉林、辽宁、山东、福建，处于较好等级的有黑龙江、河北、山西、河南、安徽、陕西、湖北、江西、重庆、湖南、广西、四川、青海、海南，处于及格等级的有甘肃、宁夏、云南、贵州，处于较差等级的是新疆。就经济增长的整体水平而言，地区经济增长质量水平不断提升，其中东部地区最高，中部地区其次，西部地区较落后；就经济增长质量变化幅度而言，中、西部地区变化显著，除新疆维吾尔自治区经济增长质量水平有所下降外，其余省份的经济增长质量水平均为上升，且上升幅度较大，而东部地区发展变化较小；东部地区经济增长质量水平在全国遥遥领先，区域间发展差距较大。

进一步分析可以发现，2000—2014年间，东部地区经济增长速度与增长质量水平均处于全国前列，中部地区其次，西部地区相对落后。同时，相比经济增长速度，各区域经济增长质量的整体水平增长幅度更快，区域间的差异更小。具体来看，东部地区整体发展水平基本处于领先地位，究其原因，不仅是东部地区在早期有效利用了政策与地理优势，加速了工业发展，实现了资本与财富积累，同时也积极适应了中国经济发展新时期，抓住了经济发展机遇，加速了产业结构和经济结构的转型优化，在保证经济总量积累的同时，提升了经济增长质量水平。中部地区经济增长速度与增长质量水平紧随其次，发展前景较为乐观。究其原因，是近年来中部地区在发展传统工业企业的同时积极寻求经济、产业转型升级路径，努力实现了经济效益与生态效益共赢。一方面，它们加大了科技创新投入，从内部挖掘发展潜力；另一方面，鼓励招商引资，从外部获取进步助推，因此近年来中部地区各省份经济总量增长速度十分迅猛，经济增长质量也有所提升。同时也应意识到，由于历史、政策与地理条件等综合因素的影响，中部地区综合发展情况相对于东部地区仍有不小的差距，尤其在传统工业转型与新兴产业发展方面差距较大，中部地区应继续加大智力投入，将科技、创新力作为发展的依托动力，实现地区经济的健康协调发展。西部地区的经济增长速度与质量水平均处于全国最末水平，且与东、中部地区差距逐渐拉大。究其原因，主要是较为恶劣的自然地理条件阻碍了其产业建立和居民聚集，创新性技术与人才缺乏，使得丰富的自然资源难以为其所用，社会财富难以积累。近年来国家加大对西部地区的资金、产业、技术与人才投入，西部地区的经济水平有所提升，但增长速度仍远远低于东部和中部地区，"高投入，低效率，低产出"的粗放型经济增长模式在短时期内难以改变，区域间的发展差距不断拉大。

三、实证分析

（一）模型设定

经济新常态下，经济增长不仅要注重数量更要重视质量。那么，资源禀赋与制度质量作为影响经济增长质量的重要因素，它们在经济发展过程中究竟扮演着何种角色？下面将这两个变量引入如下计量模型进行分析：

$$ZZZL_{it} = A + \beta_1 NR + \beta_2 INS + \beta_3 Z + \mu_i + \varepsilon_{it} \qquad (2)$$

考虑到内生性问题，再建立如下动态面板计量模型：

$$ZZZL_{it} = A + \beta_1 ZZZL_{i,t-1} + \beta_2 NR + \beta_3 INS + \beta_4 Z + \mu_i + \varepsilon_{it} \qquad (3)$$

式（2）和式（3）中：$ZZZL_{it}$表示经济增长质量，NR表示资源禀赋，INS表示制度质量，Z表示控制变量，ε_{it}代表模型中的随机干扰项，下标i表示市级截面单元，t为时间因素，β_i为待估参数。

有关资源禀赋的测度一直是学界研究的难点，因其包含的内容与指标过多，难有统一的考量方法。本研究参考徐康宁和王剑（2006）[18]的做法，以采掘业从业人员占从业人员总数比重来表示资源禀赋，以采掘业人员数量占比表示地区资源丰裕程度和开发水平（用NR表示）。

有关制度质量的测度主要有两种方法：一种是基于跨国面板数据经验，以《华尔街日报》和美国传统基金会发布的经济自由度指数来表示；另一种是参考樊纲等学者公布的市场化指数来反映区域内市场化进程，从市场角度来量化社会制度的完善水平。本研究采用第二种测度方法，数据来源于《中国市场化指数2009》和《中国市场化指数2011》，由于该数据只更新到2009年，缺失年份数据采用趋势外推法予以补齐（用 INS 表示）。其余变量的度量方法同上文。

（二）数据说明

本文基于全国 30 个省份 2000—2014 年的省级面板数据，实证研究资源禀赋和制度质量对我国经济增长质量的影响。具体来说，面板数据包括 30 个截面单元 15 年的时间序列数据，共计 450 个样本观测值。如无特别说明，相关研究数据均来源于《新中国 60 年统计资料汇编》、2001—2015 年的《中国统计年鉴》和《中国能源统计年鉴》。其中，进口贸易额、出口贸易额、净出口贸易额和实际利用外商直接投资数据根据每年人民币兑换美元汇率计算得出。全要素生产率指数（Malmquist）运用软件 Deap2.1 进行测算，其中，投入要素中的劳动以各地区从业人员来表示，投入要素中的资本以全社会固定资产投资数据来表示，产出以 GDP 表示。数据处理和实证研究均采用 STATA 11 完成，变量统计结果见表1。

表1　变量的描述性统计结果（2000—2014 年）

变量	含义	观测值	均值	标准差	最小值	最大值
ZZZL	经济增长质量	450	1.58	0.96	−0.18	6.95
INDUS	产业结构	450	0.39	0.07	0.27	0.78
HR	人力资本	450	8.21	1	5.44	12.03
INNO	创新	450	1.59	3.41	0.01	26.99
OPEN	对外开放	450	0.31	0.39	0.02	2.3
NR	资源禀赋	450	0.68	0.91	0	4.84
INS	制度质量	450	7.08	2.54	2.37	16.02
NR^2	资源禀赋二次方	450	1.29	3.44	0	23.46
$NR \times INS$	交互项	450	3.83	4.87	0	30.72

（三）计量检验及结果分析

内生性是宏观经济研究中常见且较为棘手的问题，其会导致估计结果不稳健。本研究中的基础指标与经济增长质量指数之间具有较高的相关性，易产生内生性问题。为得到稳健的计量结果，在进行实证检验前先采用 Durbin—Wu—Hausman 方法对内生性进行检验，结果显示模型确实存在内生性问题。为解决此问题，采用差分 GMM 方法对模型进行再检验，并将解释变量的一阶滞后项作为工具变量。表2 中的模型（1）-（6）的最后 3 行报告了差分 GMM 估计自回归（AR）检验和 Sargan 检验结果，可发现检验值的伴随概率值均大于 0.1，表明工具变量的选用是有效的，随机干扰项无二阶自相关问题，说明采用差分

GMM方法对模型进行参数估计有效。

表2 计量检验结果

模型	(1)	(2)	(3)	(4)	(5)	(6)
被解释变量	增长质量	增长质量	增长质量	增长质量	增长质量	增长质量
估计方法	FD-GMM	FD-GMM	FD-GMM	FD-GMM	FD-GMM	FD-GMM
L.ZZZL	0.585***	0.593***	0.598***	0.586***	0.576***	0.570***
	(289.89)	(307.12)	(169.82)	(73.38)	(64.45)	(68.89)
INDUS	3.350***	1.241***	1.483***	1.198***	0.929***	1.154***
	(35.01)	(16.10)	(12.34)	(9.76)	(9.00)	(6.12)
HR	0.244***	0.269***	0.359***	0.282***	0.263***	0.251***
	(49.63)	(62.24)	(34.87)	(19.21)	(12.70)	(15.21)
INNO	-0.099***	-0.083***	-0.085***	-0.093***	-0.095***	-0.081***
	(-138.70)	(-180.45)	(-40.04)	(-41.57)	(-37.00)	(-17.46)
OPEN		-0.023	-0.017	-0.038	0.018	0.125
		(-1.37)	(-0.32)	(-0.62)	(0.21)	(1.41)
NR			0.162***	0.171***	0.472***	0.105
			(18.79)	(17.89)	(14.51)	(1.31)
INS				0.040***	0.075***	0.041***
				(6.08)	(11.13)	(3.85)
NR^2					-0.091***	-0.060***
					(-13.48)	(-4.20)
NR×INS						0.043***
						(4.36)
CONS	-2.493***	-1.896***	-2.842***	-2.357***	-2.429***	-2.189***
	(-62.51)	(-62.02)	(-34.57)	(-20.57)	(-16.46)	(-22.68)
N	390	390	390	390	390	390
AR(1)	0.0173	0.0182	0.0189	0.0203	0.0233	0.0225
AR(2)	0.1243	0.1561	0.1095	0.1441	0.1810	0.2047
Sargan test	0.9996	1.0000	1.0000	1.0000	1.0000	1.0000

1. 资源禀赋对经济增长质量的影响

研究表明，资源禀赋对于经济增长质量的影响为正，且在1%显著性水平上显著，说明在选取的区域范围内，资源禀赋对于地区经济经济发展具有明显的助推作用。地区资源越丰裕，开发程度、利用效率越高，经济发展水平越高，生态环境越能得到有效保护，人民生活质量越高，区域内经济增长质量越能得到有效提升，此时资源禀赋无疑是地区经济发展的福音。但资源禀赋的平方项在1%的显著性水平上对经济增长质量具有负向影响，结合资源禀赋变量的计量结果，发现资源禀赋对经济增长质量并不是单纯的线性影响关系，而是一种倒U型的非线性影响关系。这是因为：在经济发展初期，资源禀赋水平的提高能极大地促进经济增长质量水平的提高，此时工业发展处于起步阶段，资源和能源多投入到重工业和轻工业；政治制度较为清明，政府的执行力较强、执行度较高，这些都有利于发挥资源禀赋的福音效用，有助于实现地区经济增长质量的快速发展。但当工业发展逐渐进入瓶颈期后，资源禀赋带来的财富边际效用开始降低。此时，地方政府为了继续保持经济增长水平，一方面会不断加大对本地区资源能源的开发力度；另一方面会扩展资源的获取渠道，从资源丰裕且廉价的地区引进资源，却忽视了产业结构、经济结构的转型优化，导致地方经济陷入"高投入、低效率、高排放"的粗放型增长模式中，不仅加速了资源能源的耗竭、环境污染的加剧，也使得地区经济水平难以从根本上得到突破。与此同时，政府办事效率低下、工作积极性降低、政治制度不完善、制度执行不透明、公共资金使用不当、企业发展空间受扼等新问题也不断滋生和蔓延。此时资源禀赋水平的提高不仅降低了经济发展速度，更导致生态效益、社会效益受损，资源禀赋高不再是福音，反而成为一种诅咒。

2. 制度质量对经济增长质量的影响

研究表明，制度质量对于经济增长质量的影响为正，且在1%的水平上显著，说明社会制度水平的提高有利于经济增长质量的提升。相关制度和规章设置越完善、透明度越高、执行力越强，民众认同度越高，社会创造和积累财富的能力越强，人民生活质量越能得到保障，地区经济增长质量也越能得到有效提升。

可见，制度质量与资源禀赋都是影响社会经济增长质量的重要因素。因而有必要将二者结合起来，引入资源禀赋与制度质量的交互项变量，来研究资源禀赋对于地区经济发展究竟是福音还是诅咒。检验结果表明，交互项系数为正且在1%的水平上显著，说明资源禀赋与制度质量在促进经济增长质量方面存在互补关系。即制度质量水平越高，资源禀赋对于经济增长质量的促进作用越大；反之，制度质量水平越低，资源禀赋对于经济增长质量的促进作用越小，甚至可能会存在负面影响。结合上文中资源禀赋对经济增长质量呈现倒U型影响关系的检验结果，可以得出如下结论：资源禀赋是推动力，制度质量是方向盘。地区资源禀赋水平的高低决定着地区工业企业发展的水平，从根本上为社会经济发展水平提供助推力。然而在社会经济发展过程中，如果只依靠资源提供动力，只重视经济财富积累而忽视生态、社会效益的提高，就很容易陷入盲目发展、低水平发展和以经济补环境的恶性发展中，并会伴随着工业企业生产效率低下、污染度不断提升、资源禀赋带来的边际经济效益水平不断下跌、环境成本越来越高等问题。同时，过量开采能源资源还会带来资源枯竭、后续发展动力不足等问题，因而此时若加大资源禀赋的投入和利用，只会带来经济增长质量的下滑。

3. 其他控制变量的检验结果

对其他控制变量的检验结果显示，产业结构对于经济增长质量的影响为正，且在1%的水平上显著。产业结构变量表示第三产业发展水平，说明优化产业机构有利于区域内经济增长质量水平的提高。因此，加快传统产业优化升级、发展高新技术产业，是提高经济增长水平的有效途径。

人力资本对于经济增长质量的影响为正，且在1%的水平上显著。因此，加强智力投资、培养专业人才，是我国实现强国之路的重要手段。

创新对于经济增长质量的影响为负，且在1%的水平上显著，说明创新水平的提升会拉低经济增长质量水平。这与经验研究不符，可能与创新指标的选取有关。本文以各地区每年的3种专利批准量表示创新，选取范围较小，且年增长率可能低于经济增长质量的增长率，使得创新水平对于经济增长质量水平反而显示出负影响。

对外开放对于经济增长质量的影响不显著，说明在本文的计量模型中，对外开放并不是影响区域经济水平的重要因素。

四、研究结论与政策建议

在我国经济由高速增长转向中高速增长的新常态背景下，基于全国30个省份2000—2014年省级面板数据，构建包括经济结构、科技与创新、民生、资源与环境、对外开放5个方面的综合指标体系，测度经济增长质量水平并实证研究资源禀赋和制度质量对我国经济增长质量的影响。研究结果表明：我国各地区经济增长质量差异明显，总体呈现出东部地区经济增长质量水平最高、中部地区其次、西部地区较差的格局；资源禀赋对于经济增长质量具有"双刃剑"效用，且制度质量是影响其双面效用的关键因素。当制度"高效"时，资源禀赋的投入会有力促进地区经济增长质量水平的提高；当制度"低效"时，资源禀赋的投入则会成为地区经济发展的阻碍。

与已有研究比较，本文的创新之处可能体现在以下几个方面：一是根据经济新常态特征和"十二五"规划对提高经济增长质量的要求,构建了包括5个2级指标、23个3级指标在内的经济增长质量评价指标体系,对我国30个省份的经济增长质量的时空特征进行了分析;二是扩展了资源诅咒命题的内涵,通过实证检验资源禀赋对我国经济增长质量的影响,系统分析了资源禀赋与经济增长质量之间的关联;三是在计量模型中引入资源禀赋二次项,探讨了资源禀赋与经济增长质量之间的非线性关系,在此基础上引入制度质量变量,就提高制度质量是否有利于走出资源诅咒陷阱进行了分析。

根据以上研究结论,结合我国经济发展实际,提出以下几点政策建议:

首先,资源禀赋对于经济增长质量具有异质性,从根本上讲是由于产业结构的不适宜性造成的,因而需要对产业结构进行优化升级。即一方面要淘汰传统产业中没有存留价值的老化部分,同时以高新技术革新传统产业中仍具竞争力的链条模块,实现传统产业内部的革新突破;另一方面要鼓励创新技术投资,着力发展附加价值高、环境成本低的第三产业,实现整体产业结构的改造和升级。

其次,资源能源是经济增长质量的重要推动力,要将以资源为导向的经济发展模式转变为以科技、创新为导向的经济发展模式,必须改变传统的资源能源使用模式。具体而言,要在减少使用或摒弃污染大、产值低的资源能源的同时,大力提倡清洁能源、可再生能源的使用;要减少对稀缺资源的生产开采,积极探索可以替代稀缺资源的新科技;要在有效提升资源禀赋经济效益的同时,保证生态环境资源的可持续性发展;要在取得经济增长的同时,实现经济增长质量的提升。

最后,制度水平高低决定了资源禀赋对于地区经济的发展究竟是福音还是诅咒,因而提高制度质量是提升地区经济质量水平的关键要素。资源禀赋为经济发展提供动力,制度机制则引领经济发展的方向,完善的制度体系是地区经济健康发展的保证。我们一方面要因时、因地制宜,构建科学的经济发展和产业发展模式,另一方面要推动制度机制的完善和有效实施,从制度上为资源禀赋的有效发挥构筑屏障,推动经济增长质量水平的提升。

参考文献

[1] 维诺德·托马斯. 增长的质量 [M]. 北京:中国财政经济出版社, 2001.

[2] BARRO R J. Quantity and quality of economic growth [R]. Working Papers from Central Bank of Chile, 2002.

[3] 钞小静, 任保平. 中国的经济转型与经济增长质量:基于TFP贡献的考察[J].

当代经济科学，2008（4）：23-29.

［4］黄志基，贺灿飞．制造业创新投入与中国城市经济增长质量研究［J］．中国软科学，2013（3）：89-100.

［5］刘文革，周文召，仲深，等．金融发展中的政府干预、资本化进程与经济增长质量［J］．经济学家，2014（3）：64-73.

［6］胡艺，陈继勇．基于新评价标准的中美经济增长质量比较［J］．经济管理，2010（2）：10-17.

［7］钞小静，惠康．中国经济增长质量的测度［J］．数量经济技术经济研究，2009（6）：75-86.

［8］钞小静，任保平．中国经济增长质量的时序变化与地区差异分析［J］．经济研究，2011（4）：26-40.

［9］刘燕妮，安立仁，金田林．经济结构失衡背景下的中国经济增长质量［J］．数量经济技术经济研究，2014（3）：20-35.

［10］随洪光．外商直接投资与中国经济增长质量提升——基于省际动态面板模型的经验分析［J］．世界经济研究，2013（7）：67-72，89.

［11］刘海英，赵英才，张纯洪．人力资本"均化"与中国经济增长质量关系研究［J］．管理世界，2004（11）：15-21.

［12］李朒朒，鲁丰先．河南省经济增长质量的时空格局［J］．经济地理，2016（3）：41-47.

［13］钞小静，任保平．资源环境约束下的中国经济增长质量研究［J］．中国人口·资源与环境，2012（4）：102-107.

［14］姚毓春，范欣，张舒婷．资源富集地区：资源禀赋与区域经济增长［J］．管理世界，2014（7）：172-173.

［15］李强，徐康宁．资源禀赋、资源消费与经济增长［J］．产业经济研究，2013（4）：80-90.

［16］岳利萍，吴振磊，白永秀．中国资源富集地区资源禀赋影响经济增长的机制研究［J］．中国人口·资源与环境，2011（10）：153-159.

［17］郑义，秦炳涛．政治制度、资源禀赋与经济增长——来自全球85个主要国家的经验［J］．世界经济研究，2016（4）：66-77.

［18］徐康宁，王剑．自然资源丰裕程度与经济发展水平关系的研究［J］．经济研究，2006（1）：78-89.

市场化进程、金融摩擦与全要素生产率*

——基于动态一般均衡模型的分析

一、问题的提出

目前，我国已进入经济转型发展的新时期，经济呈中高速增长，发展模式向质量效率型、集约型转化，经济增长动力转向创新驱动发展。在此"新常态"下，需要转变过去的"三驾马车"分析框架，即从传统的以需求方为主的短期分析，转向从供给方以长周期为视角的可持续增长分析（蔡昉，2015；李扬和张晓晶2015）[1-2]。而长周期分析方法主要是全要素生产率分析方法，即对驱动经济增长的三个因素——劳动投入、资本投入和生产效率状况进行估量和分析。作为宏观经济学的重要概念，全要素生产率是分析经济增长源泉的重要工具，也是政府制定长期可持续增长政策的重要依据。通过全要素生产率增长对经济增长贡献与要素投入贡献的比较，就可确定经济政策是应以增加总需求为主还是应以调整经济结构、促进技术进步为主。中央政府改变用GDP考核地方政府在促进经济发展方面之政绩的做法，代之以全要素生产率的改善进行相应的考核和评价，特别是建议把整个经济分解为若干部分，进行全要素生产率的统计和核算（蔡昉，2013）[3]，不仅有助于确定合理的增长速度预期，也有助于避免不恰当的政策刺激，观察相应的改革举措提高潜在增长率即带来改革红利的效果（蔡昉和陆旸，2015）[4]。

全要素增长率分析方法倡导通过技术进步和体制改善来获得高效率。纵观我国三十余年的改革历程，以市场化为主要特征的国有企业改革以及非公有经济发展释放了巨大经济活力，激活了微观经济主体，使资本和劳动等要素得到

---

* 原载于《广东财经大学学报》2017年第5期第4-11页。
  作者：苏明政，渤海大学经法学院副教授，金融学博士；张庆君，天津财经大学中国滨海金融协同创新中心教授，金融学博士。

最大限度的合理配置，改革取得了巨大成果。虽然国有企业由于某些天然优势具有垄断地位，其使用更加有效率的新技术动力不足，会降低全要素增长率，但市场化的改革会在很大程度上对其进行改进与修正。

此外，金融因素对全要素生产率的增长也会产生巨大影响。特别是随着金融体制改革日益深化，中国金融体系在现代经济体系中的支撑地位日益凸显，对全要素生产率的演变正在发挥越来越重要的作用。但目前的金融市场化改革仍相对滞后，金融系统功能不能充分发挥，金融摩擦的存在严重阻碍了金融资源的有效配置，进而影响了其对全要素生产率的促进作用。

基于此，本文将从金融摩擦的角度分析市场化进程对全要素生产率增长的影响。具体来说，将构建一个动态的一般均衡模型，将市场化进程中民营企业与国有企业的结构变化与金融摩擦中的所有制歧视（融资约束）纳入其中，同时引入其他反映市场化改革和金融摩擦的变量，采取数值迭代的方法，模拟真实的全要素生产率增长，进而分析由此带来的一系列经济特征。通过研究，拟主要回答以下问题：一是市场化进程在多大程度上促进了全要素生产率的提高；二是金融摩擦在全要素生产率增长过程中发挥了怎样的作用；三是市场化改革在未来能否持续释放红利。

二、文献综述与本研究的特点

自索洛奠定新古典增长理论的基石以来，对全要素生产率问题研究的成果丰硕。其中，有关全要素生产率差异的原因始终是学者们关注的重点，研究视角主要有两类。一类是技术视角（Nelson 和 Phelps，1966；Parente 和 Prescott，2000）[5-6]。相关研究认为，技术吸收程度与吸收速度的差异及技术效率差异，是不同地区全要素生产率差异的成因。另一类是要素配置角度（Baily 等，1992；Hsieh 和 Klenow，2009）[7-8]。相关研究认为，人力资本差异所导致的劳动力要素错配以及金融发展差异（金融摩擦）所导致的资本要素错配，是全要素生产率差异的成因。其中，金融摩擦所导致的资本错配对全要素生产率的影响受到重点关注。如 Aoki（2012）[9]构建了多部门 DSGE 模型，以收入税差异代表金融市场摩擦水平，通过对两国相对全要素生产率进行分解获取资源配置效率，并以此测算了资源错配对两国全要素生产率的影响，研究发现，造成发达国家 TFP 差异的主要原因是交通运输和金融部门的资本错配以及农业和金融部门的劳动错配。Moll（2014）[10]以信贷约束代表金融市场摩擦水平进行研究，通过与美国对比，发现新兴市场经济国家产出效率损失的 25% 由金融摩擦引致。

当前我国经济增长正面临结构性减速，新的矛盾与挑战不断出现。在此背景下，有关全要素生产率问题的研究受到重视与关注。基于金融摩擦视角，我国学者大多从融资约束角度分析其对全要素生产率增长的影响。如任曙明和吕镯（2014）[11]分析了融资约束背景下政府补贴对生产率的平滑机制，利用 ACF 法测算了生产率，在双边随机边界模型统一框架下率先定量估算融资约束、政府补贴对生产率的效应，其研究发现，政府补贴在一定程度上能降低融资约束对生产率增长的负面作用。赵春明等（2015）[12]使用微观数据对不同出口状态及不同所有制下融资约束与企业全要素生产率的关系进行实证研究，发现融资约束显著降低了我国企业的全要素生产率，对出口企业的限制作用尤其明显；融资约束对非国有内资企业有显著的负向影响，对国有企业和外资企业则影响不显著。

本文借鉴前人的方法，引入一般动态均衡模型，采用数值模拟方法，对市场化过程、金融摩擦以及全要素生产率之间的关系进行分析。研究特点有三：一是充分考虑到我国经济体制改革的特征，从市场化进程角度分析全要素生产率问题；二是引入企业家经商才能，内生化个体在不同部门的职业选择，通过微观个体行为分析宏观经济现象；三是改进了 Curtis（2015）[13]的方法，在市场化过程中通过引入一阶马尔科夫转移矩阵，以反映未知因素对企业市场化进程的影响，进而提升估计结果的准确性。

三、基准模型构建

考虑一个标准化为 1 的多个个体，随机属于国有部门或者民营部门，时间是离散的。每一个个体被随机分配一种经商才能 e 以及财富值 a，随机分配符合正态分布 $\mu(e)$。对国有部门个体来说，e 可定义为管理者才能，对私人部门个体来说，e 可定义为企业家才能，每期、每一个个体可以按照一定的规则进行职业选择，或当工人赚取工资，或经商赚取企业利润。

（一）国有部门

本文设定国有部门包括 S 个个体，每一个个体被随机赋予一个不变的经商才能 e 以及初始财富 a。

1. 家庭偏好

每个家庭由若干个个体构成，家庭通过消费商品 C 最大化其终生效用。效用函数如下：

$$E_t \sum_{t=0}^{\infty} \beta^t S \frac{(C_t/S)^{1-\sigma} - 1}{1-\sigma} \tag{1}$$

其中，$\beta \in (0, 1)$ 为主观贴现因子，σ 为相对风险厌恶系数。

2. 生产函数

$$y_t = e k_t^\alpha (z_t l_t)^\theta \tag{2}$$

其中，α，θ 分别为资本产出弹性和劳动产出弹性，且满足 α，$\theta \in (0, 1)$。本文同时设定生产函数为规模报酬递减，即 $\alpha + \theta < 1$，管理者才能 e 作为一种生产要素投入可以获得利润 $(1 - \alpha - \theta) y_t$，$z_t$ 为企业动态生产率过程，且满足 $z_t = g z_{t-1}$，其中 g 为企业生产率的成长率。

在国有部门，每个管理者雇佣一单位劳动的工资成本为 ω_t。管理者与工人可以将个人财富存于银行，也可以从银行租借贷款购买 k 单位的生产设备。假设信贷市场是完全竞争市场，即银行只能实现零利润，因此设备租金率满足 $R = r_t + \delta$，其中 r_t 为存款利息率，δ 为折旧率。

据此，企业生产的最优化问题可表示为：

$$\pi_t^s (e; \omega_t, R_t) = \max_{k_t, l_t} \{e k_t^\alpha (z_t l_t)^\theta - \omega_t l_t - R_t k_t\} \tag{3}$$

3. 家庭约束

如前所述，对国有部门而言，个体进行职业选择时主要考虑的是工资收入与经商收入的比较，而其经商收入与其经商才能密切相关。设定经商才能的门限值为 $\underline{e}$，令其满足如下条件：

$$\pi_t^S (\underline{e}; \omega_t, R_t) = \omega_t \tag{4}$$

对于经商才能大于等于 $\underline{e}$ 的个体，其将选择成为管理者；反之，则选择成为国有部门工人。家庭在选择消费产品 C 的同时，也可以选择将财富 a 以无风险资产的形式进行储蓄，储蓄的利率水平为 r_t。同时本文设定不允许借贷消费。由此，家庭在最大化其终生效用时，面临的财务约束条件为：

$$c_t + a_{t+1} \leq \int_{\underline{e}}^{\infty} \pi_t^s(e; \omega_t, R_t) \mu(de) + \int_0^{\underline{e}} \omega_t \mu(de) + (1 + r_t) a_t \,(a_{t+1} \geq 0) \tag{5}$$

（二）民营部门

民营部门包含数量为 N 的永续个体，每一个个体被分配企业家才能 e 以及初始财富值 a。同时，与国有部门不同，民营部门个体的企业家才能是变化的，即私人企业存在退出的可能性。本文设定有 γ 的概率，当期企业家才能可以延续到下一期，有 $1 - \gamma$ 的概率重新分配下一期的企业家才能。

1. 家庭偏好

与私人部门一致，每个家庭由若干个个体构成，家庭通过消费商品 C 最大化其终生效用。其效用函数为：

$$E_t \sum_{t=0}^{\infty} \beta^t N \frac{(C_t/N)^{1-\sigma} - 1}{1 - \sigma} \tag{6}$$

其中，$\beta \in (0, 1)$ 为主观贴现因子，σ 为相对风险厌恶系数。

2. 生产函数

设定民营部门与国有部门具有相同的生产函数，且同样面临当企业家与当工人的职业选择。在私人部门中，企业家与工人可以将个人财富存于银行，也可以从银行租借贷款购买 k 单位的生产设备，设备租金率满足 $R_t = r_t + \delta$。在此过程中，假设私人部门将面临融资约束，即存在金融摩擦，设 $k \leq \lambda a_t$，其中 λ 为融资约束系数，反映金融摩擦（融资约束）的强弱。则此时企业生产的最优化问题可表示为：

$$\pi_t(a_t, e_t; \omega_t, R_t) = \max_{k_t, l_t} \{ek_t^\alpha (z_t l_t)^\theta - \omega_t l_t - R_t k_t\} \quad (k \leq \lambda a_t) \quad (7)$$

3. 家庭约束

与国有部门一样，私人部门的个体在进行职业选择时，主要考虑的也是工资收入与经商收入的比较，而其经商收入与其经商才能密切相关。本文设定经商才能门限值为 $\underline{a}(e)$，令其满足如下条件：

$$\pi_t(\underline{a}_t(e_t), e_t; \omega_t, R_t) = \omega_t \quad (8)$$

对于经商才能大于等于 $\underline{a}(e)$ 的个体，其将选择成为企业家，反之则成为民营部门工人。家庭在选择消费产品 C 的同时，也可以选择将财富 a 以无风险资产的形式进行储蓄，储蓄利率水平为 r_t，同时本文设定不允许借贷消费。由此，家庭在最大化其终生效用时，面临的财务约束条件为：

$$c_t + a_{t+1} \leq \max \{\pi_t(a_t(e_t), e_t; \omega_t, R_t), \omega_t\} + (1 + r_t) a_t \quad (9)$$

（三）均衡条件

本文主要考虑如下竞争性的均衡条件：一是产品市场出清；二是劳动力与资本市场出清；三是金融中介机构无利润。

（四）市场化进程

已有研究发现，国有部门生产率与民营部门生产率存在较大差距，原因在于除金融发展因素以外，还包括制度、委托代理、政府效能、市场竞争程度等因素。为研究这些因素对两类部门生产率影响的差异性，引入市场化进程变量 ϕ_t，并假设该变量服从一阶马尔科夫过程，$\phi = \{\phi_h, \phi_l\}$，且 $\phi_h > \phi_l > 0$，转移矩阵为：$\Pr(\phi' | \phi) = \Omega_\phi = [P_{hh}, P_{hl}; P_{lh}, P_{ll}]$。下面本文将通过实际数据拟合估计转移矩阵。

四、模型参数校准与数值模拟

（一）模型参数校准

文中数据主要来源于1996—2013年的《中国统计年鉴》《中国工业企业数据库》以及中经专网、国泰安和国研网统计数据库，选取的主要原则是模型产生的国有部门、私人部门的全要素生产率增长数据与实际数据之间的差异尽可能小。具体参数校准说明如下。

经商才能 e 服从正态分布，均值标准化为0，只需要校准标准差。本文借鉴李世刚和尹恒（2014）[14]的成果，以中国居民收入的基尼系数进行校准，得到标准差为0.64。劳动的产出弹性 θ 设定为0.5，相对风险厌恶系数 σ 为1.5，资本折旧率 δ 为0.2。假设规模报酬递减，采用1996—2013年企业规模分布的特征数据、固定资产折旧数据、净生产税及经营性盈余数据，将资本弹性 α 设定为0.30，盈利份额如前所述为0.20（1-0.5-0.3）。根据1996—2013年实际的全要素增长率的平均增长情况，将生产率增长率 g 设定为1.109，根据1996—2013年私人企业数量的变化，将私人企业存续概率 γ 设定为0.81。根据历年国有企业和私人企业员工数量，将 S/N 设定为0.08。进一步，根据1996—2013年外部融资占 GDP 的比重，将外部融资系数 λ 设定为1.63。最后综合私人企业与国有企业的财产分布，反推出转换矩阵为 [0.7, 0.3; 0.2, 0.8]。所有参数校准见表1。

表1　参数校准情况

参数	描述	取值
e	经商才能的标准差	0.64
θ	劳动的产出弹性	0.5
σ	相对风险厌恶系数	1.5
δ	资本折旧率	0.2
α	资本弹性	0.30
S/N	私企与国企规模之比	0.08
γ	私人企业存续概率	0.81
g	全要素生产率增长率	1.109
λ	外部融资系数	1.63

（二）数值模拟

本文主要采用数值迭代模拟的方法进行动态估计。首先，定义民营部门产

出错配参数 τ，该参数的变化表明市场化的进程。在初始状态下，市场化进程还没有开始，民营部门的产出为 $(1-\tau)e_t k_t^{\alpha}(z_t l_t)^{\theta}$，其中 $\tau=0$。而随着市场化进程的开始，产出错配参数 τ 逐渐增加，表明私营部门个体可以利用企业家才能经营私营企业。完全市场化后，资本可以自由流动，此时 $\tau=1$。其次，通过数值迭代模拟方法，对均衡动态转换过程中各参数序列的变化情形进行分析，考察市场化进程中各经济变量的动态变化过程。

五、实证结果分析

（一）基准模型比较

首先将通过模拟得到的数据与实际的经济数据进行比较，从而对模拟方法的可行性进行评估。

图 1 是基于 1996—2013 年工业增加值的实际数据，使用索洛剩余方法评估得到的我国全要素增长率（TFPDATA）与通过数值模拟得到的全要素增长率（TFPMODEL）的对比图（基期为1）。从图 1 可以看出，样本期内我国的全要素增长率经历了较为快速且稳定的增长，模拟得到的全要素增长率走势与根据实际数据计算得到的全要素增长率的走势拟合程度较好，说明本文使用的方法较好地模拟了经济事实。

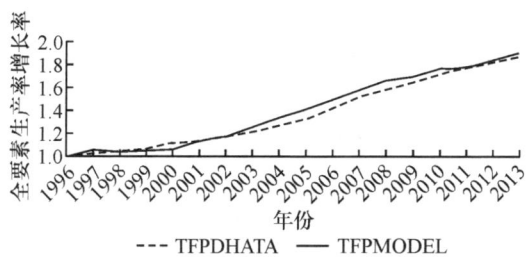

图 1 1996—2013 年全要素增长率的实际走势（TFPDATA）与模拟走势（TFPMODEL）对比图

图 2 是实际数据（PES-DATA）与模型模拟（PES-MODEL）的民营部门与国有部门劳动力份额之比的对比图。可以看出，无论是实际数据还是模拟数据，随着市场化进程的加深，民营部门的劳动份额比重逐年上升，从 1996 年的 20% 左右上升到 2013 年的近 70% 左右。可见，市场化加深的过程也正是全要素生产率提高的过程。

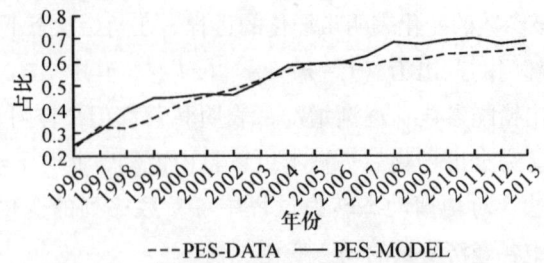

图2 1996—2013年民营部门与国有部门劳动力份额之比的实际走势（PES-DATA）与模型模拟走势（PES-MODEL）对比图

（二）经济事实分析

1. 市场化的影响

首先分析市场化对全要素增长的促进作用。图3表明，在模拟过程中不考虑市场化进程，则全要素生产率的上升幅度会显著下降。具体而言，2013年市场化过程对全要素生产率上升的贡献度超过40%，这在图4中也得到证实。图4反映了民营部门与国有部门全要素生产率之比的变化情况，可以看出，私人部门的全要素生产率显著高于国有部门，究其原因，则需从金融摩擦的角度进行分析。

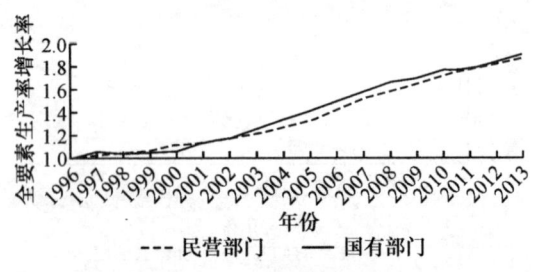

图3 市场化进程的贡献

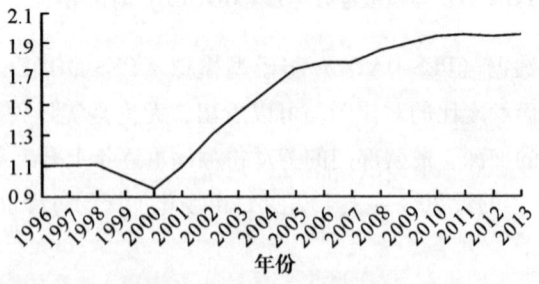

图4 民营部门与国有部门全要素生产率之比

2. 金融摩擦的作用

由于金融摩擦的存在，民营部门在进行外部融资时无疑会受到融资约束的影响。具体来说，民营部门不能像国有部门一样，按照抵押品的整体价值来获得外部融资，而是存在一定比例的限制（本文以设定融资约束系数来表示）。由于这种约束的存在，一些生产率较低的私营企业可能无法生存而退出。由于金融摩擦的存在，企业家才能较低的个体可能无法在私营部门生存，但却有可能在国有部门生存。民营部门的全要素生产率因此高于国有部门。

图 5 表明，虽然在初始设置时民营部门与国有部门个体的才能是一致的，但金融摩擦的存在限制了部分"低才能"个体的进入，从而造成两个部门个体平均才能的差异，进而导致了两部门全要素生产率的差异。

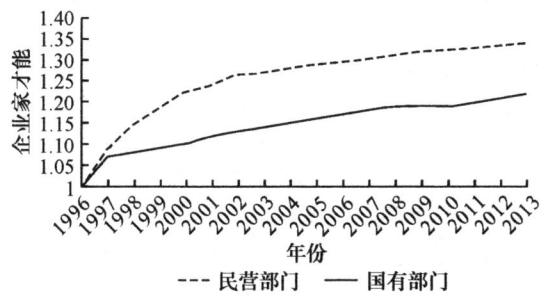

图5　民营部门个体与国有部门个体平均才能比较

下面进一步分析存在外部负向技术冲击条件下金融摩擦对于全要素生产率增长的影响。从图6可以看出，此时全要素增长率受到的负面影响大于不存在金融摩擦时受到的影响，即金融摩擦对于经济增长的稳定性存在负面影响。因此，虽然市场化过程有利于释放由于金融摩擦而存在的"制度红利"，但其对经济稳定的负面影响也不容忽视。

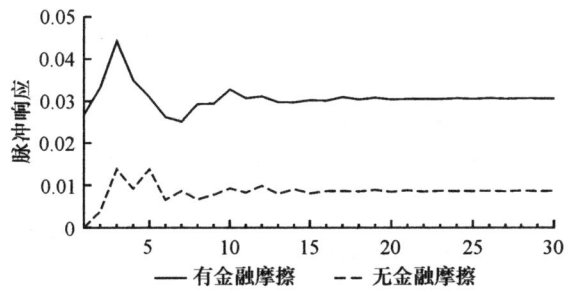

图6　全要素生产率增长对技术冲击的脉冲响应

（三）敏感性分析

为确保研究的可信性，下面将考虑不同金融摩擦程度条件下市场化进程对生产率的影响。为此，本文放宽外部融资约束系数设定为 1.63 的限制，进一步分析外部融资约束系数的变化对各部门全要素生产率的影响（见表 2）。

表 2　敏感性分析

	$\lambda=1$	$\lambda=1.2$	$\lambda=1.4$	$\lambda=1.64$	$\lambda=2$	$\lambda=5$	$\lambda=\infty$
市场化贡献率（%）	12.4	21.6	34.7	32.5	30.5	27.2	26.3
TFP-P/TFP-S	1.25	1.41	1.68	1.53	1.43	1.20	1

注：(1) 所有数据为各期的平均值；(2) TFP-P 与 TFP-S 分别表示私营企业与国有企业的全要素生产率；(3) 当 $\lambda=1$ 时，表明私营企业无法获得任何外部融资，此时为金融摩擦的极端情况；当 $\lambda=\infty$ 时，表明私营企业可以获得任意倍于自身资产的外部融资，此时并不存在金融摩擦。

从表 2 可以看出，外部融资约束过强或过弱，都会导致较低的市场化贡献率和较低的私营全要素生产率与国有全要素生产率之比。不过，似乎存在一个"次优"的外部融资比率能最大化上述指标。即在无法彻底消除金融摩擦的情况下，某个外部融资程度可能会最大化地促进全要素生产率的增长，但具体数据的确定需要综合其他未考虑的因素做进一步研究。与此同时，本文认为随着金融市场的不断完善和发展，市场化过程对全要素增长的影响会逐渐降低，其所释放的改革红利会逐渐减少。

六、结论与对策建议

改革开放以来，我国经济体制的市场化进程释放了巨大的改革红利，为全要素生产率的增长做出了重要贡献。以此为背景，本文从金融摩擦视角分析了我国市场化改革进程对于全要素生产率增长的影响。具体而言，本文构建了包含两部门多个体的动态均衡模型，引入经商才能以及融资约束等多个特征变量，使用数值模拟方法模拟了 1996—2013 年我国两部门的全要素生产率的增长情况，并以此评估了市场化进程及金融摩擦对全要素生产率增长的影响。主要结论如下：一是市场化过程通过提高私营企业的全要素生产率而提高了整体的要素生产率水平，其贡献率超过 30%。二是私营企业全要素生产率的提高主要得益于金融摩擦的存在，融资约束由于限制了某些低才能经商者的进入而提高了民营企业的全要素生产率水平。三是金融摩擦的存在降低了全要素生产率增长的稳定性。四是市场化进程所释放的改革红利会随着金融市场的发展而降低，改革红利无法长期持续。

自2014年开始，我国经济已呈现出多方面的新常态特征。在此背景下，全要素生产率增长是我国转变经济增长方式、实现经济长期稳定增长的根本条件。由此，本文提出如下建议。一是要充分认识技术进步和体制改善对于经济效率提高的重要性，使中国的经济增长向全要素生产率支撑型模式方向转变（蔡昉，2013）[15]。二是要在充分承认过去市场化改革对经济效率增长促进作用的同时，进一步推动经济体制改革，增强经济活力，持续释放改革红利。三是要深入研究所有制歧视下金融资源的错配问题，继续深化国有企业改革。一方面，要提升国有企业对生产率提高的重视程度；另一方面，要采取措施，加大国有企业之间的经济竞争，减弱政治权利竞争。四是要充分认识金融市场不完善对经济稳定的负面影响，努力消除金融障碍，充分发挥金融发展对经济增长的促进作用。

参考文献

［1］蔡昉．二元经济作为一个发展阶段的形成过程［J］．经济研究，2015（7）：4-15.

［2］李扬，张晓晶．"新常态"：经济发展的逻辑与前景［J］．经济研究，2015（5）：4-19.

［3］蔡昉．中国经济增长如何转向全要素生产率驱动型［J］．中国社会科学，2013（1）：56-71，206.

［4］蔡昉，陆旸．以潜在增长率确定增速目标［J］．中国经济报告，2015（1）：30-32.

［5］NELSON R R, PHELPS E S. Investment in humans, technological diffusion, and economic growth［J］. The American Economic Review, 1966, 56（1/2）：69-75.

［6］PARENTE S L, PRESCOTT E C. Barriers to riches［M］. Cambridge MA：MIT Press, 2000.

［7］BAILY M N, HULTEN C, CAMPBELL D, et al. Productivity dynamics in manufacturing plants［C］. Brookings Papers on Economic Activity, 1992：187-267.

［8］HSIEH C T, KLENOW P J. Misallocation and manufacturing TFP in China and India［J］. The Quarterly Journal of Economics, 2009, 124（4）：1403-1448.

［9］AOKI S. A simple accounting framework for the effect of resource misallocation on aggregate productivity［J］. Journal of the Japanese and International Economies, 2012, 26（4）：473-494.

［10］MOLL B. Productivity losses from financial frictions：can self-financing undo capital misallocation?［J］. The American Economic Review, 2014, 104（10）：3186-3221.

［11］任曙明，吕镯．融资约束、政府补贴与全要素生产率——来自中国装备制造企业的实证研究［J］．管理世界，2014（11）：10-23，187.

[12] 赵春明,文磊,赵梦初.融资约束对企业全要素生产率的影响——基于工业企业数据的研究[J].经济经纬,2015(3):66-72.

[13] CURTIS C C. Economic reforms and the evolution of China's total factor productivity [J]. Review of Economic Dynamics,2015,7(21):1-21.

[14] 李世刚,尹恒.寻租导致的人才误配置的社会成本有多大?[J].经济研究,2014(7):56-66.

[15] 蔡昉.理解中国经济发展的过去、现在和将来——基于一个贯通的增长理论框架[J].经济研究,2013(11):4-16,55.

第二篇 02

技术进步与创新发展研究

高技术产业协同创新深度的影响因素及其行业比较[①]

——以航空航天与计算机及办公产业为例

一、问题的提出及相关文献回顾

高技术产业是我国技术创新的主导产业,协同创新对高技术产业和企业具有重要意义。根据《中国高技术产业统计年鉴2016》的数据,2015年我国高技术产业有效发明专利数为19.97万件,占比高达22.9%(同年全国有效发明专利数为87.20万件)。作为企业创新的一个重要模式,协同创新正在发挥越来越重要的作用。来自美国中小企业局的统计数据显示,美国的企业研发投资回报率平均为26%,其中,有协同创新的大企业投资回报率为30%,有协同创新的小企业投资回报率更高达44%,而没有协同创新的企业其研发投资回报率只有14%(谭鸿鑫,2009)[1]。对高技术产业而言,提高企业的协同创新深度,加快企业创新,同样也是促使产业转型升级的重要途径。

所谓企业协同创新深度,是指以企业为核心的研发主体在创新过程中利用外部资源进行协同创新的程度,它是协同创新在企业技术创新中发挥作用大小的一种综合体现。协同创新深度越高,说明核心企业在创新中进行独立研发的份额越小,与高校、科研院所、相关企业、创新中介的联系越紧密,内外部创新资源的整合水平越高,协同创新的能力越强。

我国不同行业的高技术企业的协同创新深度存在较大差异。如2015年,航空航天器制造业用于外部资源进行创新的R&D经费外部支出为514 880万元,

---

[①] 原载于《广东财经大学学报》2017年第5期第12–21页。
作者:俞立平,浙江工商大学管理工程与电子商务学院教授,博士生导师;方建新,宁波市发展规划研究院副研究员,博士;王作功,贵州财经大学金融学院教授,博士生导师。

占整个研发经费总投入的22.19%，在所有高技术产业行业中占比最高；医疗仪器设备及仪器仪表制造业的R&D外部经费支出为116 842万元，占研发经费总投入的4.64%；而计算机及办公设备制造业的R&D外部经费支出为31 528万元，仅占研发经费总投入的1.78%，在5个高技术产业中占比最低。

那么，是什么原因导致不同行业的高技术企业协同创新深度存在差异？协同创新深度的影响因素有哪些？影响的机理如何？作用大小怎样？对这些问题进行研究，一方面将有助于丰富我国的协同创新和技术创新理论，另一方面也有助于根据不同行业高技术产业协同创新深度的影响规律，因地制宜地制定相关政策，以提高政策的针对性和执行效果，进而增进高技术产业的技术创新能力，提升企业的创新绩效。

关于行业与创新绩效的关系，研究的视角较多，研究的成果也更具有特色和异质性。如Grullon等（2008）[2]认为，行业因素对上市公司而言是一种重要的外部治理机制，对创新具有较大影响。Bodas等（2013）[3]比较了新兴产业与成熟产业的协同创新，认为新兴产业的产学研合作效果不如成熟产业，因为新兴产业存在的时间不长，信息不对称及带来的问题更多。而Pavitt（1984）[4]则根据创新类型和创新过程的差异，将所有产业分为供应商主导型、规模密集型、专业化供应商以及以科学为基础等四类，每一类各有其代表性产业和各具特色的创新活动形态。Mariesse和Mohnen（2004）[5]则依据技术难度对产业进行分类，发现低技术产业的R&D对创新的影响比高技术产业更加敏感。戴魁早（2013）[6]认为行业特征会影响垂直专业化对高技术细分行业创新绩效的提升效果，在垄断程度较低、技术密集度较低、外向度较高的行业中，垂直专业化对创新绩效的提升效果更为显著。李子珺（2017）[7]的研究发现，政府补助对于不同行业的企业创新绩效具有不同的投入产出机制，且行业之间存在明显差异。

还有一些学者研究了不同的产业积聚对创新的影响。一种观点认为，同一产业内部的知识溢出是推动地区创新和经济增长的主要源泉，因此专业化生产有助于地区产业创新。另一种观点则认为，不同产业之间的知识溢出才是推动地区创新和经济增长的主要动力，隶属于不同产业的企业集聚，即多样化生产有利于地区产业创新。Glaeser等（1992）[8]将以上两种情况分别称为马歇尔外部性和雅各布外部性。

在行业与创新关系的实证研究领域，Srinivasan和Lilien（2009）[9]基于英国的研究表明，R&D投资增加在经济衰退时期对服务业企业的利润无影响。Hemmert（2004）[10]选取高技术产业中的医药行业和半导体行业进行实证研究，发现不同行业的技术创新投入对产出绩效的影响存在差异，如医药行业从研发机构获取的非 R&D 资源对创新绩效影响较大，而半导体行业从其他公司获取非 R&D 资源对产出绩效影响较大。朱承亮（2017）[11]采用 DEA 效率分析研究了中国 28 个制造业行业的绿色创新绩效。谢小春和石峰（2016）[12]分析了不同行业的企业创新绩效对企业研发投资的动态脉冲响应。曹勇和苏凤娇（2012）[13]的研究表明，高技术产业整体与其下属行业之间以及下属各行业彼此之间，其技术创新投入对创新绩效影响的效果存在明显差异；即使投入相同的要素，不同行业对初始创新绩效和最终创新绩效的影响效果也会存在显著差别；不同行业创新资源的高投入并不一定都能带来高产出。李冬琴等（2013）[14]的研究发现，我国制造业四大类行业中，供应商主导型行业和规模密集型行业，其 R&D 投入与绩效的关系呈弧度较高的倒 U 型曲线关系；而专业化供应商和以科学为基础的行业，其 R&D 投入对产出绩效的影响呈平坦的倒 U 型曲线关系。彭向和蒋传海（2011）[15]的研究发现，产业内知识溢出与产业间知识溢出对我国地区产业创新的影响均显著为正，且产业间知识溢出对创新的推动作用最大，约为产业多样性或产业内知识溢出作用的两倍，域内企业竞争对创新的影响则显著为负。

从以往研究来看，有关行业对创新影响的研究比较充分，涉及行业自身特点、行业的交叉融合、行业的生命周期、行业的外部环境等因素对创新的影响。但有关协同创新深度的影响因素研究则较为缺乏。

本研究拟以航空航天器制造业与计算机及办公设备制造业为例进行分析。首先，从政府对产业的影响力以及产业所有制性质看，这两个行业具有鲜明特色。其中，航空航天器制造业为国家重点主导产业，虽然企业众多，但国有股份占比高；计算机及办公设备制造业虽然是高技术产业的典型代表，但是总体上属于市场主导型行业，国有股份占比较低。其次，从产品性质来看，航空航天器制造业产品品种较少，但是价值巨大，技术复杂，难以从外部获得技术，对协同创新需求迫切。计算机及办公设备制造业产品品种较多，但价值不大，主要芯片依赖进口，其他技术并不复杂，对协同创新需求相对较低。我国科技重大攻关项目大多具有航空航天器制造业的特点，而仪器仪表行业、一般医药制造等等许多行业则具有计算机及办公设备制造业的特点，因而以这两个行业为例分析高技术产业协同创新的影响因素具有较好的代表性。

二、协同创新的影响因素分析

企业技术创新的影响因素很多，既有文化背景、知识产权保护、交易成本等因素的影响，也有公共政策、市场结构、企业规模、企业生命周期、企业效益等因素的影响。协同创新是企业技术创新的一种重要模式，这些影响因素对协同创新深度是否有影响，我们既要进行理论分析，也要进行实证检验。针对一些难以计量的影响因素，还应在不同行业协同创新差距的原因分析中进行比较分析。

（一）财政科技投入强度

关于政府在协同创新中的地位和角色，Senker（1998）[16]认为，由于互动过程中存在信息不对称问题，企业的需求和研发机构的研究成果不一定完全匹配，因而政府应发挥主导作用，统一协同主体的步调，促使高校、企业、政府三者之间的行为能实现最优同步。彭华涛等（2013）[17]认为国外政府在协同创新中的主导作用主要表现：一是明确政府是协同创新的主导地位，二是重视协同创新的基础设施建设，三是注重加强协同创新的软环境建设。张钦朋（2014）[18]指出，产学研协同创新的政府引导机制包括利益驱动机制、政策协调机制、风险控制机制、创新激励机制和绩效评估机制五个方面。

除此之外，政府对高技术企业还可直接进行研发投入，以资助高技术企业进行技术创新。这种资助一般是以项目方式进行，如863计划、火炬计划等。这些项目往往投资大、技术创新要求高，企业申请到这些项目后，会在人力、物力、财力方面加大投入，但由于面临较大的创新压力，企业往往难以独立完成项目，而需要借助外部资源进行协同创新。因而财政科技投入总体上能够促进企业进行技术创新。

（二）市场结构

这里的市场结构主要是指企业的市场占有率，它是衡量企业垄断水平的重要指标之一。关于市场结构与创新之间的关系有两种代表性的观点。第一种是以Schumpeter（1942）[19]为代表的垄断有利于创新的理论。持此观点的研究者认为，现代大企业把建立研究部门作为首先要做的事，而成功的创新将是一个正反馈，即会使该企业更重视研究和开发活动，进而增强企业的市场集中度。这就是人们常说的熊彼特假说Ⅱ。第二种是以Kenneth（1970）[20]为代表的垄断不利于创新的理论。Broadberry和Nick（2001）[21]的研究表明，由于垄断行业中存在的代理成本对创新的负作用超过了熊彼特假说中期望垄断租金对创新具备的正作用，因而市场力量对创新产出表现出负的净效应。

至于垄断对协同创新的影响，如果垄断产生的原因是由于产品的技术优势，那么垄断既有可能对协同创新起正向促进作用，也有可能起反作用。具体而言，当自身技术优势明显时，企业可能不太热衷于协同创新；当技术优势相差不大时，则可能会加大对协同创新的投入。如果垄断产生的原因是市场营销，则企业一般对创新不敢懈怠，会加大对独立研发和协同创新的支持力度，因为不如此将很难继续保持领先地位。

（三）企业规模

关于企业规模与创新的关系，由于研究的对象、方法和数据不同，得出的结论也不尽相同，大致可分为四大类。第一类是"大企业创新效率更高论"。以 Schumpeter（1942）[19]为代表的假说Ⅰ认为，相对于小企业，大企业的技术创新能力与创新的倾向性更高，企业规模与其 R&D 投资正相关。第二类是"小企业创新效率更高论"。以 Pavitt（1984）[4]、Acs 和 Audretsch（1987）[22]等学者为代表，认为小企业具有更高的创新效率，也更有可能进行研发活动等。第三类是"非线性关系论"。以 Streicher 等（2004）[23]、Bound 等（1984）[24]等为代表，认为两者不是简单的线性关系。第四种是"企业规模与创新无关论"。以 Cohen 等（1987）[25]、吴延兵（2006）[26]等为代表，认为企业规模和经营单位规模（销售额）对创新（R&D 投入强度）几乎没有影响或两者之间没有关系。

企业规模对协同创新的影响要区别对待，如果企业创新难度大，依靠自己的力量根本不可能完成，必须依托外部资源进行协同创新，那么企业规模与协同创新可能负相关。即随着规模的扩大，企业的许多研发有可能会自己完成。如果企业创新难度虽有但总体可控，而企业研发能力尚可，那么协同创新可能只是偶尔为之，在这种情形之下，企业规模与协同创新可能不相关，具体情况则要通过实证检验进行分析。

（四）企业发展速度

近年来，企业在生命周期不同阶段的创新策略成为研究热点。一种观点认为，成熟企业更倾向于创新（Pellegrino 等，2009）[27]。因为成熟企业一般不存在资金的流动性约束，且具有更强的市场分析能力和信心，它们有足够的现金流和较低的不确定性，从而会支持研发和生产新产品。另一种观点认为，新生企业更愿意创新（Huergo 和 Janmandreu，2004；Cefis 和 Marsili，2005）[28-29]。因为新生企业创新是决定企业能否生存下来的关键因素。无论是成熟企业还是新生企业，他们的共同特征是增长速度相对较慢。

关于企业发展速度对协同创新的影响，Acs 等（1994）[30]认为，成熟企业的创新更加依靠自身而非外部的研发投入。成熟企业的发展速度一般较慢，即企业发展速度与协同创新呈正相关，当然这有待于实证验证。

（五）企业利润水平

企业获取利润的原因是多方面的，如果主要来自技术创新，那么利润水平较高的企业往往愿意加大研发投入。但是否会加强协同创新投入则要区别对待：如果企业的创新过程中协同创新的作用较大，那么企业无疑会加大协同创新投入，此时企业利润水平与协同创新深度正相关；如果企业的创新过程中协同创新所发挥作用较小，那么企业利润水平与协同创新深度可能不相关；如果企业创新遇到困难，无法独自解决难题，此时又必须进行协同创新，那么企业利润与协同创新是正相关关系。总之，企业利润水平与协同创新的关系是一个复杂的过程，不能简单地加以断定。

三、模型与数据说明

根据上文分析，建立如下企业协同创新深度的影响因素模型：

$$\log(Y) = c_0 + c_1\log(Gove) + c_2\log(Mark) + c_3\log(Scal) + c_4\log(Spee) + c_5\log(Prof) + \mu_i \tag{1}$$

其中，Y 代表协同创新深度，$Gove$ 代表财政科技投入强度，$Mark$ 代表市场结构，$Scal$ 代表企业规模，$Spee$ 代表企业发展速度，$Prof$ 代表企业利润水平，c_i 为回归系数。为降低异方差，所有变量均取对数。

考虑到自变量对因变量的影响可能是非线性的，而如果如此，将无法对航空航天器制造业与计算机及办公设备制造业的协同创新深度影响因素进行比较，且还有可能会导致回归时自由度不够等问题。基于此，本文将建立简单线性模型以便于比较。

本文数据来自 2010 年—2013 年《中国高技术产业统计年鉴》的省际面板数据，之所以选择这个时间区间，是因为《中国高技术产业统计年鉴》从 2010 年开始才有能反映协同创新的 R&D 经费外部支出数据，而自 2014 年起部分数据的统计口径发生了变化。航空航天器制造业在我国的产业布局并不均衡，许多省份很少甚至没有，或即使有也存在数据缺失问题。因而经过筛选后，确定北京、辽宁、黑龙江、上海、江苏、安徽、河南、湖北、四川、贵州、陕西等 11 个省市。计算机及办公设备制造业也大抵如此，该产业在许多省份很少或数据缺失，经过筛选，确定了北京、天津、上海、江苏、浙江、安徽、福建、山东、湖南、广东、重庆等 11 个省市。

协同创新深度变量 Y 以 R&D 经费外部支出占整个研发经费的比例来表示。因为 R&D 经费外部支出主要是用于支付外部单位的研发投入，在较大程度上可以代表协同创新的深度水平。财政科技投入强度变量 $Gove$ 以财政科技投入占研发总投入的比例来表示。市场结构 $Mark$ 以省际主营业务收入占全国的比重来表示。企业规模变量 $Scal$ 以每个省市企业的平均资产总值来表示。企业发展速度变量 Spee 以主营业务收入的增长率来表示。企业利润水平变量 Prof 以利润额占主营业务收入的比重来表示。部分省市的产业增长率和利润为负数,不能取对数,本文通过加上变量的极差全部转化为正数进行处理。航空航天器制造业与计算机及办公设备制造业的数据描述统计量见表 1 和表 2。

表 1　航空航天器制造业的变量描述统计量

变量	均值	极大值	极小值	标准差
Y	10.78	73.52	0.02	15.30
Gove	31.32	70.71	0.17	18.97
Mark	9.09	28.83	0.87	7.43
Scal	12.33	31.60	0.04	9.51
Spee	17.39	178.67	-56.77	34.83
Prof	6.25	21.45	1.36	4.07

表 2　计算机及办公设备制造业的变量描述统计量

变量	均值	极大值	极小值	标准差
Y	3.74	27.76	0.01	6.26
Gove	6.29	43.82	0.02	10.44
Mark	9.09	34.18	0.04	11.11
Scal	7.23	28.94	0.00	6.49
Spee	62.68	1246.40	-45.15	210.34
Prof	5.62	21.83	-0.16	5.39

四、实证结果

(一) 回归前的准备

前文理论分析表明,本文数据并不存在变量的内生性问题。即高技术产业的协同创新深度总体较低,协同创新深度反过来影响政府研发投入、市场结构、企业规模、企业发展速度、利润的可能性很小,而且基本不存在协同创新深度的反向作用机制。

由于面板数据的时间跨度较小,只有短短 4 年,因此也没有必要考虑面板数据的平稳性问题,可以视同数据平稳。

航空航天器制造业自变量相关系数如表 3 所示。可以看出,总体上自变量之间的相关度并不严重。企业发展速度与垄断水平相关系数最高，为 0.434，但没有经济理论支持两者相关；企业利润与企业发展速度之间的相关系数次之，为 0.269，但两者从经济理论上也不存在相关。其他变量之间的相关系数较低。多重共线性检验结果表明，在航空航天器制造业，政府研发经费投入强度、市场结构、企业规模、企业发展速度、企业利润水平的方差膨胀因子的 VIF 分别为 1.092、1.296、1.023、1.303、1.123，并不存在多重共线性问题。

表3 航空航天器制造业自变量相关系数

变量（概率）	log（Gove）	log（Mark）	log（Scal）	log（Spee）	log（Prof）
log（Gove）	1				
log（Mark）	0.195（0.504）	1			
log（Scal）	0.117（0.449）	0.103（0.504）	1		
log（Spee）	0.037（0.811）	0.434（0.003）	0.057（0.713）	1	
log（Prof）	-0.166（0.281）	0.146（0.345）	-0.035（0.819）	0.269（0.077）	1

计算机及办公设备制造业自变量的相关系数如表 4 所示。表 4 表明总体上变量的相关程度中等。企业规模与市场结构的相关度最高，相关系数为 0.737，这两者理论上有相关性，即企业规模越大，市场份额越高，越容易导致垄断。政府研发投入强度与市场结构的相关系数为 -0.53，也较高，但这仅仅是一种偶然现象，没有理论证明政府研发投入会提高垄断水平。企业利润与垄断水平的相关系数为 -0.427，也是一种特殊结果，因为经济理论分析显示相关系数应该为正。多重共线性检验表明，政府研发经费投入强度、市场结构、企业规模、企业发展速度、企业利润水平的方差膨胀因子 VIF 分别为 1.817、3.100、2.314、1.463、1.432，多重共线性问题比航空航天器制造业略高一些，但离方差膨胀因子为 10 的通用判断标准相去甚远，因此可以认为不存在多重共线性问题。

表4 计算机及办公设备制造业自变量相关系数

变量（概率）	log（Gove）	log（Mark）	log（Scal）	log（Spee）	log（Prof）
log（Gove）	1				
log（Mark）	-0.530（0.000）	1			
log（Scal）	-0.290（0.056）	0.737（0.000）	1		
log（Spee）	0.464（0.001）	-0.120（0.437）	0.041（0.793）	1	
log（Prof）	0.064（0.682）	-0.427（0.004）	-0.414（0.005）	-0.279（0.067）	1

（二）面板数据回归结果

本文面板数据的时间跨度较小，不需要考虑变量的平稳性问题，同时也不存在多重共线性问题。因此，如果采用传统的面板数据模型进行回归处理，可能会由于数据总体不多而自由度不够，因而本研究将面板数据视同混合数据进行回归。为了降低异方差，回归时采用截面加权。具体处理时，先将所有变量代入方程全部回归，然后逐步删除相伴概率最大的变量，最终结果如表5中的航空航天回归2和计算机回归2所示。

表5　回归结果

变量	含义	航空航天回归1	航空航天回归2	计算机回归1	计算机回归2
c	常数项	−1.958 (−3.000)	−1.931*** (−3.231)	−3.112** (−2.494)	−2.387** (−2.567)
$\log(Gove)$	政府研发投入强度	0.767 (5.325)	0.753*** (5.439)	0.305** (2.573)	0.316** (2.697)
$\log(Mark)$	市场结构	−0.300 (−2.530)	−0.302** (−2.631)	0.256* (1.929)	0.221** (1.832)
$\log(Scal)$	企业规模	−0.020 (−0.508)	—	−0.307** (−2.109)	−0.348* (−2.509)
$\log(Spee)$	企业发展速度	0.533 (4.335)	0.529*** (4.862)	0.667*** (2.776)	0.652*** (2.941)
$\log(Prof)$	利润水平	−0.297 (−1.972)	−0.300** (−2.179)	0.328 (1.148)	—
R^2		0.538	0.559	0.387	0.437

从回归结果看，航空航天器制造业的拟合优度为0.559，计算机与办公设备制造业的拟合优度为0.437，相关程度中等。这说明影响协同创新深度的因素是多方面的，一些隐性变量和环境变量无法计量。

政府研发投入强度有利于协同创新深度的提高。航空航天器制造业政府研发投入强度的弹性系数为0.753，是最主要的影响因素，远大于计算机与办公设备制造业的0.316。从技术难度来看，航空航天器制造业的技术难度要远远大于计算机与办公设备制造业。我国航空航天器制造业的总体水平虽然与发达国家有差距，但已迈入世界航天大国行列。而在计算机与办公设备制造业，最关键的部件CPU我国的设计制造水平仍较低，相关研发投入巨大，自主创新较难，使得计算机及办公设备制造业至今仍属于技术中等水平产业。由于这两个行业技术存在较大差距,因此在有相同政府研发投入的情况下,航空航天器制造业往往会进行更大程度的协同创新,因企业独自进行研发的困难太大,而计算机与办公设备制造业技术难度相对小一些,政府研发投入强度对协同创新的促进力度也要相对小一些。

将每个行业所有通过检验的影响因素绝对值相加,可以计算得出政府研发投入强度所占份额,即政府调控协同创新程度的力度和发挥作用的大小。从计算结果看,航空航天器制造业政府研发投入强度在整个协同创新影响因素中占40.0%,而计算机与办公设备制造业中政府研发投入强度在整个协同创新影响因素中占20.6%。

从市场结构看,垄断不利于航空航天器制造业的协同创新,但却会导致计算机及办公设备制造业进行协同创新。航空航天器制造业市场结构对协同创新深度的回归系数为-0.302,计算机及办公设备制造业市场结构对协同创新深度的回归系数为0.221。根本原因在于,航空航天器制造业垄断产生的原因是技术优势,而计算机及办公设备制造业垄断产生的原因是市场优势。航空航天器制造业技术难度大,最终产品数量不多,其技术密集程度远大于计算机产业。对一些大型的航空航天企业而言,一旦获得较高的市场占有率,在国家具备强大需求的情况下,企业不用过多担心市场,只要做好技术研发就能获得更大的竞争力和技术优势。在此情形下,航空航天企业往往愿意引进设备和人才进行独立研发,而不愿意进行协同创新。而在计算机及办公设备制造业,不同企业产品的同质性较大,产生垄断的原因更多来自品牌、市场营销等因素。在产业已经完全市场化的情况下,从需求角度看,计算机及办公设备制造业的市场已经饱和,即使是市场份额较高的企业也会面临巨大生存压力。在计算机与办公设备制造业,最活跃的往往是一些小公司,而一些关键技术往往为高校或科研院所掌握。在这种情况下,企业寻求协同创新是提高企业竞争力的必然选择。

航空航天器制造业的企业规模与协同创新深度无关,计算机及办公设备制造业的企业规模与协同创新深度负相关。对航空航天器制造业而言,由于其产业特点,不管企业规模多大,由于技术难度大,单靠企业自身的力量难以进行研发,寻求协同创新是必由之路,因此,其企业规模与协同创新无关,航空航天器制造业的协同创新深度在整个高技术产业中平均水平最高也充分说明了这一点。对计算机及办公设备制造业而言,由于创新难度比航空航天器制造业小,一些中小企业往往拥有技术优势,但总体研发力量不够,因此会寻求协同创新,而那些大的企业更愿意进行独立研发,以寻求技术垄断优势,而不愿意进行协同创新,从而导致企业规模与协同创新深度负相关。

航空航天器制造业与计算机及办公设备制造业的发展速度与协同创新均为正相关。近年来,航空航天器制造业发展较快,而计算机产业稳步增长,因此航空航天器制造业企业发展速度的弹性系数略小。

航空航天器制造业利润水平与协同创新深度负相关,计算机及办公设备制造业利润水平与协同创新深度无关。对航空航天器制造业而言,一旦获得较好的利润,企业往往更愿意扩大研发实力进行独立研发,这样令协同创新深度反而会降低。对计算机及办公设备制造业而言,整个行业利润水平较低,竞争趋近白热化,不管有没有利润都要进行协同创新,否则企业的生存都会成问题,从而导致企业利润水平与协同创新深度无关。

五、结论与讨论

基于以上分析,本文得出如下主要结论。

(一)政府研发投入有助于提升协同创新的深度

政府研发投入支持的企业,往往是符合产业发展方向、创新成效显著的企业。一方面,企业获得政府支持后,会增加协同创新的动力,积极开展产学研合作,形成良性循环。另一方面,政府也会积极协调企业在协同创新中的各利益相关者关系,尤其是与具有公共属性的高校与科研院所之间的关系,帮助企业克服协同创新中的障碍。

(二)处于成长期的企业发展速度较快,有助于提升协同创新的深度

企业发展速度较低一般分两种情况,一种是创业之初的企业,一种是成熟企业。初创企业有协同创新的需求,但一般缺乏足够的资源投入;成熟企业一般研发投入雄厚,但以自主研发为主来取得技术垄断优势。因而这两类企业往往对协同创新重视不够。而处于成长期的企业,对产品快速完善有巨大需求,其发展速度最快,对协同创新往往也最重视。

(三)国家主导型产业政府研发投入对协同创新深度的贡献更大

根据产业所有制的特点及政府在其中发挥的作用,可将所有产业大致分为国家主导型产业和市场主导型产业。航空航天器制造业是典型的国家主导型产业,计算机及办公设备制造业是典型的市场主导型产业。在所有对协同创新深度发挥作用的影响因素中,政府研发投入强度所占份额并不相同,其在国家主导型产业中发挥的作用最大。具体到本研究,在航空航天器制造业,政府研发投入强度的影响力度占40.0%,其他市场因素占60%;而在计算机及办公设备

制造业，政府研发投入强度的影响力度只占 20.6%，市场因素的影响力度占到 79.4%。

（四）不同的行业其协同创新深度的影响机理并不相同

导致这一现象的根本原因，在于不同的高技术产业，其外部环境、生存环境、竞争状况、内部业态、创新特点等均不相同，从而使得产业协同创新具有行业异质性。从市场结构来看，垄断不利于航空航天器制造业的协同创新，但却会促进计算机及办公设备制造业的协同创新；航空航天器制造业企业规模与协同创新深度无关，而计算机及办公设备制造业企业规模与协同创新负相关；航空航天器制造业的利润水平与协同创新深度负相关，而计算机及办公设备制造业利润水平与协同创新无关。

参考文献

［1］谭鸿鑫. 协同创新是国际企业发展的主流［J］. 中国高新区，2009（4）：17-18.

［2］GRULLON G, GRINSTEIN Y, MICHAELY R. Product market competition and agency conflicts: evidence from the Sarbanes Oxley law ［R］. Working Paper, Available at SSRN, 2008.

［3］BODAS FREITAS A, ARGOU MARQUES C R, MIRRA DE PAULA SILVA C E. University-industry collaboration and innovation in emergent and mature industries in new industrialized ［J］. Research Policy, 2013, 422: 443-453.

［4］PAVITT K. Sectoral patterns of technical change: towards taxonomy and a theory ［J］. Research Policy, 1984, 13（6）: 343-373.

［5］MAIRESSE J, MOHNEN P. The importance of R&D for innovation: a reassessment using french survey data ［J］. The Journal of Technology Transfer, 2004, 30（2）: 183-197.

［6］戴魁早. 垂直专业化对创新绩效的影响及行业差异［J］. 科研管理，2013（10）：42-49.

［7］李子珺. 不同行业政府补贴对于企业创新绩效的影响效应研究——对行业面板数据的实证分析［J］. 中国商论，2017（14）：158-160.

［8］GLAESER E, KALLAL H, SCHEINKMAN J, et al. Growth in cities ［J］. Journal of Political Economy, 1992, 100（6）, 1126-1152.

［9］SRINIVASAN R, LILIEN G L. R&D advertising and firm performance in recessions ［R］. ISBM Report 3, 2009.

［10］HEMMERT M. The influence of institutional factors on the technology acquisition performance of high-tech firms: survey results from Germany and Japan ［J］. Research Policy, 2004, 6-7: 1019-1039.

［11］朱承亮. 中国制造业绿色创新绩效及其行业差异［J］. 城市与环境研究，2017

(1): 73-84.

[12] 谢小春, 石峰. 创新绩效对研发投资的动态响应及其行业差异——基于 5 大行业大中型国有企业面板数据的 PVAR 分析[J]. 湖南农业大学学报: 社会科学版, 2016 (5): 90-97.

[13] 曹勇, 苏凤娇. 高技术产业技术创新投入对创新绩效影响的实证研究[J]. 科研管理, 2012 (9): 22-31.

[14] 李冬琴, 廖中举, 程华. 行业 R&D 投入与产出绩效的非线性关系研究——基于创新产业分类的视角[J]. 工业技术经济, 2013 (10): 8-15.

[15] 彭向, 蒋传海. 产业集聚、知识溢出与地区创新——基于中国工业行业的实证检验[J]. 经济学（季刊）, 2011 (4): 914-932.

[16] SENKER A. Rational for partnerships: building national innovation systems[J]. STI Review, 1998, 23: 23-37.

[17] 彭华涛, 马龙, 吴莹. 推动协同创新应不断强化政府的主导作用[J]. 经济评论, 2013 (8): 13-17.

[18] 张钦朋. 产学研协同创新政府引导机制研究[J]. 科技进步与对策, 2014 (3): 95-97.

[19] SCHUMPETER J A. Capitalism, socialism and democracy[M]. New York: Harper and Row, 1942.

[20] KENNETH ARROW. Economic welfare and the allocation of resources for invention, in douglas needham: reading in the economics of industrial organization[M]. New York: Holt, Rinehart and Winston, 1970: 415-427.

[21] BROADBERRY S, NICK C. Competition and innovation in 1950s Britain[J]. Business History, 2001, 43 (1): 97-118.

[22] ACS Z J, AUDRETSCH D B. Innovation, market structure and firm size[J]. Review of Economics and Statistics, 1987, 69 (11): 567-575.

[23] STREICHER G, SCHIBANY A, GRETZMACHER N. Input additionality effects of R&D subsidies in Austria[M]. Österr Inst Für Wirtschaftsforschung, 2004.

[24] BOUND J, CUMMINS C, GRILICHES Z, et al. Who does R&D and who patents? [J]. R&D Patents, and Productivity, 1984, 21: 21-54.

[25] COHEN W M, LEVIN R C, MOWERY D C. Firm size and R&D intensity: a reexamination[J]. Journal of Industrial Economics, 1987, 35 (4): 543-565.

[26] 吴延兵. R&D 存量、知识函数与生产效率[J]. 经济学（季刊）, 2006 (4): 1129-1156.

[27] PELLEGRINO G, PIVA M, VIVARELI M. How do young innovation companies innovate? [M]. Forschungsinst Zur Zukunft Der Arbeit, 2009.

[28] HUERGO E, JANMANDREU J. How does probability of innovation change with firm

age? [J]. Small Business Economics, 2004, 22 (3): 193-207.

[29] CELIFS E, MARSILI O. A matter of life and death: innovation and firm survival [J]. Industrial and Corporate Change, 2005, 14 (6): 1167-1192.

[30] ACS Z, AUDRETSCH D, FELDMAN M. R&D spillovers and recipient firm size [J]. The Review of Economics and Statistics, 1994, 76 (2): 336-340.

中国要素收入分配中的技术进步偏向性：马克思偏向型还是新古典偏向型[①]

一、引言与文献评述

卡尔多关于经济增长的十大经典事实之一是"要素收入在国民收入中的份额保持不变"[1]。但事实上情况并非如此，资本和劳动收入在国民收入中的份额是不断变化的，发达国家和发展中国家都普遍存在劳动收入份额下降的现象。如 G7 国家的劳动收入份额从 1974 年的 74% 下降到 2010 年的 64%（Solow，1958）[2]；许多 OECD 国家从 20 世纪 80 年代开始其劳动收入份额也开始下降（Guscina，2006）[3]；发展中国家的劳动收入份额于 1980—2000 年间下降了 10%[4]；拉美国家劳动收入份额从 1982 年开始出现下降，非洲国家劳动收入份额从 1975 年开始出现下降（Diwan，2001）[5]。中国自 20 世纪 90 年代中期开始，劳动收入份额也出现了下降趋势。如 1978—1994 年劳动收入占 GDP 的比重在 55%—60% 之间，1995 年该比重降至 51.4%，2007 年更降至 39.7%；2008 年以后劳动收入占 GDP 比重有所回升，但仍低于 20 世纪 90 年代的水平（雷钦礼和钟世川，2013）[6]。

劳动收入份额下降现象引发了学界高度关注。我国学者尝试从多个角度寻找中国劳动收入份额变化的原因，其中有学者利用新古典分析框架从技术进步

[①] 原载于《广东财经大学学报》2016 年第 1 期第 13-25 页。
作者：刘岳平，中国人民大学经济学院博士研究生；唐路元，重庆工商大学长江上游经济研究中心教授，硕士生导师；钟世川，中山大学自贸区综合研究院博士后。

偏向①[7-8]的角度进行分析。如黄先海和徐圣（2009）[9]从希克斯要素偏向型技术进步角度研究偏向型技术进步对劳动收入份额的影响，发现劳动（或资本）节约型技术进步的大小会影响劳动收入比重的变化，且劳动节约型技术进步是劳动密集型和资本密集型部门劳动收入比重下降的最主要原因。王永进和盛丹（2010）[10]从偏向型技术进步的视角，借助于资本与技能之间的互补效应机制对要素收入份额的变化进行了解释，认为由于机器设备与技能劳动存在互补性，技能偏向型技术进步在提高技能劳动者工资的同时，也会提高资本的收益，这就导致了劳动收入占比的下降。雷钦礼（2012）[11]在CES生产函数的基础上构建了一个新古典经济学理论分析框架，研究发现偏向劳动增强型技术进步的速率高于资本深化的速率，并直接导致了劳动收入份额相对于资本收入份额的持续下降。陈宇峰等（2013）[12]以CES生产函数为基础，构建了一个综合考虑技术偏向、垄断利润等因素的生产决策模型，发现偏向型技术进步是决定劳动收入份额长期运行水平的关键因素，中国劳动收入份额长期低位运行的主要原因，是占有大量资源的国有企业选择了资本偏向型技术进步。李博文和孙树强（2014）[13]利用CES生产函数，分析了我国1995—2005年劳动收入份额降低的原因，发现在劳动和资本增进型技术对劳动收入份额下降所产生的影响中，劳动增进型技术解释了其中的64%，占主导作用，资本增进型技术的下降对劳动收入份额下降的作用次之。王林辉等（2013）[14]通过构建模型考察劳动收入份额变化与偏向型技术进步关系，提出偏向型技术进步和要素组合模式决定了要素收入分配结构，而偏向型技术进步更是通过要素产出弹性强化了对收入分配结构的影响作用，等等。

　　以上这些研究主要是在新古典框架下分析技术进步偏向对要素收入分配的影响，即是假设在企业利润最大化的情况下，劳动力的工资等于劳动力的边际产品收益，但现实经济中支持劳动力工资等于劳动力边际产品收益的证据很少，劳动力的边际生产率价格（即劳动力的边际产品收益）与劳动力工资的决定完

---

① 关于技术进步偏向，Hicks（1932）[7]认为要素价格的变化会引发技术创新，即某种要素的相对价格提高会刺激厂商寻找节约该要素的技术，以提高相对价格低的要素的边际生产率，从而更多地使用价格相对低的要素，故技术进步对要素生产率的提高是有偏的；在资本—劳动比不变的条件下，若技术进步使资本与劳动的边际产出之比增大，则为资本偏向型技术进步；若技术进步使资本和劳动的边际产出之比减少，则为劳动偏向型技术进步；若技术进步使资本和劳动的边际产出之比不变，则为中性技术进步。Harrod（1942）[8]认为在资本—劳动产出比不变的条件下，若技术进步使资本边际产出提高，则为资本偏向型技术进步；若技术进步使资本的边际产出减少，则为劳动偏向型技术进步；若技术进步使资本的边际产出不变，则为中性技术进步。

全是两回事（Basu，2009）[15]。在生产要素按固定比例投入的生产函数中（如列昂惕夫生产函数），工资不一定等于劳动力的边际产品收益，而且新古典分析框架也没有考虑到，即使在劳动力市场处于均衡的情况下，也仍然存在失业劳动力的情况（Daniele，2012）[16]。

也有学者从马克思经济学的角度分析技术进步对要素收入分配的影响，但研究成果较少。如林红玲（2000）[17]从制度安排的视角分析马克思主义经济学中的技术进步对收入分配的影响，发现技术进步会导致资本收入份额的增加。陶纪明和马海倩（2002）[18]认为技术要素在价值创造和价值分配中可分为两类：一类是以生产要素形式进入生产领域的技术，这类技术可以看作是一种商品；另一类是以活劳动形式进入生产领域的技术，这类技术是一种复杂劳动，可以提高劳动生产率，进而提高劳动报酬。唐国华（2011）[19]构建了马克思经济增长的分析框架，发现由于资本偏向型技术进步导致资本有机构成提高，会使得资本收入占比提高而劳动收入占比下降。杨巨（2012）[20]从马克思主义经济学的视角研究了初次收入分配与技术进步的关系，发现中国的初次收入分配与技术进步之间呈倒 U 型关系，并存在一个最有利于技术进步的初次收入分配格局。李子联（2015）[21]构建了一个马克思主义经济学增长模型，发现国民收入中劳动报酬的占比主要受技术水平、剩余价值积累率和剩余价值率（或者收入分配比例）三个变量的影响，而且技术进步与劳动报酬份额是同向变化的关系，等等。

以上研究成果的共同特点是均没有考虑偏向型技术进步对要素收入份额的影响，特别是没有考虑到马克思偏向型技术进步对要素收入份额的影响。有的研究即使描述了资本偏向型技术进步，也只是局限于新古典的偏向型技术进步。然而中国经济存在劳动生产率提高和资本生产率下降的"马克思有偏技术进步"现象，而且在固定工资份额的假设下，中国经济将会遇到实际工资率上升、长期利润率下降的"马克思趋势"，有的研究提出中国经济增长存在"马克思偏向型技术进步"现象，但也只是考虑工资不变的情况，而没有考虑工资变化的情况（李海明，2014）[22]。

那么，在中国到底是新古典偏向型技术进步对要素收入有影响，还是马克思偏向型技术进步对要素收入产生影响？特别是在经济新常态下，收入分配格局将发生变化，也会对收入分配制度改革提出新要求（李实，2015）[23]，此时我国的收入分配制度改革需要遵循怎样的理论指导？为了厘清到底是新古典偏向型技术进步影响要素收入，还是马克思偏向型技术进步影响要素收入，本文将在工资变化的情况下，构建一个能综合分析检验新古典模型和古典马克思模型的自生能力指数,并利用省际面板数据来探讨影响中国要素收入份额的偏向型技术进步的类型。

二、理论分析

为便于研究,本文设定如下假设前提:一是经济中的产品市场和要素市场都是开放竞争的市场,且只有资本和劳动两种生产要素;二是只存在三种类型的经济主体:资本拥有者、工人和企业家;三是企业家从资本拥有者手中取得资本,从劳动力市场雇佣工人组织生产活动,只生产一种既可消费又可储蓄的产品,储蓄部分用于再投资,变成下一期资本存量的一部分;四是生产过程产生的收入分为工资和利润两个部分,工资归工人所有,利润归资本拥有者所有。

(一)自生能力的条件选择

所谓自生能力,是指一个开放、自由和竞争性市场中的企业的预期利润率(Lin Yifu, 2003)[24]。所谓自生能力条件,是指企业在某一个时期所选择的使企业具有自生能力的最佳生产技术组合。自生能力条件可以用来同时描述新古典经济学的收入分配理论和马克思收入分配理论,即新古典经济学收入分配理论认为当前工资率等于劳动的边际产品,而古典马克思收入分配理论认为工资率可以高于劳动边际产品。Foley 和 Michl(1999)[25]认为,经济的总产出可以在消费与资本存量之间、工资和利润之间进行分配,而增长—分配计划(简称 GD 计划)框架可以很好地描述消费与资本存量之间、工资和利润之间的分配;而且还可以利用 GD 计划框架构造一个自生能力条件来分析企业的最佳生产技术选择。

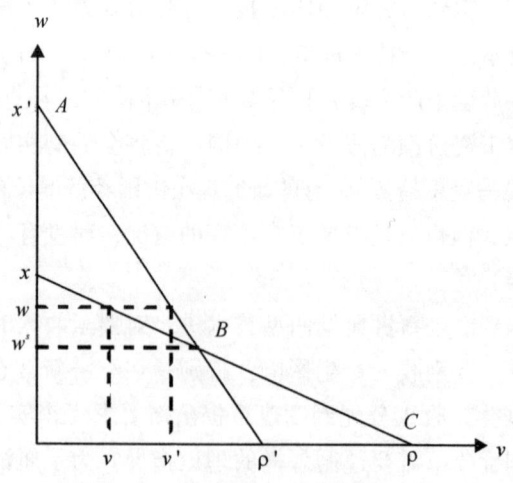

图1 马克思偏向型技术进步

>>> 第二篇 技术进步与创新发展研究

首先分析马克思偏向型技术进步条件下的自生能力条件的选择（见图1）。Foley 和 Michl（1999）[25]发现西方发达资本主义国家出现了劳动力生产率提高而资本生产率却下降或者停滞的现象，这与马克思所描述的资本主义积累过程和技术进步一致，因而他们将这种现象称为马克思偏向型技术进步，即经济中导致劳动生产率提高、资本生产率下降的技术进步。图1描绘了两个相邻时间段 t 和 $t+1$ 的增长—分配计划，在此过程中，经济正在经历马克思偏向型技术进步。在时期 t，经济的劳动生产率为 x，劳动工资率为 w，企业利润率为 v，资本生产率为 ρ；在 $t+1$ 时期，劳动生产率增加到 x'，由于马克思偏向型技术进步，资本生产率下降到 ρ'。假设企业在 t 期选择的生产技术为 (x, ρ)，那么在工资率保持不变的情况下，企业在 $t+1$ 期是选择新的生产技术 (x', ρ') 还是继续使用当前的生产技术 (x, ρ)，取决于在当前工资水平下选择新的生产技术能否带来更高的预期利润率。

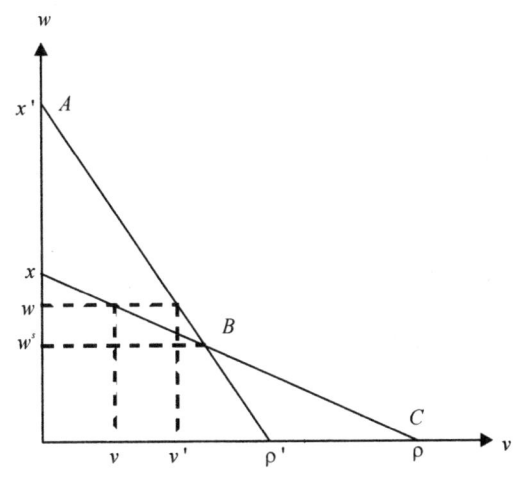

图1 马克思偏向型技术进步

图1中，折线 ABC 代表马克思偏向型技术进步条件下的效率前沿①，其中 B 为拐点。与新技术 (x', ρ') 相关的自生能力条件也蕴含了拐点工资率和当前工资率之间的特殊关系，即：如果 $w > w^s$，那么出现马克思偏向型技术进步的新

---

① 效率前沿是作为资产组合选择的方法而发展起来的，它以期望代表收益；本文中提到的效率前沿是指资本利润率和工资率的最佳组合。

87

生产技术是可行的；如果 $w<w^s$，则是不可行的①；如果 $w=w^s$，则表示是中性的自生能力条件，不存在生产率的变化。

再分析新古典偏向型技术进步条件下的自生能力条件选择（见图2）。所谓新古典偏向型技术进步，是指在新古典经济学范式下研究的偏向型技术进步，为了与马克思偏向型技术进步相区别，有文献称其为新古典偏向型技术进步（Basu，2010）[26]。与马克思偏向型技术进步条件下的自生能力条件的选择不同，新古典偏向型技术进步条件下的自生能力是用一个平稳且可微的生产函数（如柯布-道格拉斯生产函数）来描述现实经济，其经济的效率前沿在以利润率 v 为横坐标、工资率 w 为纵坐标的坐标空间中是平稳的凹曲线。在这种情况下，与任何工资率相关联的效率前沿曲线的切线都给出了与工资率相关的 GD 计划，而且显示了被选择的相关生产技术信息。因为是平稳的生产函数（如柯布-道格拉斯生产函数），劳动力和资本之间的替代弹性很高，工资水平的小幅变化也会令企业家选择不同的生产技术，进而改变要素的投入组合。

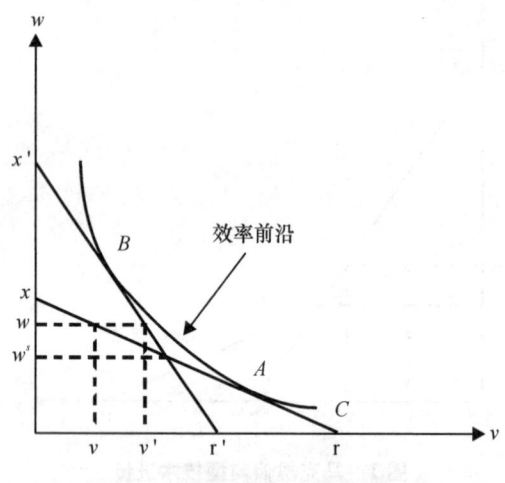

图2 新古典偏向型技术进步

图2中，折线 ABC 表示新古典偏向型技术进步条件下的经济效率前沿，描绘了 t 和 t+1 两个相邻时间段的 GD 计划。在工资率给定的情况下，假设企业家在 t 时选择的技术组合 (x,ρ) 位于效率前沿曲线上的 A 点，且总产出的分配与 GD 计划一致。在 t+1 时期，工资率上升到 w' 时，效率前沿曲线上新的技术

---

① 资本家为获得更多剩余价值和在竞争中取得优势，就要不断提高劳动生产率。若 $w<w^s$，说明劳动生产率下降，工人在社会必要劳动时间内创造的价值更少，资本获得的剩余价值也更少，资本家在竞争中没有优势，从而没有自生能力。

组合 (x',ρ')，即 B 点将会被选择，曲线上的切点 B 将会变成新的 GD 计划，因为 B 点之外的其他点都是无效率的，表示企业在这些点上将缺乏自生能力。因此即使工资率的小幅改变，也会使企业家改变要素投入组合，从而导致新的生产技术被选择①[27]，这也意味着效率前沿曲线上的每一点都是拐点，即 $w=w^s$。如果生产函数中只包括资本和劳动力两种生产要素，那么在新古典经济学框架下，企业家的利润最大化目标将会导致工资等于劳动力的边际产品，利润等于资本的边际产品。这也体现出曲线拐点处的工资率一直等于劳动力的边际产品。

（二）工资预期不变时的自生能力指数

新古典偏向型技术进步条件下的自生能力条件意味着经济一直处于拐点处。图 1 中，马克思偏向型技术进步等价于 $w \geq w^s$，新古典偏向型技术进步在曲线上的位置为 $w=w^s$。因此，可以通过实证检验工资率是否大于或等于拐点工资率（即劳动边际产品），以检验是马克思偏向型技术进步还是新古典的偏向型技术进步影响了要素的收入分配。此外还需要注意的是，当 $w>w^s$ 时，与新古典偏向型技术进步条件下的收入分配观点相矛盾；而当 $w=w^s$ 时，不会与马克思偏向型技术进步条件下的收入分配观点对立。

为了在增长—分配计划框架下能同时检验马克思偏向型技术进步和新古典的偏向型技术进步对要素收入分配的影响，需要构建一个自生能力指数②。依据国民收入中的利润份额和其他技术参数（劳动力生产率和资本生产率），将自生能力条件写成如下表达式：

$$sk < sk^* = \frac{l(1+c)}{l-c} \qquad (1)$$

（1）式中，sk^* 表示自生能力参数，l 表示劳动生产率增长率，c 表示资本生产率增长率，sk 表示国民收入中的利润份额，即资本收入份额。（1）式也可以写成：

$$1-sk > \frac{(-c)(1+l)}{l-c} \qquad (2)$$

（2）式的含义为：当且仅当生产成本中的劳动力成本高于某一临界值时，企业

---

① 林毅夫（2012）[27]认为，在给定的产业中，企业的预期获利能力取决于企业的技术选择；在生产要素相对价格给定的情况下，企业的自生能力同样取决于其技术选择，这种技术必须使得企业的生产成本最低，否则企业没有自生能力。因此，当工资率发生变化从而生产要素相对价格发生变化时，如果企业不改变技术选择，就不能在生产成本最低点生产，也即没有自生能力。

② 自生能力指数的具体推导过程可参见参考文献［25］第 121 页。

家才会选择节约劳动力的生产技术,而不是在每一个单位产出中使用更多的资本,否则,企业家将会选择以资本替代劳动,这也是企业自生能力背后的含义。

因此,对于正经历马克思偏向型技术进步的经济来说,新的自生能力生产技术可以使用工资率或利润率来等价地表达。新古典偏向型技术进步情况下意味着 $sk = sk^*$,而马克思偏向型技术进步情况下意味着 $sk \leqslant sk^*$。

（三）工资预期变化下的自生能力指数

以上是假设预期工资不变的情况下企业家作出的生产选择。但现实情况可能并非如此。因为从长期来看,真实工资会随劳动生产率的上升而逐步上升,因而企业家可能预期工资的增加基本上与劳动生产率增长同步（Basu,2010）[26]。因而还需要研究工资预期变化的一般化自生能力指数。

假设当前经济中最佳生产技术以 (x, ρ) 代表,新技术以 (x', ρ') 代表,则新旧技术可以通过下式关联起来：$x' = x(1+l)$,$\rho' = \rho(1+c)$。假设工资预期增长率为 θ,且 $\theta > 0$,则 $w' = w(1+\theta)$,w' 表示下一期的工资。假设 sk 表示当前的利润份额,sk_n^e 表示采用新技术带来的预期利润份额,o_n^e 表示采用新技术后企业家获得的利润率,η 表示工资预期增长率,那么,预期利润率的表达式为：$o_n^e = sk_n^e \rho' = \left(1 - \frac{w'}{x'}\right)\rho' = 1 - \frac{(1-\pi)(1+\theta)}{1+l}\rho(1+c)$。如果企业家继续使用当前生产技术,而不采用新技术,且工资增长率为 θ,那么预期利润率 o_o^e 可以表示为：$o_o^e = \left(1 - \frac{w'}{x}\right)\rho = [1 - (1-sk)(1+\theta)]\rho$。如果 $o_n^e > o_o^e$,自生能力生产技术可以被确定,在这种情况下可以得到：

$$sk < 1 + \frac{c}{(1+\theta) - \delta(1+c)} \tag{3}$$

(3) 式中的 $\delta = (1+\theta)/(1+l)$,表示工资增长率相对于劳动力生产率增长率的预期增长,则也可以表示为与 (2) 式相类似的形式：

$$1 - sk > \frac{(-c)(1+l)}{(1+\theta)(l-c)} \tag{4}$$

(4) 式即为一般自生能力条件。

下面考虑两种特殊的情况：一是工资预期完全保持不变；二是工资预期与劳动生产率同步增长（这两种特殊情况存在的概率很低,工资的实际变化一般处于两种情况之间）。

在第一种特殊情形下,工资预期保持不变,即 $\theta = 0$,则有：$\delta = 1/(1+l)$,代入 (4) 式可以得到：

$$sk < sk^* = \frac{l(1+c)}{(l-c)} \tag{5}$$

(5) 式与 (1) 式一致。

在第二种特殊情形下,工资增长率预期与劳动生产率增长一致,即 $\theta = l$,那么 $\delta = 1$,代入 (4) 式可以得到:

$$sk < sk_1^* = \frac{l}{l-c} \tag{6}$$

其中,sk_1^* 表示工资预期增长率与劳动生产率同步增长时的自生能力参数。因为 $c < 0$,如果 (5) 式成立,那么 (6) 也成立。即在工资不变的情况下,如果企业选择的生产技术是可行的,那么当工资预期增长与劳动生产率增长一致时,技术选择也是可行的,且这一结论对于任何正的预期工资增长率也成立。

由此可得如下结论:当预期工资增长不变时,如果采用一种节约劳动力的新技术而不是利用更多的进行替代资本的生产方式是可行的,那么,当工资预期增长时,这项新选择的生产技术将确定是可行的。因为这样一种自生能力的选择,即马克思偏向型技术进步被预期将导致劳动收入份额高于某一临界值,即如 (4) 式所描述的那样,所以不变工资预期的自生能力条件选择意味着在预期工资不断增长条件下也是可行的。

三、数据来源与经验观察

(一) 变量和数据来源

从上述实证模型可以看到,实证分析涉及的变量包括自生能力参数、资本收入份额、劳动生产率及其他控制变量。其中,自生能力参数需要通过 (1) 式和 (6) 式并利用资本生产率增长率和劳动生产率增长率这两个指标计算得出。各变量的描述性统计见表1。

表1 各变量的描述性统计

变量	定义	最大值	最小值	平均值	标准差
cp	资本生产率	3.72	0.15	0.67	0.48
lp	劳动生产率	145 390.3	442.5	5 965.5	28 116.9
cr	资本生产率增长率	0.367 1	-0.159 8	0.086 5	0.048 7
lr	劳动生产率增长率	0.192 7	-0.382 2	0.000 3	0.053 6
sk^*	不变工资自生能力参数	12.90	-1.16	0.997 9	1.29
sk_1^*	可变工资自生能力参数	1.003	-1.000	0.864 0	0.000 4
cs	资本收入份额	0.97	0.21	0.40	0.46

续表

变量	定义	最大值	最小值	平均值	标准差
open	对外开放程度	2.87	0.01	0.22	0.34
ins	市场化程度	1.19	0.11	0.57	0.17
hu	就业人员受教育情况	13.49	2.08	8.38	1.53

注：表中数据利用从各省历年统计年鉴收集到的原始数据计算得来。

具体指标及变量数据来源如下：

1. 资本生产率。资本生产率以各省不变价的 GDP 与全社会资本存量的比值来表示。GDP 的计算以 1978 年为基期做不变价处理，数据来源于各省历年统计年鉴；资本存量数据则利用张军等（2004）[28]的方法计算得出，计算过程涉及的数据来源于各省历年统计年鉴和《中国国内生产总值核算历史资料（1952 - 1995）》。

2. 劳动生产率。劳动生产率以各省不变价的 GDP 与全社会就业人数的比值来表示。GDP 数据与全社会就业人数来源于各省份历年统计年鉴，GDP 的处理方法与资本生产率一致。

3. 资本收入份额。资本收入份额用资本收入占 GDP 的比重来衡量。现有统计数据中并没有现成的资本收入统计数据，已有的研究成果一般采用先计算劳动收入份额、再计算资本收入份额的方式。即：先用劳动者报酬占 GDP 的比重计算出劳动收入份额，然后以（1 - 劳动收入份额）得到资本收入份额（雷钦礼和钟世川，2013）[6]。相关数据来源于各省份历年统计年鉴和《中国国内生产总值核算历史资料（1952 - 1995）》。

4. 自生能力参数。根据公式（1）和（6），利用资本生产率增长率和劳动生产率增长率，可以分别计算得出固定工资条件下的自生能力参数以及预期工资与劳动生产率同步增长的自生能力参数。

5. 其他控制变量。根据已有研究，本研究选取的控制变量包括：（1）对外开放：一般用对外依存度来衡量，即以各省进出口总额与 GDP 的比值来表示（Sachs 和 Warner, 1995）[29]，数据来源于各省份历年统计年鉴。（2）市场化程度：用全社会固定资产投资中"外资、自筹资金和其他投资"三项投资占总投资的比重来表示（刘元春和朱戎，2003）[30]，数据来源于各省历年统计年鉴。（3）人力资本存量：用各省份就业人员的平均受教育年限来表示，计算数据来源于《中国劳动统计年鉴》。

最后，由于重庆 1997 年之前属于四川，且 1997 年之前的大部分数据缺乏，海南和西藏大部分数据也缺乏，根据现有文献的处理办法，将四川和重庆的数据合并,且不考虑西藏和海南的情况。本文采集的原始数据时间跨度为1978—2013年间,涉及28个省市自治区。

(二) 经验观察

上文设计了一个理论框架来分析要素收入分配中的新古典偏向型技术进步和马克思偏向型技术进步。Michl (2002)[31]利用自生能力指数,通过检验 $sk^*>sk$ 是否成立,从经验上判断是新古典偏向型技术进步还是马克思偏向型技术进步影响了要素收入分配。如果不等式成立,则古典的马克思偏向型技术进步影响收入分配;反之,则新古典偏向型技术进步影响了要素收入分配。sk^* 是采用(1)式计算得出的可行指数,sk 是国民收入份额中的资本收入份额。

为了更直观地观察 sk^* 与 sk 的关系,下面以 sk 为横轴、以 sk^* 为纵轴构建全国及东中西部自生能力条件散点图(见图3),并在散点图中添加一条回归趋势线和一条经过原点的45°线。如果大部分散点在45°线以上,就意味着马克思偏向型技术进步在影响要素收入分配;如果大部分散点在45°线以下,就意味着新古典的技术进步偏向影响要素收入分配。散点图所采用的 sk^* 和 sk 数据为1978年—2013年间的平均值,从散点图的结果来看,无论是全国还是东中西区域,所有的点都在45°线以上。因此可以初步判断:中国的要素收入分配主要是马克思偏向型的技术进步在起作用。

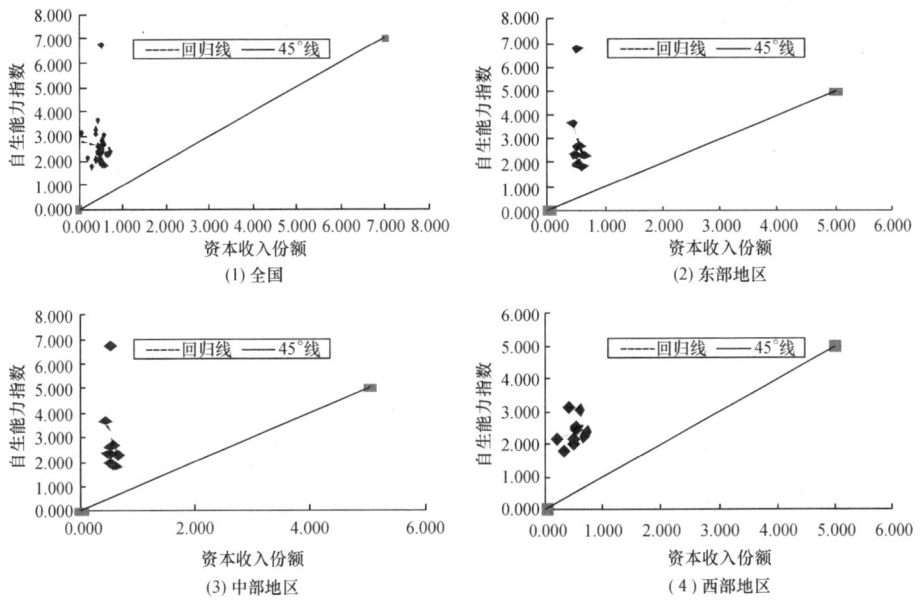

图3 全国及东中西部自生能力条件散点图

四、实证分析

(一) 实证模型

从（1）式可以看出自生能力参数 sk^* 是劳动生产率增长率和资本生产率增长率的函数，因此，sk^* 是一个受技术进步率影响的变量。马克思主义政治经济学的观点认为，技术进步由社会各阶级为国民收入分配开展斗争所驱动，因而长期来看可认为变量 sk^* 由国民收入中的利润份额来决定①。自生能力参数与利润份额之间的关系可用下式来表示：

$$sk^* = \alpha + \beta_1 sk_1 + \sigma_i \quad (i = 1, 2, 3, \cdots\cdots, n) \tag{7}$$

(7) 式中，i 表示地区，n 表示地区数量，sk_i^* 表示地区 i 的自生能力参数，sk_i 表示国家 i 的利润份额，σ_i 表示没有观察到的影响自生能力参数的随机因素。模型 (7) 中暗含了自生能力参数的条件预期值，即在 sk 给定的情况下，自生能力参数 sk^* 的期望值是 sk 和一个常数的线性函数，即 $E[sk^*|sk] = \alpha + \beta_1 sk_i$，$\alpha$ 和 β 是通过数据估计得来的参数值。新古典偏向型技术进步条件下的收入分配观点认为，要素边际收入等于其边际报酬，那么，意味着自生能力参数的期望值等于利润份额，即：$E[sk^*|sk] = sk$。利用当前的分析框架，通过检验零假设：$H_0: \alpha = 0; \beta = 1$，来验证是马克思偏向型技术进步还是新古典偏向型技术进步影响了要素收入分配。如果检验结果没有拒绝零假设，则支持新古典偏向型技术进步影响了要素收入分配；反之，则支持古典马克思偏向型技术进步影响了要素收入分配。

在上述实证模型中再加入可能会影响 sk^* 和 sk 的控制变量，以进一步拓展模型并验证模型的稳定性。从前面的理论推导可以看出，劳动生产率既会影响自生能力参数又会影响利润份额，因此在拓展模型中加入劳动生产率作为控制变量。同时加入一组其他变量作为控制变量。拓展的模型如下：

$$sk_i^* = \alpha + \beta_1 sk_i + \beta_2 x_i + \beta_3 \lambda_i + \sigma_i \quad (i = 1, 2, \cdots\cdots, n) \tag{8}$$

(8) 式中，x_i 表示国家 i 的劳动生产率，λ_i 表示一组其他的控制变量，其他变量的含义与上文一致。拓展的模型意味着，在 sk 给定的情况下，sk^* 的条件期望值是常数项，是 sk 和 x 的线性函数，即：$E[sk^*|sk] = \alpha + \beta_1 sk_i + \beta_2 x_i$。为检验新古典偏向型技术进步条件下的收入分配观点，利用拓展模型来检验下面的

---

① 林毅夫（2012）[27] 认为一个企业有自生能力，必须是预期能够在自由、开放和竞争性的市场中赚取社会可接受的正常利润，否则，企业没有自生能力。

零假设：$H_0: \alpha = 0$；$\beta_1 = 1$；$\beta_2 = 0$，这相当于对结论 $E[sk^* | sk] = sk$ 再做一次检验，即：如果检验结果没有拒绝零假设，则支持新古典偏向型技术进步影响了要素收入分配；反之，则支持马克思偏向型技术进步影响了要素收入分配。

本研究的目的在于用计量经济学来检验是新古典偏向型技术进步还是马克思偏向型技术进步影响了要素收入分配。我们可以利用 F 统计检验来检验是否接受与新古典技术进步偏向相关联的零假设，零假设用来检验自生能力参数的条件预期值是否等于利润份额。因此，本研究并不关注变量的回归系数。

与新古典经济学边际生产率理论相关的零假设是：$E[sk^* | sk] = sk$。回归模型（7）的零假设为：$H_0: \alpha = 0$；$\beta_1 = 1$。拥有劳动生产率的拓展模型（8）的零假设为：$H_0: \alpha = 0$；$\beta_1 = 1$；$\beta_2 = 0$；$\beta_3 = 0$。在这些假设条件下，回归误差项是独立同分布的，并与自变量独立不相关，F 统计值是 $F(m, n-k)$ 的随机变量，m 表示解释变量个数，n 表示样本容量，k 表示回归参数个数。由于在面板数据回归过程中经常会出现异方差现象，所以回归过程用怀特异方差检验方法来纠正回归过程中可能出现的异方差现象。

（二）实证结果

在采用面板数据模型进行估计之前，先要确定是采用随机效应模型还是固定效应模型。由于 Hausman 检验值为 14.763 2，p 值为 0.002 1，在 1% 的显著水平下拒绝原假设，因此选用固定效应模型进行估计。以各省份 1978—2013 年间的面板数据为基础，运用 STATA12.0 软件通过固定效应面板数据模型进行回归。回归结果如表 2 所示：

表 2　1978—2013 年间预期工资不变的回归结果

变量	东部	中部	西部	全部
常数项	−0.638（−1.994）***	1.990（33.359）*	2.119（45.789）*	2.311（51.738）*
cs	0.454（6.653）*	0.813（7.422）*	−0.149（−2.104）*	0.180（2.342）**
lp	0.000（2.915）*	0.000（9.501）*	0.000（11.328）*	0.000（11.023）*
样本数	360	288	360	1008
F 统计值	26.994（0.000）	32.964（0.000）	24.681（0.000）	44.494（0.000）

注：*、**、*** 分别表示在 1%、5%、10% 的置信水平下显著；回归系数括号内为 t 统计值；F 统计检验值括号内为 P 值。表 3 同。

从回归结果看，东部地区的 F 统计检验值为 26.994，中部地区为 32.964，西部地区为 24.681，全国的为 44.494，通过 1% 的显著水平下变量的联合显著性检验，因此可以拒绝零假设，证实中国经济增长存在马克思偏向型技术进步。

上文提到，若新古典偏向型技术进步条件下的收入分配观点在工资不变的情况下被拒绝，那么，在预期工资增长的情况下也会被拒绝。上述实证分析检验了企业预期工资不变的情况。接下来检验企业预期工资增长的情况，实证结果见表3：

表3　1978—2013年间预期工资增长的回归结果

变量	东部	中部	西部	全部
常数项	1.000（5 638.359）*	1.000（42 034.050）*	1.000（115 636.9）*	1.000（94 881.1）*
cs	-0.002（-6.242）*	-0.006（-1.767）***	-0.006（-5.269）*	-0.007（-3.951）*
lp	0.000（1.883）**	0.000（-6.397）	0.000（9.839）*	0.000（7.716）*
样本数	360	288	360	1008
F统计值	35.549（0.000）	47.713（0.000）	54.965（0.000）	52.161（0.000）

预期工资增长情况下的回归结果表明，F统计检验值比预期工资不变时要大（即表3中的F统计检验值比表2中的F统计检验值大）。这意味着在1%的显著水平下，与新古典偏向型技术进步条件下的收入分配观点相关的零假设被强烈拒绝。实证结果与前面的理论分析结论一致。即：当预期工资增长不变时，如果采用一种节约劳动力的新技术而非利用更多替代资本的生产方式是可行的，那么当工资预期增长时，这项新选择的生产技术将是确定可行的。

（三）模型的稳健性检验

前面的实证分析结果证实了马克思偏向型技术进步是影响我国要素收入分配的偏向型技术进步类型，而新古典偏向型技术进步被强烈拒绝。前文认为国民收入中的利润份额和劳动生产率两个变量可能会影响自生能力参数，下面再将人力资本存量、对外开放水平和市场化水平三个控制变量引入回归方程，以检验这些新增加的变量是否会显著影响文章的基本结论，回归结果见表5。

从稳健性检验结果来看，回归过程中加入其他控制变量仍然没有改变文章的基本结论。从表4中可以看出，用于检验新古典偏向型技术进步和马克思偏向型技术进步与收入分配相对立关系的F_2统计值很显著，这意味着与新古典经济学观点相关的零假设被拒绝。因为本研究的主要目的不是研究各变量对自生能力参数的影响，所以不就各控制变量对自生能力参数的影响作解释。

表4　1978—2013年的稳健性检验结果

变量	模型1	模型2	模型3
常数项	2.267（45.825）*	2.970（19.381）*	3.750（4.781）*
cs	0.185（2.417）**	0.352（5.959）*	0.211（1.950）***
lp	0.000（9.623）*	0.000（-3.974）*	0.000（7.340）*
open	0.267（2.082）**	—	—
mark	—	-0.025（-2.580）*	—
hu	—	—	0.085（2.086）**
样本数	112	112	112
R^2	0.585	0.807	0.745
F_1	24.332（0.042）	31.763（0.135）	30.421（0.058）
F_2	43.311（0.000）	58.781（0.000）	57.296（0.000）

注：*、**、***分别表示在1%、5%、10%的置信水平下显著；回归系数括号内为t统计值，F统计检验值括号内为P值，F_1统计值用来衡量回归因子的显著性，F_2用来检验新古典模型的统计值。

本文的上述研究结论与现有研究结论相一致，即中国经济存在劳动生产率提高和资本生产率下降的"马克思有偏技术进步"（李海明，2014）[22]。从中国现实数据来看，1990—2007年间资本生产效率平均每年下降1.31%，劳动生产效率1990—2003年间平均每年上升7.84%，2004—2007年间平均每年上升11.72%。自2008年以来的全球金融和经济危机导致我国近年来的资本生产效率下降更快，年均下降达5.95%，而劳动生产效率的提升速度也下降近1个百分点，从以前年均上升11.72%下降为年均上升10.93%（雷钦礼，2013）[32]。正是资本生产率呈现出下降趋势而劳动生产率呈现出上升趋势，导致两者的增长率出现了分化。在1978—2012年间、1978—1990年间以及2001—2012年间，中国劳动生产率的平均增长率为正，而资本生产率的增长率为负（李海明，2014）[22]。这一现象恰好与马克思偏向型技术进步的定义相符合，即：资本生产率下降，劳动生产率上升。从分省数据来看，各省的劳动生产率增长率只在少数年份出现负增长，其他年份都为正增长；但资本生产率增长率除上海等少数省份外，其他省份的下降趋势均很明显。表5和表6为各省主要年份的劳动生产率增长率和资本生产率增长率。

表5 各省主要年份资本生产率增长率

地区	1979	1984	1989	1994	1999	2004	2009	2010	2011	2012	2013
北京	0.071	0.035	-0.106	-0.009	0.012	0.003	0.008	-0.004	-0.015	-0.030	-0.025
天津	0.065	0.074	-0.070	0.001	-0.010	0.009	0.079	0.060	0.061	0.018	-0.027
河北	0.043	0.117	-0.003	0.008	-0.055	-0.008	-0.030	0.007	-0.005	-0.018	-0.016
山西	0.116	0.108	0.021	0.039	-0.033	-0.010	-0.132	-0.052	-0.054	-0.049	-0.054
内蒙古	0.086	0.049	-0.032	-0.041	-0.013	-0.083	-0.090	-0.074	-0.059	-0.075	-0.006
辽宁	0.016	0.066	-0.057	0.002	0.015	-0.033	-0.048	-0.042	-0.049	-0.058	-0.013
吉林	0.045	0.053	-0.063	-0.033	-0.012	-0.029	-0.092	-0.077	-0.037	-0.037	-0.054
黑龙江	0.021	0.003	0.022	0.015	-0.012	0.017	-0.053	-0.036	-0.033	-0.056	-0.105
上海	0.094	0.051	-0.054	-0.021	-0.009	0.035	0.005	0.037	0.035	0.032	0.033
江苏	0.094	0.016	-0.106	0.002	-0.033	-0.012	-0.034	-0.029	-0.034	-0.032	-0.020
浙江	0.128	0.103	-0.091	0.058	-0.106	-0.015	-0.099	-0.059	-0.059	-0.051	-0.104
安徽	0.100	0.024	-0.022	0.062	0.006	-0.005	-0.029	-0.021	-0.028	-0.034	-0.052
福建	0.030	0.096	0.027	0.021	-0.038	-0.019	-0.058	-0.027	-0.039	-0.040	-0.029
江西	0.143	0.102	-0.006	-0.038	-0.033	-0.050	-0.048	-0.025	-0.029	-0.027	-0.026
山东	0.087	0.089	-0.025	0.053	-0.027	-0.015	-0.050	-0.039	-0.038	-0.037	-0.029
河南	0.078	0.027	-0.007	0.007	-0.044	-0.005	-0.107	-0.079	-0.063	-0.068	-0.017
湖北	0.161	0.118	-0.002	-0.028	-0.057	-0.003	-0.030	-0.022	-0.036	-0.046	0.026
湖南	0.080	0.072	0.023	0.000	-0.033	-0.008	-0.046	-0.047	-0.050	-0.051	-0.012
广东	0.077	0.001	-0.045	-0.028	-0.045	0.002	-0.055	-0.028	-0.041	-0.052	-0.003
广西	0.038	0.043	0.021	0.002	-0.036	-0.022	-0.119	-0.131	-0.117	-0.046	-0.009
四川	0.075	0.060	-0.005	0.008	-0.048	-0.004	-0.017	-0.012	-0.008	-0.022	-0.031
贵州	0.107	0.140	0.024	0.041	-0.034	-0.017	-0.045	0.014	0.062	0.009	-0.031
云南	-0.002	0.126	0.022	0.027	-0.037	-0.006	-0.052	-0.098	-0.083	-0.075	-0.090
陕西	0.058	0.102	-0.034	0.024	0.008	0.004	-0.026	-0.012	-0.009	-0.017	-0.035
甘肃	0.015	0.131	0.039	0.083	-0.013	-0.024	-0.041	-0.033	-0.031	-0.027	-0.043
青海	-0.117	0.140	-0.007	0.026	-0.048	-0.021	-0.058	-0.035	-0.055	-0.094	-0.109
宁夏	0.051	0.112	0.058	0.042	0.013	-0.046	-0.076	-0.062	-0.038	-0.009	-0.035
新疆	0.102	0.054	-0.007	-0.042	-0.017	-0.011	-0.029	-0.029	-0.017	-0.058	-0.080

注：限于篇幅，表中仅列出部分年份数据，其他年份数据备索。表6同。

表6 各省主要年份劳动生产率增长率变化情况

地区	1979	1984	1989	1994	1999	2004	2009	2010	2011	2012	2013
北京	0.035	0.165	0.027	0.074	0.115	-0.060	0.083	0.067	0.043	0.040	0.045
天津	0.060	0.162	0.006	0.121	0.100	0.121	0.114	0.091	0.111	0.081	0.030
河北	0.046	0.124	0.042	0.135	0.106	0.114	0.081	0.101	0.086	0.063	0.052
山西	0.080	0.176	0.032	0.087	0.070	0.148	0.043	0.102	0.096	0.069	0.077
内蒙古	0.061	0.120	0.026	0.085	0.081	0.180	0.129	0.109	0.084	0.067	0.058
辽宁	-0.012	0.139	0.022	0.110	0.063	0.086	0.092	0.122	0.100	0.068	0.046
吉林	0.015	0.099	-0.056	0.086	0.092	0.104	0.122	0.126	0.116	0.105	0.096
黑龙江	0.004	0.065	0.035	0.074	0.105	0.072	0.099	0.095	0.097	0.073	0.015
上海	0.098	0.156	0.034	0.167	0.134	0.003	0.112	0.100	0.096	0.090	0.075
江苏	0.126	0.120	0.020	0.159	0.101	0.144	0.106	0.120	0.109	0.101	0.096
浙江	0.114	0.159	-0.014	0.189	0.095	0.117	0.057	0.105	0.079	0.075	0.077
安徽	0.072	0.161	0.030	0.159	0.085	0.114	0.109	0.128	0.116	0.098	0.086
福建	0.022	0.131	0.061	0.186	0.093	0.083	0.077	0.102	0.023	0.067	0.116
江西	0.111	0.124	0.039	0.032	0.081	0.109	0.116	0.110	0.110	0.100	0.087
山东	0.077	0.250	0.026	0.162	0.095	0.132	0.103	0.104	0.094	0.086	0.091
河南	0.062	0.082	0.063	0.126	0.038	0.127	0.088	0.108	0.091	0.085	0.073
湖北	0.135	0.177	0.034	0.123	0.068	0.102	0.130	0.141	0.130	0.108	0.094
湖南	0.068	0.062	0.005	0.088	0.085	0.105	0.130	0.132	0.122	0.109	0.096
广东	0.071	0.126	0.056	0.177	0.097	0.078	0.071	0.089	0.083	0.081	0.058
广西	0.008	0.031	0.019	0.122	0.073	0.105	0.119	0.121	0.110	0.181	0.058
四川	0.081	0.098	0.010	0.106	0.066	0.126	0.141	0.147	0.147	0.123	0.096
贵州	0.103	0.150	-0.001	0.055	0.095	0.093	0.367	0.223	0.224	0.180	0.144
云南	0.009	0.119	0.028	0.102	0.071	0.091	0.102	0.090	0.101	0.120	0.086
陕西	0.049	0.133	0.009	0.078	0.091	0.112	0.102	0.138	0.147	0.128	0.112
甘肃	-0.013	0.080	0.056	0.092	0.128	0.108	0.072	0.110	0.125	0.132	0.098
青海	-0.125	0.117	-0.003	0.064	0.064	0.118	0.152	0.137	0.129	0.116	0.097
宁夏	0.035	0.089	0.045	0.061	0.021	0.087	0.035	0.144	0.076	0.099	0.094
新疆	0.110	0.114	0.051	0.118	0.053	0.079	0.058	0.071	0.051	0.057	0.023

五、结论

综上，本研究以Foley和Michl（1999）[25]的模型为基础，利用自生能力条件构建了一个分析构架，以比较新古典偏向型技术进步和马克思偏向型技术进步对要素收入分配的影响,并设计了一个简单的计量经济学模型,以 1978—2013 年间省际面板数据对这一影响结果进行了检验。得到如下结论:

第一:经验分析表明,采用 1978 年—2013 年间 sk^* 和 sk 数据的平均值所作的散点图结果表明,无论是在全国还是在东中西各区域,所有的点都在 45°线以上,由此可初步判断:在中国的要素收入分配中,马克思偏向型的技术进步发挥了主要作用。

第二:实证结果表明,无论是分区域还是从全国整体来分析,马克思偏向型技术进步较新古典偏向型技术进步更适于解释中国的要素收入分配。中国劳动力生产率的增长率和资本生产率的增长率的现实数据也验证了马克思偏向型技术进步更适合解释中国的情况。

第三:在预期工资不变的情况下,如果企业的技术选择使得企业具有自生能力,那么在预期工资不断增长的情况下,这种技术选择也同样使得企业具有自生能力。

自 2008 年金融危机以来,西方国家以西方主流经济学理论应对危机的政策效果有限,国内外理论界对此进行了反思,并开始重新认识和重视马克思主义经济学的现实性。本研究带给我们以下启示:作为社会主义国家,中国应坚持马克思主义思想的基本原则,在制定关于收入分配等相关经济政策时,要以马克思主义经济学的基本理论为指导。

本研究也存在以下不足之处:一是所构建的理论分析框架并不适用中性技术进步的情况,即不适应于不存在技术进步偏向的情况,二是本研究没有考虑新古典框架下的资本和劳动互补关系的情况,即资本与劳动投入同时增加的情况,因而未来还需作进一步的拓展研究。

参考文献

[1] KALDOR N. Capital accumulation and economic growth [M] // F A LUTZ, D C HAGUE. The theory of capita. New York: St Martin Press, 1961.

[2] SOLOW R. A skeptical note on the constancy of relative shares [J]. American Economic Review, 1958, 49: 618-631.

[3] GUSCINA A. Effects of globalization on labor's share in national income [EB/OL]. (2006-11-01) [2015-10-31]. http://www.imf.org/external/pubs/cat/longres.aspx?sk=19244.

[4] MAAREK PUAL. Labor share, informal sector and development [EB/OL]. (2012-05-12) [2015-10-31]. https://mpra.ub.uni-muenchen.de/38756/.

[5] ISHAC DIWAN. Debt as sweat: labor, financial crises, and the globalization of capital [C]. Washington: The World Bank, 2001.

[6] 雷钦礼，钟世川. 技术进步对要素收入份额的影响——基于中国工业行业数据的研究[J]. 产经评论，2013（5）：16-27.

[7] HICKS J R. The theory of wage [M]. London：Macmillan，1932.

[8] HARROD ROY F. Toward a dynamic economics：some recent developments of economic theory and their application to policy [M]. London：Macmillan，1942.

[9] 黄先海，徐圣. 中国劳动收入比重下降成因分析——基于劳动节约型技术进步的视角[J]. 经济研究，2009（7）：34-44.

[10] 王永进，盛丹. 要素积累、偏向型技术进步与劳动收入占比[J]. 世界经济文汇，2010（4）：33-50.

[11] 雷钦礼. 技术进步偏向、资本效率与劳动收入份额变化[J]. 经济与管理研究，2012（12）：15-24.

[12] 陈宇峰，贵斌威，陈启清. 技术偏向与中国劳动收入份额的再考察[J]. 经济研究，2013（6）：113-126.

[13] 李博文，孙树强. 要素偏向的技术进步、替代弹性与劳动收入份额[J]. 商业研究，2014（2）：1-7.

[14] 王林辉，董直庆，刘宇清. 劳动收入份额与技术进步偏向性[J]. 东北师范大学：哲学社会科学版，2013（3）：33-39.

[15] BASU D. A simple test of the neoclassical view of production, technical change and distribution [J]. Metroeconomica，2009，61（4）：593-621.

[16] DANIELE T. Wage bargaining and induced technical change in a linear economy：model and application to the US（1963-2003）[J]. Structural Change and Economic Dynamics，2012，23：117-126.

[17] 林红玲. 从古典、新古典到马克思：制度安排与收入分配[J]. 当代经济研究，2000（3）：27-30.

[18] 陶纪明，马海倩. 关于按技术要素分配的理论研究[J]. 天津社会科学，2002（3）：63-69.

[19] 唐国华. 资本有机构成、劳动收入占比与经济增长方式转变——基于马克思经济增长理论的分析[J]. 经济论坛，2011（3）：5-9.

[20] 杨巨. 初次收入分配与技术进步——基于马克思主义经济学的视角[J]. 经济评论，2012（3）：11-19.

[21] 李子联. 分配与增长：一个马克思主义经济学的分析[J]. 马克思主义研究，2015（4）：48-57.

[22] 李海明. 一个古典马克思经济增长模型的中国经验[J]. 经济研究，2014（11）：159-169.

[23] 李实. 经济新常态：收入分配改革有哪些重大机遇 [N]. 光明日报，2015-03-23（8）.

[24] LIN JUSTIN YIFU. Development strategy, viability, and economic convergence [J]. Economic Development and Cultural Change, 2003, 51 (2): 277-308.

[25] FOLEY D K, MICHL T. Growth and distribution [M]. Cambridge: Harvard University Press, 1999.

[26] DEEPANKER BASU. Marx-biased technical change and the neoclassical view of income distribution [J]. Metroeconomica, 2010, 61 (4): 593-620.

[27] 林毅夫. 新结构经济学——反思经济发展与政策的理论框架 [M]. 北京：北京大学出版社, 2012.

[28] 张军, 吴桂英, 张吉鹏. 中国省际物质资本存量估算：1952-2000 [J]. 经济研究, 2004 (10): 35-44.

[29] SACHS J, WARNER A. Economic reform and the process of global integration [R]. Brookings Papers on Economic Activity, 1995, 1: 1-95.

[30] 刘元春, 朱戎. 中国工业制度体系变迁、市场结构与工业经济增长——计量与实证研究[J]. 经济学动态, 2003 (4): 9-12.

[31] MICHL T. The fossil production function in a Vintage model [J]. Australian Economic Papers, 2002, 41: 53-68.

[32] 雷钦礼. 偏向性技术进步的测算与分析[J]. 统计研究, 2013 (4): 83-91.

技术变化与产业结构演进：
全球非平衡增长视角[①]

一、引言

始于2008年的全球金融危机为世界各国经济发展带来了巨大冲击，以美国为代表的发达经济体将危机归咎于全球经济的非平衡增长，认为以中国、俄罗斯和德国等为代表的国家向其大量出口并引致巨额贸易顺差，当顺差资金经由外资部门回流至美国等发达经济体后形成大量金融泡沫。而全球经济非平衡增长以及由此引发的部分国家或地区大量贸易逆差，是日益丰富和多样化的国际经济活动的必然产物。随着国际经济活动中进行交易的单一有形物质商品向资本项目等扩展，金融经济对实体经济的影响日趋加大，并逐步成为作用于世界经济的重要推动力，反作用于有形商品的国际贸易活动（谷克鉴，2009）[1]。在2009年9月举行的20国集团（G20）匹兹堡峰会上，以美国为代表的发达经济体提出了"全球经济再平衡"议题，引发了新一轮的贸易保护主义抬头，并导致部分国家或地区为迅速恢复自身经济而加剧了与其他国家的贸易摩擦。基于新结构主义经济理论的视角，林毅夫（2010）[2]认为经济增长和发展的本质是技术和产业不断创新、结构不断变化的过程，因而非平衡增长的根源可归结为技术水平的变化以及由此带来的产业结构演进。

来自世界银行的世界发展指标数据库（World Development Indicators，WDI）显示，以G20为代表的许多国家或地区普遍存在非平衡增长。除中国、德国、俄罗斯及沙特阿拉伯等国家外，其他国家均存在明显贸易赤字，且占GDP的比重较大。如以2012年为例，沙特阿拉伯净出口占GDP的比重最高，达到

[①] 原载于《广东财经大学学报》2015年第4期第4-15页。
作者：陈福中，对外经济贸易大学国际经济贸易学院讲师，经济学博士；陈诚，中国发展研究基金会助理研究员，经济学博士。

25.91%；俄罗斯、德国和中国相对较低，分别为7.24%、5.93%和2.82%。沙特阿拉伯主要以出口石油为主，而中国、德国及俄罗斯等国均以出口商品及货物为主，对其他发达经济体国内市场的供求结构及就业形成较大压力。值得注意的是，中国的净出口占GDP的比重在本轮国际金融危机爆发之后已有明显下降，2008—2010年分别为9.6%、6.0%和5.2%。这一方面是因为在全球平衡增长议题的影响下，中国所遇贸易摩擦增加导致出口受阻，而进口则保持了较高幅度的快速增长；另一方面则也可能是中国经济内部的需求结构和产业结构已发生了深刻变化，协调内部经济平衡增长的潜在机制正经历着转变（陈福中和刘向东，2013)[3]。

根据李嘉图比较优势理论的基本观点，一个国家会选择出口本国具有比较优势的产品，并且进口本国具有比较劣势的产品。这个比较优势是指生产过程中的相对生产成本的节约，它反映了因相对技术水平差异而带来的产品国际市场竞争力的差异（Dornbusch等，1977)[4]。因此，经济的全球非平衡增长最为根本的原因，在于参与国际分工的主体产业及其企业的比较优势发生了深刻的变化。对于从事微观生产经营的主体即企业来说，其比较优势改变的源泉在于技术变化；而对于一个产业来说，其比较优势的变化在于产业内企业技术的非同步变化而引致的产业结构的演进。

下面以20国集团（G20）为例，采用面板数据联立方程组模型实证分析技术变化与产业结构演进的内生影响机制，从全新的视角分析全球非平衡增长的根本原因，以期能为应对中国所遭受的日益频繁的贸易摩擦及改善严峻的国际贸易环境提供相应的政策建议。

二、文献综述

根据外生经济增长理论，以技术作为既定的外生变量，已有的技术差异决定了不同的国家或地区经济增长有不同。但技术对于各种投入到生产活动中的要素的影响通常认为是中性的（Solow，1957)[5]，它在生产函数中以常量的形式出现，亦即"索洛剩余"。内生经济增长理论还将技术作为影响经济增长的变量，既定的技术差异可以通过研发、"干中学"以及技术扩散等方式来缩小（Barro，1991)[6]。技术变化作为产业结构演进的核心动力，其对产业结构的影响可表现为主导产业的先进技术通过"扩散"的方式传导至国家或地区的产业部门，并导致新的产业部门出现，进而可能取代原有的主导产业部门，进一步带动该国家或地区产业部门的发展与产业结构的变迁（Rostow，1959)[7]。技术变化会进一步作用于经济体的产业结构。借助于研发创新，企业可以主动改进生产工艺，提高产品科技含量，形成企业自身独有的竞争优势，赚取更多的利润。然而，市场价格扭曲又必然带来跨企业的技术异质性变化，甚至是跨产业部门的结构异质性变化（Baltas和Freeman，2001）[8]。Arrow（1962）[9]指出，"干中学"是技术变化并实现技术进步的有效方式之一。较之研发创新带来的技术变化及其对产业结构的影响，"干中学"效应引致的技术变化能更快实现国家或地区间技术的收敛，从而打破原有的产业结构布局，加速产业结构演进（Barro和Sala-i-Martin，1992）[10]。与通过研发创新和"干中学"技术获得不同，技术扩散并不强调相关主体技术变化的主动性或被动性，而只是反映技术的流向，即由技术水平较高的国家（地区）或行业向技术水平较低的国家（地区）或行业扩散（Okubo，2007）[11]。技术扩散对产业结构的影响，在于其以人力资本为载体加快了技术进步的进程，为产业结构的高级化奠定了基础。

产业结构演进对技术水平变化的反馈作用，主要是通过产业间技术水平的扩散，亦即技术从高技术水平产业部门向低技术产业部门扩散，促进低技术产业部门产出增加及技术水平发生变化。Tsai和Wang（2004）[12]认为，高新技术的研发投入在改变自身的技术水平的同时，还可通过产业间商品贸易等生产要素流动的方式，达到差异化的技术"溢出效应"，进而使得技术"溢入"的产业部门技术水平发生变化。产业结构演进促进技术变化，还体现在技术与产业的互动选择层面。按照要素报酬最大化的原则，各种生产要素会优先选择向技术水平高亦即生产率高的部门流动，会选择应用更为先进的生产技术，而后续研发活动的开展会促进新技术的成熟和改进提高（邵一华和马庆国，2001）[13]。处于不同技术水平产业部门的企业，会选择应用与之相适应的生产技术，而这正说明了产业部门结构对于技术水平的决定作用（金碚等，2011）[14]。因此，技术水平较高的产业部门其研发能力也较高，通过技术水平的产业部门间扩散或溢出，可以改进现有的生产技术，提高生产率水平（李邃和江可申，2011）[15]。此外，随着经济的发展和产业部门产出的增加，相关产业部门需要不断选择新的生产技术，传统生产技术的改进短期内可维持产业部门的产出水平，但不具有长期可持续性（毛伟和蒋岳祥，2013）[16]，技术的不断升级变化才是产业结构不断演进以及经济持续保持增长的根本原因。

不同国家或地区的生产要素结构不同，而生产要素在生产活动中的投入并非是"完全竞争"的，由于生产活动组织方式的差异，不同生产要素投入结构对于产业部门产出的影响也不同（Uzawa，1961）[17]。这种差异可以通过技术水平作用于产出的方式即生产函数中用于表示技术的"常量"来表示（Sato，1968）[18]。具体来说，在Hicks中性技术条件下，技术水平对于投入生产的劳动和资本要素的作用是等同的,亦即有一个共同的"常量"(Hicks,1937)[19];在 Harrod 中性技术条件下,技术水平对于生产活动的投入要素的作用是劳动提高型的,亦即劳动对于产出的影响可以表示劳动与一个"常量"的交互作用的形式(Harro,1939)[20];在 Solow 中性技术条件下,技术水平将随着资本总量的增加而提高,反映到生产函数上便表现为资本要素和一个"常量"共同作用于经济增长(Robinson,1953)[21]。Robinson(1953)[21]和 Uzawa(1961)[17]等对生产要素在生产活动中投入的非完全竞争条件下的均衡增长条件进行分析,认为只有当劳动产出比例和资本产出比例与均衡状态时对应的比例相等时,才可能重新回归均衡。以上三种不同技术中性条件下的技术变化作用于劳动密集型和资本密集型部门的方式有不同。在 Hicks 中性技术条件下,技术变化对于促进劳动密集型和资本密集型部门生产率变化及产出结构变化的效应是相等的,体现了真正意义上的"中性";在 Harrod 中性技术条件下,技术变化对劳动密集型部门的影响更大,更能推动劳动密集型部门的产出增长和产业结构演进;在 Solow 中性技术条件下,技术变化对于资本密集型部门的产出具有放大效应,对于该部门的产出增长和产业结构变化具有更大影响。

三、计量模型、数据来源及计量改进

(一)计量模型设定

下面采用 G20 成员国 1990—2011 年的面板数据,从全球非平衡增长的视角实证分析技术变化与产业结构演进的内生影响机制,进而分析技术变化对产业结构演进的影响以及产业结构演进对技术变化的反馈作用。技术变化与产业结构演进的内生作用与反馈机制在推动经济增长过程中的作用相当明显,技术变化首先影响产业结构的变化,产业结构的变迁又会影响一个国家或地区的经济总量和结构的变化,进而对技术本身形成反馈作用机制(朱轶和熊思敏,2009)[22]。一个国家或地区的技术变化通常通过测算当地生产率的变化得出(Grifell - Tatjé 和 Lovell,1995)[23],因而本文将采用 G20 成员国对应年份的生产率(TFP)作为衡量技术水平的代理变量,以技术变化为因变量,以产业结构比重(indstr)为主要解释变量,构建面板联立方程组模型(Panel Data Simultaneous Equations Model,PSEM),模型系统子方程亦即 TFP 方程如下:

$$TFP_{it} = \alpha_{it} + \beta_0 * indstr_{it} + \sum_{j=1}^{n}\beta_j * X_{jit} + \varepsilon_{it} \qquad (1)$$

其中,i 表示国家或地区,t 表示时间,α_{it} 为常数项,X_{jit} 代表影响技术变化的国家或地区的其他控制变量,j 代表对应国家或地区,n 表示国家或地区的数量。

影响一个国家或地区技术变化的主要因素首先是当地的经济增长水平,当地经济发展水平越高,经济增长越快,其对应的技术改进和提高的速度就会越快,相应地,其生产率水平也会越高(胡晓鹏,2004)[24]。本文采用以支出法计算的实际国内生产总值(Real GDP)作为衡量一个国家或地区经济增长水平的代理变量。考虑到G20成员可能存在不同的价格及汇率水平,再选用基于购买力平价理论(Theory of Purchasing Power Parity,PPP)的当期实际GDP,对相应国家或地区的经济增长水平进行准确度量。则式(1)可进一步改写为:

$$TFP_{it} = \alpha_{it} + \beta_0 * indstr_{it} + \beta_1 * gdp_{it} + \sum_{j=2}^{n} \beta_j * X_{jit} + \varepsilon_{it} \quad (2)$$

根据Solow(1957)[25]的经济增长理论,影响技术的因素还包括资本(K)和劳动力(L)等主要生产要素的投入。对于资本要素,本文以资本存量(stkcapt)作为代理变量。而存量资本对技术变化的影响通常表现于两个方面:一是当生产活动尚未达到理想的规模经济时,随着存量资本的投入,技术水平获得明显提高,对应的生产率水平上升;二是当生产活动达到并超过理想的规模经济时,存量资本的不断投入对于提升技术水平的效应不明显,甚至为负(Bresnahan,1995)[26]。然而,当一个国家或地区资本要素禀赋一定时,存量资本越多,将越不利于生产率乃至技术水平的提高。只有当这部分投入到生产过程中的存量资本实现了技术改进和升级之后,才能提高生产率和提升技术水平。因此式(2)可表示为:

$$TFP_{it} = \alpha_{it} + \beta_0 * indstr_{it} + \beta_1 * gdp_{it} + \beta_2 * stkcapt_{it} + \sum_{j=3}^{n} \beta_j * X_{jit} + \varepsilon_{it} \quad (3)$$

对于劳动力要素,可将其分解为两个部分,一是实际参与到生产活动过程中的劳动力要素,即就业人数(empyt);二是这部分劳动力要素所体现出来的人力资本(hcapt)(Mincer,1991)[27]。在产出一定的前提条件下,实际参与生产的劳动力要素投入量越多,对应的生产率必然越低。而对于技术变化与人力资本的关系,内生经济增长理论认为,人力资本越高,其对于技术水平提高的促进作用越明显(Romer,1990)[28];而Eicher(1996)[29]认为,当工资水平不变时,技术劳动力供给的相对增加可能会限制先进技术的应用,从而会阻碍技术水平的上升。本文参考Barro和Lee(2013)[30]的方法,采用劳动者所接受教育(包括继续教育)的年限及人力资本指数对人力资本进行测算。式(3)因此可进一步扩展为:

$$TFP_{it} = \alpha_{it} + \beta_0 * indstr_{it} + \beta_1 * gdp_{it} + \beta_2 * stkcapt_{it} + \beta_3 * empyt_{it} + \beta_4 * hcapt_{it} + \varepsilon_{it}$$

$$(4)$$

考虑到上一期技术水平对当期技术水平亦即技术存量对于技术变化可能存

在的影响，本文将代表技术水平的代理变量的一阶滞后项加入到 TFP 方程中①，可得：

$$TFP_{it} = \alpha_{it} + \beta_0 * indstr_{it} + \beta_1 * gdp_{it} + \beta_2 * stkcapt_{it} + \beta_3 * empyt_{it} + \beta_4 * hcapt_{it} + \gamma * TFP_{i,t-1} + \varepsilon_{it} \tag{5}$$

为充分反映产业结构演进对经济增长的影响，选用三次产业增加值对总的增加值的比例，亦即农业 GDP 贡献率（argva）、工业 GDP 贡献率（indva）和第三产业 GDP 贡献率表示相应产业结构所对应的比重。由于第三产业的 GDP 贡献率可以根据农业 GDP 贡献率和工业 GDP 贡献率计算得到，为避免所构建的 PSEM 模型出现系统共线性问题，下面将重点分析技术变化与农业和工业产业结构演进的内生影响机制。由于 agrva 和 indva 两个代理变量的计算与 GDP 相关，故对它们取对数之后放入到模型系统中，可预期 GDP 对应的系数为负。

由于 G20 各成员国统计口径存在差异，有的国家对于就业人数的统计可能仅限于非农业就业人口，若仍采用就业人数（empyt）作为解释变量，将很难准确测算技术变化与产业结构演进的交互影响效应。因此，本文构建以产业结构演进为因变量的子模型时，选用整个国家或地区的人口总数（pop）为代理变量。同时，由于人力资本对各个产业产出及产业增加值的贡献存在较大差异，为便于横向比较及计量模型的一致，本文剔除对这一因素的考虑，对应的效应可由残差和常数项吸收。经过上述讨论，以产业结构（indstr）为因变量的方程可表示为：

$$indstr_{it} = \alpha_{it} + \eta_0 * TFP_{it} + \eta_1 * gdp_{it} + \eta_2 * stkcapt_{it} + \eta_3 * pop_{it} + \mu_{it} \tag{6}$$

结合（5）和（6），可分别得到技术变化与农业产业结构（argva）的面板数据联立方程模型（7）、技术变化与工业产业结构（indva）的面板数据联立方程模型（8）：

$$PSEM_{argva}: \begin{cases} TFP_{it} = \alpha_{it} + \beta_0 * argva_{it} + \beta_1 * gdp_{it} + \beta_2 * stkcapt_{it} + \beta_3 * empyt_{it} + \beta_4 * hcapt_{it} + \gamma * TFP_{i,t-1} + \varepsilon_{it} \\ argva_{it} = \alpha_{it} + \eta_0 * TFP_{it} + \eta_1 * gdp_{it} + \eta_2 * stkcapt_{it} + \eta_3 * pop_{it} + \mu_{it} \end{cases} \tag{7}$$

---

① 有些文献将研发支出也作为影响生产率的重要因素，但本文不予考虑。原因有两点：一是 G20 成员国有关研发支出的数据缺失较为严重；二是研发支出与人力资本指数（hcapt）具有非常强的共线性，回归系数的有效性不高，并且会影响模型系统最终估计结果。

$$PSEM_{indva}: \begin{cases} TFP_{it} = \alpha_{it} + \beta_0 * indva_{it} + \beta_1 * gdp_{it} + \beta_2 * stkcapt_{it} + \beta_3 * empyt_{it} + \\ \quad \beta_4 * hcapt_{it} + \gamma * TFP_{i,t-1} + \varepsilon_{it} \\ indva_{it} = \alpha_{it} + \eta_0 * TFP_{it} + \eta_1 * gdp_{it} + \eta_2 * stkcapt_{it} + \eta_3 * pop_{it} + \mu_{it} \end{cases}$$

(8)

（二）数据来源与统计描述

20国集团中,法国、德国、意大利和英国4国同属G20和欧盟成员国,而欧盟15个成员国中,塞浦路斯等13个国家自2004年开始逐步加入欧盟,加入时间较晚且数据缺失严重,故不予考虑,因此,样本共包括30个国家。来自世界银行WDI数据库的统计资料显示,G20成员国的GDP占全球GDP的比重超过85%,而相应进出口占全球比重均超过90%。G20成员国在全球贸易经济活动中扮演着极为重要的角色,以其作为研究对象具有典型意义。

本文的变量数据主要来自PWT（Penn World Table）数据库和世界宏观经济研究WMR（World Macroeconomics Research）数据库。同时考虑了本国货币价格、以2005年为基准的购买力平价PPPs以及各种货币之间的汇率等因素,以使该数据库中的变量数据既能反映以本国货币表示的绝对值水平和变化趋势,同时也能进行国际范围内的横向比较。其中,gdp和stkcapt的计价单位是以2005年作为计价基期并考虑了购买力平价的百万美元,TFP以美国为计算标准（$TFP_{USA}=1$）。农业与通常意义的第一产业相对应,工业、制造业和建筑业则属于传统意义上的第二产业,国内贸易业、交通运输业和服务业则属于通常意义上的第三产业。由于G20成员国中大部分国家的制造业增加值占总增加值比重的数据缺失较为严重,并且建筑业所提供的产品在国际范围内的流动水平较低,因此选用工业占总增加值的比重表示第二产业产业结构的比重。对于少数年份相应变量数据缺失的,以均值补充。为减小样本数据序列波动,对包括总产出、人口、就业人数、人力资本指数和资本存量在内的5个代理变量取自然对数,相关数据统计描述结果见表1。

表1 数据统计描述结果

	GDP (lngdp)	人口 (lnpop)	就业人数 (lnempyt)	人力资本指数 (lnhcapt)	资本存量 (lnstkcapt)	农业产业结构比重 (agrva)	工业产业结构比重 (indva)	生产率 (TFP)
平均值	13.357 3	3.594 9	2.766 0	0.998 4	14.467 5	0.050 7	0.245 8	0.799 3
最大值	16.399 2	7.188 7	6.665 0	1.286 1	17.628 0	0.300 0	0.626 0	1.535 4
最小值	9.580 8	-0.964 4	-1.675 3	0.461 5	10.635 9	0.003 0	0.071 0	0.260 4

续表

	GDP（lngdp）	人口（lnpop）	就业人数（lnempyt）	人力资本指数（lnhcapt）	资本存量（lnstkcapt）	农业产业结构比重（agrva）	工业产业结构比重（indva）	生产率（TFP）
标准误差	1.283 9	1.657 1	1.645 2	0.170 3	1.308 0	0.053 2	0.077 0	0.229 5
观察值	660	660	660	660	660	660	660	660
截面数	30	30	30	30	30	30	30	30

注：表中数据由作者整理得出。

（三）模型估计结果改进

对联立方程组模型系统的估计通常有单方程估计和系统方程估计两大方法。单方程估计法是对联立方程组模型系统里的每个方程进行单独估计，不能充分利用已有代理变量的数据信息，其中比较典型的有普通最小二乘估计法（OLS）和二阶段最小二乘估计法（2SLS）。同时，在对联立方程组模型系统进行系统求解的方法中，最具代表性的却是三阶段最小二乘法（3SLS）。对于 OLS 估计法，由于面板数据联立方程组模型系统中内生变量的存在，忽视了每个方程残差扰动项可能存在的相关性，很难得到一致的估计结果，此方法常作为检验国家或地区估计方法稳健性和精确度的参考方法（Hahn 和 Hausman，2002）[31]。二阶段最小二乘法（2SLS）对于联立方程组模型系统求解的基本思路，是将所有排斥的外生变量设置为工具变量，从而满足联立方程组模型系统外生变量个数不小于内生变量的模型识别条件，并采用工具变量法进行估计。当联立方程组内部方程的残差扰动项满足同方差且不存在自相关假设时，2SLS 可以得到有效且一致的估计结果。加权最小二乘法（W2SLS）则可修正由于残差异方差所导致的估计结果偏误。尽管上述估计方法在建模过程中各有各的优势，但应用于本文的研究仍可能带来比较大的误差。

本文选取 G20 成员国 1990—2011 年的面板数据构建 PSEM 模型系统，成员国之间的技术和产业结构必然存在明显差异，并且一个国家或地区的产业结构演进很可能存在路径依赖，反映在具体的代理变量数据上就表现为序列的自相关（陈佳贵和王钦，2005）[32]。在进行单方程估计时，这些因素可能会被归结到常数项和残差扰动项中，从而可能破坏残差扰动项的无偏有效估计经典假定。同时，若对本文所构建的面板数据联立方程组模型系统 $PSEM_{argva}$ 和 $PSEM_{indva}$ 内部两个方程进行单独估计，然后再汇总估计结果进行回归，那么将无法达到分析技术变化与产业结构演进二者内生影响机制的目的。因此，本文更倾向于采用系统方程估计方法即三阶段最小二乘法（3SLS），以对 PSEM 系统估计结果进行改进。三阶段最小二乘法（3SLS）对 PSEM 模型系统估计的思路，是结合 2SLS 和似然无关估计（SUR）两种估计方法，在考虑模型系统各个方程扰动项的同时，对所有方程进行同时估计（Baltagi，1981）[33]。由于模型系统各方程扰动项之间可能存在的相关性被纳入到了估计过程中，可减少系数估计的标准误差，使模型系统估计结果更加有效。具体反映到模型估计系数上，可使得模型系数的显著性水平明显提高。

四、实证分析与讨论

（一）面板数据单位根检验

为避免变量序列不平稳给估计结果带来影响，本文分别采用共同单位根检验、个体单位根检验和 Hadri 检验等方法对纳入分析框架的各代理变量序列进行检验。由于所选取的变量均为反映 G20 各成员国经济活动的变量，因此可认为代理变量序列进入单位根检验方程时应考虑截距项，亦即存在截面"个体效应"（Individual Effect，IE）；同时受样本区间所限，无法简单根据各变量序列变化情形做出是否存在截面"个体线性趋势"（Individual Linear Trend，ILT）的判定，因此在对样本数据变量序列进行单位根检验时，将对存在和不存在个体线性趋势两种情形同时予以考虑。表 2 的面板数据单位根检验结果显示，各代理变量未进行差分处理的原始序列，除人力资本指数（lnhcapt）、农业产业结构比重（agrva）和工业产业结构比重（indva）三个变量外，国家或地区变量原始序列检验结果基本显示为不平稳；而对各变量序列进行一阶差分处理后，除 Hadri 检验外，国家或地区方法的检验结果均显著拒绝存在单位根的零假设。因此，综合上述分析，各变量基本服从一阶单整 I（1）过程。

表 2　面板数据单位根检验结果

变量	(IE, ILT)	LLC 检验	Breitung 检验	IPS 检验	Fisher-ADF 检验	Fisher-PP 检验	Hadri 检验
lngdp	(1, 0)	-2.072 0**	—	2.786 4	48.907 3	59.256 6	16.306 3***
Dlngdp	(1, 1)	1.379 2	2.456 4	2.836 3	42.109 9	31.852 5	10.432 5***
lnpop	(1, 0)	-12.137 1***	—	-11.198 4***	243.127 0***	246.416 0***	4.227 5***
Dlnpop	(1, 1)	-11.173 9***	-4.899 2***	-9.281 4***	195.812 0***	218.689 0***	8.526 3***
lnempyt	(1, 0)	-0.746 9	—	3.503 6	98.463 4***	850.116 0***	18.009 6***
Dlnempyt	(1, 1)	-4.909 1***	4.667 8	-7.011 2***	178.710 0***	83.893 3***	12.270 2*
lnhcapt	(1, 0)	-3.981 7***	—	-3.046 6***	132.487 0***	66.183 3	8.318 0***
Dlnhcapt	(1, 1)	4.392 5	4.222 2	-1.900 2**	109.307 0***	32.808 1	5.596 7***
lnstkcapt	(1, 0)	-3.778 9***	—	3.755 1	62.118 4	42.127 0	16.354 7***
Dlnstkcapt	(1, 1)	-3.427 6***	5.872 0	-3.590 2***	134.257 0***	71.865 0	9.723 4***
lnempyt	(1, 0)	-9.202 1***	—	-9.567 0***	207.553 0***	203.757 0***	3.424 2***
Dlnempyt	(1, 1)	-5.308 0***	-2.596 6***	-6.275 0***	145.952 0***	168.962 0***	8.305 3***
lnhcapt	(1, 0)	-18.600 5***	—	-8.610 4***	249.075 0***	433.143 0***	17.581 9***
Dlnhcapt	(1, 1)	0.270 2	11.245 2	1.127 0	104.197 0***	42.349 8	10.707 9***
lnhcapt	(1, 0)	-0.260 5	—	-3.011 7***	162.690 0***	26.757 9	7.276 9***
Dlnhcapt	(1, 1)	0.061 3	11.033 7	-2.992 1***	119.590 0***	20.329 4	6.740 5***
lnstkcapt	(1, 0)	3.315 0	—	8.724 4	13.630 5	15.430 0	16.794 7***
Dlnstkcapt	(1, 1)	-0.455 0	2.039 0	-0.724 9	68.982 8	25.345 4	9.286 9***

续表

变量	(IE, ILT)	LLC 检验	Breitung 检验	IPS 检验	Fisher-ADF 检验	Fisher-PP 检验	Hadri 检验
DInstkcapt	(1, 0)	-5.655 2***	—	-6.262 5***	135.690 0***	123.945 0***	1.995 8**
	(1, 1)	-2.277 7**	-5.836 7***	-4.628 2***	109.479 0***	76.972 7*	3.097 2**
TFP	(1, 0)	-1.216 6	—	0.137 0	55.657 4	41.259 5	6.476 1***
	(1, 1)	-0.129 9	1.864 2	2.730 5	44.894 9	25.388 4	9.929 5***
DTFP	(1, 0)	-12.076 9***	—	-10.668 4***	220.400 0***	255.932 0***	4.296 1***
	(1, 1)	-12.380 9***	-10.318 9***	-9.977 8***	196.581 0***	231.902 0***	6.867 5***
agrva	(1, 0)	-8.650 0***	—	-3.815 5***	124.661 0***	235.740 0***	16.867 2***
	(1, 1)	-5.168 6***	-5.433 5***	-3.027 6***	113.295 0***	133.641 0***	8.474 0***
Dagrva	(1, 0)	-21.923 0***	—	-19.231 7***	409.667 0***	848.070 0***	3.958 8***
	(1, 1)	-20.950 1***	-10.658 6***	-19.224 7***	373.061 0***	1105.910 0***	5.917 4***
indva	(1, 0)	-2.828 6***	—	-0.954 8	82.401 0***	82.275 5***	12.993 5***
	(1, 1)	-1.212 1	3.378 2	0.143 0	79.931 0**	62.764 1	8.679 8***
Dindva	(1, 0)	-16.971 9***	—	-15.874 6***	330.302 0***	456.817 0***	2.105 8**
	(1, 1)	-14.068 6***	-9.186 5***	-13.300 0***	261.147 0***	466.432 0***	9.836 0***

注：①IE 和 ILT 分别表示检验中外生变量的截面个体效应和截面个体线性趋势，0 和 1 分别表示"没有"和"有"对应的个体效应或线性趋势；②变量名中的 D 表示一阶差分；③LLC、Breitung、IPS、Fisher-ADF 以及 Fisher-PP 检验的零假设 H₀：序列存在单位根，备择假设 H₁：序列不存在单位根，而 Hadri 检验的零假设与备择假设刚好与前四种方法相反；④表中 ***、**、* 分别表示 1%、5% 与 10% 的显著性水平；⑤上述单位根检验均根据 Schwarz 信息准则选择滞后阶数，按照 Newly-West 方法确定带宽，并采用 Bartlett 核方法进行估计；⑥由于面板单位根 Breitung 检验需将变量序列 ILT 项纳入检验模型的检验结果缺失，表中未列出。

(二) 技术变化对产业结构演进的影响

1. 技术变化对农业产业结构演进的影响

本文以 1990—2011 年 G20 成员国的面板数据为例，通过构建技术变化与产业结构演进的面板联立方程组 PSEM 模型，从全球非平衡增长的视角实证分析技术变化对农业产业结构演进的影响。结合前文对于模型估计结果改进方法的讨论，本文分别对所构建模型进行 OLS、SUR、2SLS、W2SLS 和 3SLS 估计。观察模型经由这 5 种方法估计的结果可发现，在考虑了 PSEM 模型系统各方程残差扰动项的相关性之后，模型所得到的回归估计系数的标准误差有所减小，部分系数显著性水平提高。经过估计方法改进后，农业产业结构演进方程 TFP 系数变得更加显著。因此，本文所构建的联立方程组模型系统内部方程之间的估计残差扰动项的确存在相关关系。

表 3 报告了技术变化对农业产业结构的影响。技术水平（TFP）对于 G20 成员国农业产业结构演进的确具有显著的正向推动作用，但是影响效应较小。具体来说，当生产率每变动 1 个单位时，G20 成员国农业产业结构比重（agrva）将增加 1.86%。同时，经济增长水平（lngdp）的系数为负，这与农业产业结构比重的计算有关。人口（lnpop）对于 G20 成员国农业产业结构演进的作用为正，且资本（lnstkcapt）的相应系数为负，对应的系数分别为 0.0597 和 -0.0097，说明人口每增长 1%，G20 成员国农业产业结构比重增加幅度为 5.97%；对应的资本要素投入每变动 1%，G20 成员国农业产业结构比重变动幅度为 -0.97%。由此也可看出，G20 成员国之间的技术变化在农业生产活动中具有劳动力要素偏向性的特征，劳动力要素对于农业产出的贡献甚至可能替代资本要素对农业产出的贡献。

表3 技术变化与农业产业结构演进的交互作用 PSEM 回归结果

解释变量	因变量：技术水平（TFP）				
	OLS	SUR	TSLS	W2SLS	3SLS
常数项	-0.7412***	-0.7642***	-0.7412***	-0.7412***	-0.7712***
	(0.0755)	(0.0751)	(0.0755)	(0.0751)	(0.0751)
lngdp	0.2067***	0.2080***	0.2067***	0.2067***	0.2085***
	(0.0162)	(0.0161)	(0.0162)	(0.0161)	(0.0161)
lnstkcapt	-0.0997***	-0.0992***	-0.0997***	-0.0997***	-0.0992***
	(0.0079)	(0.0078)	(0.0079)	(0.0078)	(0.0078)

续表

	因变量：农业产业结构比重（agrva）				
解释变量	OLS	SUR	TSLS	W2SLS	3SLS
lnempyt	-0.107 4***	-0.109 2***	-0.107 4***	-0.107 4***	-0.109 8***
	(0.009 4)	(0.009 3)	(0.009 4)	(0.009 3)	(0.009 3)
lnhcapt	-0.081 0***	-0.079 6***	-0.081 0***	-0.081 0***	-0.079 1***
	(0.015 8)	(0.015 7)	(0.015 8)	(0.015 7)	(0.015 7)
argva	0.201 9***	0.237 1***	0.201 9***	0.201 9***	0.248 0***
	(0.053 4)	(0.053 1)	(0.053 4)	(0.053 1)	(0.053 1)
TFP（-1）	0.736 1***	0.735 9***	0.736 1***	0.736 1***	0.7357***
	(0.020 8)	(0.020 7)	(0.020 8)	(0.020 7)	(0.020 7)
adj_R^2	0.981 8	0.981 8	0.981 8	0.981 8	0.981 8
观察值	630	630	630	630	630
常数项	0.627 8***	0.631 6***	0.626 8***	0.626 8***	0.631 5***
	(0.022 9)	(0.022 8)	(0.022 8)	(0.022 7)	(0.022 7)
lngdp	-0.045 6***	-0.047 3***	-0.048 0***	-0.048 0***	-0.050 2***
	(0.008 0)	(0.008 0)	(0.008 0)	(0.007 9)	(0.007 9)
lnpop	0.058 2***	0.059 0***	0.058 7***	0.058 7***	0.059 7***
	(0.003 3)	(0.003 3)	(0.003 3)	(0.003 2)	(0.003 2)
TFP	0.010 9	0.013 7	0.014 9	0.014 9	0.018 6*
	(0.010 9)	(0.010 8)	(0.010 8)	(0.010 7)	(0.010 7)
lnstkcapt	-0.012 9**	-0.011 9**	-0.011 0**	-0.011 0**	-0.009 7*
	(0.005 3)	(0.005 3)	(0.005 3)	(0.005 2)	(0.005 2)
adj_R^2	0.766 6	0.766 6	0.773 0	0.773 0	0.773 0
观察值	660	660	630	630	630

注：表中***、**、*分别表示1%、5%与10%的显著性水平，括号内数据为对应系数的标准误差；为体现模型系统内部的一体性，TFP方程和indstr方程的估计结果放入一个表中同时报告。下表同。

2. 技术变化对工业产业结构演进的影响

下面依据设定的计量模型以G20成员国1990—2011年的面板数据为例作进一步研究。通过三阶段最小二乘法（3SLS）估计方法进行改进，回归系数标准误差明显变小，估计结果有效性和精确度得到进一步保证（见表4）。

表4 技术变化与工业产业结构演进的交互作用PSEM回归结果

因变量：技术水平（TFP）

解释变量	OLS	SUR	TSLS	W2SLS	3SLS
常数项	-0.6906***	-0.7131***	-1.1134***	-1.1134***	-1.2552***
	(0.0645)	(0.0641)	(0.0967)	(0.0962)	(0.0767)
lngdp	0.2102***	0.2142***	0.2878***	0.2878***	0.3173***
	(0.0159)	(0.0157)	(0.0221)	(0.0220)	(0.0176)
lnstkcapt	-0.1069***	-0.1091***	-0.1405***	-0.1405***	-0.1612***
	(0.0080)	(0.0079)	(0.0108)	(0.0108)	(0.0092)
lnempyt	-0.1040***	-0.1058***	-0.1481***	-0.1481***	-0.1593***
	(0.0087)	(0.0086)	(0.0122)	(0.0121)	(0.0095)
lnhcapt	-0.0942***	-0.0918***	-0.1266***	-0.1266***	-0.0815***
	(0.0157)	(0.0156)	(0.0200)	(0.0199)	(0.0160)
indva	0.0950***	0.1236***	0.4359***	0.4359***	0.6703***
	(0.0184)	(0.0182)	(0.0490)	(0.0487)	(0.0397)
TFP(-1)	0.7317***	0.7287***	0.6626***	0.6626***	0.6311***
	(0.0206)	(0.0204)	(0.0271)	(0.0270)	(0.0217)
adj_R^2	0.9821	0.9821	0.9722	0.9722	0.9533
观察值	630	630	630	630	630

因变量：工业产业结构比重（indva）

解释变量	OLS	SUR	TSLS	W2SLS	3SLS
常数项	0.8305***	0.8493***	0.8334***	0.8334***	0.8965***
	(0.0583)	(0.0580)	(0.0608)	(0.0606)	(0.0584)
lngdp	-0.1714***	-0.1802***	-0.1710***	-0.1710***	-0.2126***
	(0.0205)	(0.0204)	(0.0212)	(0.0211)	(0.0201)
lnpop	0.0879***	0.0919***	0.0878***	0.0878***	0.1066***
	(0.0083)	(0.0083)	(0.0087)	(0.0086)	(0.0081)
TFP	0.1380***	0.1526***	0.1363***	0.1363***	0.2210***
	(0.0277)	(0.0275)	(0.0288)	(0.0286)	(0.0270)
lnstkcapt	0.0883***	0.0934***	0.0878***	0.0878***	0.1126***
	(0.0136)	(0.0135)	(0.0140)	(0.0140)	(0.0135)
adj_R^2	0.2786	0.2786	0.2768	0.2768	0.2650
观察值	660	660	630	630	630

根据技术水平变化对工业产业结构演进的PSEM模型估计结果，工业产业

结构比重（indva）的系数显著为正，说明工业产业结构演进对于技术变化具有显著促进作用；结合相应的模型系数数值，说明当技术水平每变动1个单位时，G20成员国对应的工业产业结构比重变动将达到0.2210。与农业相比，技术变化对G20成员国工业产业结构演进的促进作用明显更大。技术水平对于生产活动中各种生产要素投入的影响，不再像Hicks中性条件所描述的那样，是同等的作用于劳动和资本要素，而是具有资本要素提高型的特征。因此，G20成员国技术变化对于产业结构的演进，资本密集型产业部门相比劳动力密集型产业部门有更大的优势，说明G20成员国技术变化对于产业结构演的促进作用具有Solow技术中性条件的特征，即技术变化对于产出增长以及产业结构调整的放大效应在资本密集型产业部门反映更明显。同时，观察国家或地区解释变量的系数，经济增长水平（lngdp）为负，与模型设定一致。人口（lnpop）和资本要素（lnstkcapt）的系数均为正，对应系数分别为0.1066和0.1126。当人口和资本要素投入每增加1%时，对于工业产业结构比重的促进效应将分别达到10.66%和11.26%。因此，G20成员国之间劳动力要素和资本要素对于工业产业结构的演进都具有非常重要的作用。

（三）产业结构演进对技术变化的反馈作用

1. 农业产业结构演进对技术变化的反馈作用

本文以1990—2011年G20成员国的面板数据为例，通过构建技术变化与产业结构演进的面板联立方程组PSEM模型，从全球非平衡增长的视角实证分析农业产业结构演进对技术变化的反馈作用。模型系统估计结果经过了三阶段最小二乘法（3SLS）进行改进，在此不再赘述（见表3）。估计结果显示，农业产业结构比重（agrva）的系数为正，且数值为0.2480。当农业产业结构比重每变动1%，G20成员国技术水平将变化0.2480%。经济增长水平（lngdp）系数为正，说明经济增长水平越高，G20成员国技术水平提升越高。具体来看，当经济增长水平每提高1%，G20成员国对应的技术水平提升幅度为20.85%。资本存量（lnstkcapt）对技术变化的影响为负，对应的系数为-0.0992，亦即当资本存量变化1%时，对应的技术水平变动幅度为-9.92%。对于G20成员国，资本存量越多，对于提高技术水平反倒是不利的，只有将有限的资本要素投入到生产活动中，才可能促进技术水平的进一步提升。就业人数（lnempyt）的回归系数为负，这与模型设定的预期相一致。人力资本指数（lnhcapt）的回归系数为负，且对应系数为-0.0791。劳动力要素人力资本水平每提高1%，G20成员国对应的技术水平变动幅度为7.91%。这与Eicher（1996）的观点一致。在短期内,当工资水平不变时,技术劳动力供给的相对增加,可能会限制先进技术的应用,从而阻碍技术水平的上升。只有在足够长的时期内,劳动力要素对应的报酬与人力资本投资相当时,高技术水平的劳动力要素供给才会增加,才能促进技术水平的进一步提升。技术水平滞后项(TFP(-1))系数为正,说明G20成员国技术水平存量将对技术水平的提高起到促进作用。

2. 工业产业结构演进对技术变化的反馈作用

根据技术变化与工业产业结构演进的交互作用的PSEM模型估计结果,工业产业结构比重(indva)的系数为正,且数值为0.6703。当工业产业结构比重每变动1%时,G20成员国技术水平将变化0.6703%。与农业产业结构演进对技术变化的影响相比,工业产业结构演进的促进效应更为明显。相较于劳动力密集型产业部门,G20成员国资本密集型产业部门产业结构演进对技术变化的反馈作用更强。经济增长水平(lngdp)系数为正,说明经济增长水平越高,G20成员国技术水平提升越高。具体来看,当经济增长水平每提高1%时,G20成员国对应的技术水平提升幅度为31.73%。与上文对技术变化与农业产业结构演进内生作用的PSEM模型中对应变量的分析相一致,但对应的影响效应更强。资本存量(lnstkcapt)的系数也为负,且为-0.1612,亦即当资本存量变化1%时,对应的技术水平变动幅度为-16.12%。就业人数(lnempt)的回归系数为负,这与模型设定的预期相一致。人力资本指数(lnhcapt)的回归系数为负,且对应系数为-0.0815。技术水平滞后项(TFP(-1))系数为正,且为0.631,这与前文分析关于技术存量对技术变化的影响效应分析相一致。但相较于技术变化与农业产业结构演进内生作用的PSEM模型中对应的系数要稍小一些。

五、结论与政策建议

本文采用G20成员国1990—2011年的数据,构建面板数据联立方程组模型,从全球非平衡增长的视角实证分析技术变化与产业结构演进的内生影响机制。根据技术变化与产业结构演进的内生关系,采用三阶段最小二乘法对模型方程组进行系统回归估计。研究发现,G20成员国技术水平变化对产业结构演进具有显著的推动作用,并且更加偏向于资本密集型的工业产业部门,具有技术的资本扩张型特征;G20成员国的产业结构演进对于技术变化具有明显推动作用,但是资本密集型部门的促进效应强于劳动密集型部门;经济增长水平与技术变化显著正相关,经济增长水平越高,技术水平变化提升越快。根据林毅夫(2010)[2]的观点,经济增长和发展根本的动力是技术和产业的不断创新。结合研究结论,发达经济体总体经济增长水平高于不发达经济体,并且这些国家或地区技术变化与创新速度更快。此外，本文也发现，技术水平与产业结构演进的内生作用效应更加偏重于资本密集型部门。在长期中，要素结构的差异可能会扩大国家或地区间技术水平差距并且会加剧产业结构失衡。因此，发达经济体与不发达经济体之间的技术水平差距以及不平衡的技术变化，会加剧国家或地区间产业结构的不平衡演进，从而成为全球非平衡增长的根本原因之一。

自2008年国际金融危机爆发以来，中国的国际贸易环境日益恶化，所面临的来自以美国和欧盟为代表的发达经济体的贸易摩擦日趋频繁。本文以G20成员国为例分析技术变化与产业结构演进的内生影响机制时发现，经济增长水平越高的国家，技术水平提升能力越强，发达经济体的"创造性破坏"在某种意义上是全球非平衡增长的主要原因。因此，全球平衡增长议题的提出可能引发对经济开放战略的重新审视。结合本文研究结论，为应对贸易摩擦及改善日益恶化的国际贸易环境，可以进行如下战略性思考。第一，加快产业结构演进步伐，促进产业结构的升级和变迁，提高资本密集型产业在国民经济增长中的贡献比例，缩小与发达经济体间在资本要素结构层面上的差距，缓解产业结构演进失衡。通过调整第一产业和第二产业在国民经济中所占的比重，并进一步提升第三产业对于经济增长的重要推动作用，可加快中国产业结构向发达国家收敛的速度，进而促进内外部经济的均衡快速发展。第二，增加研发投入，特别是鼓励高新技术产业的发展，加快技术进步速度，扩大技术变化推动产业结构演进的经济效应。本文研究表明，技术变化对于产业结构演进具有显著的推动作用，因此，高新技术产业的发展是推动技术进步的关键，同时也是产业结构演进的一个重要方向。第三，调节国内市场供求结构，缓解内外部经济结构的增长失衡。对于传统劣势产能过剩行业，可适当降低其在国民经济中的比重；而对于传统优势产能富余行业，可以加快该行业企业"走出去"的步伐，从根本上解决由于供求失衡所带来的内外部经济非平衡增长。

参考文献

[1] 谷克鉴. 后危机时代中国外贸宏观管理的战略调整：金融经济语境的实证描述[J]. 国际贸易问题，2009（12）：3-8.

[2] 林毅夫. 新结构经济学——重构发展经济学的框架[J]. 经济学（季刊），2010（1）：1-32.

[3] 陈福中，刘向东. 开放经济条件下外资进入对中国流通企业的影响[J]. 财贸经济，2013（3）：103-111.

[4] DORNBUSCH R, FISCHER S, SAMUELSON P A. Comparative advantage, trade,

and payments in a ricardian model with a continuum of goods [J]. The American Economic Review, 1977, 67 (5): 823-839.

[5] SOLOW R M. Technical change and the aggregate production fuction [J]. Review of Economics and Statistics, 1957, 39: 312-320.

[6] BARRO R J. Convergence across states and regions [J]. Brookings Papers on Economic Activity, 1991, 1: 107-182.

[7] ROSTOW W W. The stages of economic growth [J]. The Economic History Review, 1959, 12 (1): 1-16.

[8] BALTAS G J, FREEMAN. Hedonic price methods and the structure of high-technology industrial markets: an empirical analysis [J]. Industrial Marketing Management, 2001, 30 (7): 599-607.

[9] ARROW K J. Economic welfare and the allocation of resources for invention [M] // NBER (National Bureau of Economic Research). The rate and direction of inventive activity: economic and social factors, 1962: 609-626.

[10] BARRO R J, X SALA-I-MARTIN. Convergence [J]. Journal of Political Economy, 1992, 100 (2): 223-251.

[11] OKUBO T. Intra-industry trade, reconsidered: the role of technology transfer and foreign direct investment [J]. World Economy, 2007, 30 (12): 1855-1876.

[12] TSAI K H, J C WANG. R&D productivity and the spillover effects of high-tech industry on the traditional manufacturing sector: the case of taiwan [J]. The World Economy, 2004, 27 (10): 1555-1570.

[13] 邵一华, 马庆国. 中国高技术产业与传统产业要素重配置效应分析[J]. 科研管理, 2001 (2): 40-45.

[14] 金碚, 吕铁, 邓洲. 中国工业结构转型升级：进展, 问题与趋势[J]. 中国工业经济, 2011 (10): 5-15.

[15] 李邃, 江可申. 高技术产业科技能力与产业结构优化升级[J]. 科研管理, 2011 (2): 44-51.

[16] 毛伟, 蒋岳祥. 技术创新、产业结构与经济增长[J]. 社会科学战线, 2013 (9): 53-60.

[17] UZAWA H. Neutral inventions and the stability of growth equilibrium [J]. The Review of Economic Studies, 1961, 28 (2): 117-124.

[18] SATO R, M J BECKMANN. Neutral inventions and production functions [J]. The Review of Economic Studies, 1968: 57-66.

[19] HICKS J R. Mr Keynes and the classics: a suggested interpretation [J]. Econometrica, 1937, 5 (2): 147-159.

[20] HARROD R F. An essay in dynamic theory [J]. The Economic Journal, 1939:

14-33.

[21] ROBINSON J. The production function and the theory of capital [J]. The Review of Economic Studies, 1953, 21 (2): 81-106.

[22] 朱轶, 熊思敏. 技术进步、产业结构变动对我国就业效应的经验研究[J]. 数量经济技术经济研究, 2009 (5): 107-119.

[23] GRIFELL-TATJE E, C A K LOVELL. A note on the Malmquist productivity index [J]. Economics Letters, 1995, 47 (2): 169-175.

[24] 胡晓鹏. 产业结构变迁视角下经济增长的系统性分析[J]. 财经科学, 2004 (1): 87-91.

[25] MANKIW N G, ROMER D, WEIL N. A contribution to the empirics of economic growth [J]. The Quarterly Journal of Economics, 1992, 107 (2): 407-437.

[26] BRESNAHAN T F, M TRAJTENBERG. General purpose technologies 'engines of growth'? [J]. Journal of econometrics, 1995, 65 (1): 83-108.

[27] MINCER J. Human capital, technology, and the wage structure: what do time series show? [M]. National Bureau of Economic Research, 1991.

[28] ROMER P M. Endogenous technological change [J]. Journal of Political Economy, 1990, 98 (5): 71-102.

[29] EICHER T S. Interaction between endogenous human capital and technological change [J]. The Review of Economic Studies, 1996, 63 (1): 127-144.

[30] BARRO R J, J W LEE. A new data set of educational attainment in the world, 1950 – 2010 [J]. Journal of Development Economics, 2013, 104: 184-198.

[31] HAHN J, J HAUSMAN. Notes on bias in estimators for simultaneous equation models [J]. Economics Letters, 2002, 75 (2): 237-241.

[32] 陈佳贵, 王钦. 中国产业集群可持续发展与公共政策选择[J]. 中国工业经济, 2005 (9): 5-10.

[33] BALTAGI B H. Simultaneous equations with error components [J]. Journal of Econometrics, 1981, 17 (2): 189-200.

第三篇 03
高层次开放型经济发展研究

生产服务业开放对中国产业生产率的
影响及其国际比较[*]

一、引言

随着国际分工的不断完善和科技的迅速发展,服务业特别是生产服务业的开放度越来越大,为各国经济提供了新的发展契机。我国自加入 WTO 以来,生产服务业开放步伐大大加快。根据《中国统计年鉴》和《中国对外投直接投资统计公报》提供的数据,服务业 FDI 占总 FDI 之比从 2001 年的 23.85% 上升至 2017 年的 55.07%,其中生产服务业 FDI 占比从 2001 年的 2.27% 上升至 2017 年的 32.90%;服务业对外直接投资占总 ODI 之比从 2003 年的 45.96% 上升至 2017 年的 62.69%,其中生产服务业对外直接投资占比从 2003 年的 29.58% 上升至 2017 年的 40.13%。但总体来看,我国的产业总体仍处于全球产业链的中低端,决定产品的核心技术仍主要购自国外。近期出现的"中兴事件"及中美贸易摩擦加剧表明,中国贸易开放的传统竞争优势正逐渐变弱,产业发展面临发达国家和其他发展中国家的"双头挤压",即一方面与发展中国家在劳动密集型产业方面竞争更加激烈,另一方面与发达国家资本、技术密集型领域从互补为主的关系发展为互补与竞争并存的关系,尤其是新兴产业的发展将面临发达国家更严苛的遏制。在此背景下,提升三次产业生产率、迈向全球产业链的中高端显得尤为重要而迫切。党的十九大明确提出,要推动形成全面开放新格局,坚持引进来和走出去并重。那么,通过生产服务业引进来和走出去并重以形成服务业全面开放、提升服务要素投入的技术含量进而促进我国产业生产率提升,它们彼此之间有着怎样的联系和影响机理?其对农业、工业和服务业生产率提

---

[*] 原载于《广东财经大学学报》2019 年第 1 期第 4–13 页。
作者:陈明,广东金融学院经济贸易学院讲师,博士;韦琦,广东财经大学工商管理学院副教授,博士;邝明源,广东金融学院经济贸易学院讲师,博士。

升的力度又有何不同？显然，深入探究这一问题，对下一阶段中国实施生产服务业的全方位开放，进而引导我国产业迈向全球产业链的中高端，均具有重要的现实意义。

目前学界对服务业开放影响生产率的研究已有许多成果，本文主要关注服务业开放对三次产业生产率的影响。相关文献主要集中在三个方面：一是服务贸易对企业产品质量进而对企业生产率的影响。相关理论研究显示，服务贸易自由化产生的比较优势和效率带来的分工细化，将促进进口国和出口国各自企业生产水平的提高（Kugler 和 Verhoogen，2012；Bas 和 Strauss-Kahn，2015；Fan 等，2017）[1-3]；相关实证研究则主要关注服务贸易自由化中的企业利润率、出口效应和出口企业产品加成率等（余淼杰和李乐融，2016；盛斌和毛其淋，2017；祝树金等，2018）[4-6]，并且均支持服务贸易自由化对企业生产率作用为正的结论。二是服务业 FDI 对产品技术含量的影响。整体上，学术界关注服务业 FDI 对制造业技术水平提高（李惠娟和蔡伟宏，2016）[7]、服务业技术的增长（Liu 和 Yang，2015）[8]、农作物出口从低价值向高价值的转变（Brown 等，2017）[9]等的促进作用。三是服务业对外直接投资对企业生产率提升的影响。不过直接分析此主题的文献较少，相关观点主要分散在对外直接投资对产品技术影响等研究中。主要观点有：母国企业对外直接投资具有资源再配置效应（Crespo 和 Fontoura，2007）[10]、规模经济效应（Herzer，2008）[11]、学习和竞争效应（戴翔，2016）[12]等，通过提高母国企业技术水平可促进生产率的提升。

综上，学术界对服务业开放的研究经历了从宏观的行业分析到微观的企业分析，从仅考虑开放的某一方面到综合考虑整个开放的过程，使得现有贸易开放理论得到了扩展。但近年来在全球经济贸易摩擦加剧和一体化进程受阻的背景下，我国通过从引进为主到引进来和走出去并重来扩大服务业开放，对三次产业生产率的提升将产生怎样的影响却鲜有文献进行分析，更缺乏对三次产业生产率影响的对比分析。此间虽有程大中（2008）[13]基于截面数据采用投入产出分析法对中国和 13 个 OECD 经济体的生产服务业发展情况进行了分析，但其研究没有比较生产服务业开放的情况，更没有将生产服务业开放带来的先进服务技术作为要素投入进行增长核算分析。

基于此，本文将在分析不同生产率水平下生产服务业开放对产业生产率影响机理的基础上，为避免因分析中控制变量的选择、样本数量和面板的类型等带来的误差而不利于比较，将使用灰色系统理论的 GM（1，n）模型构建灰色生产函数，以比较分析生产服务业引进来和走出去对我国三次产业生产率的作用，并利用增长核算法比较分析中国、美国、法国、日本、俄罗斯和印度等 6

个国家的生产服务业引进来和走出去对三次产业生产率的作用。

与已有研究相比，本研究主要在以下三方面有所创新：（1）从理论上分析不同生产率条件下生产服务业引进来和走出去对本地生产率的影响；（2）将生产服务业引进来和走出去统一于同一框架，比较分析生产服务业引进来和走出去对我国三次产业生产率的影响及不同国家的生产服务业开放对生产率的作用；（3）考虑到生产服务业开放对产业的资源配置会产生异质性影响，本文将从行业差异视角考察和比较细分生产服务业开放对三次产业生产率的影响。

二、生产服务业开放对生产率的影响机理

生产服务贯穿整个产业生产的作业链条，直接或间接协助完成三次产业产前、产中和产后的社会化服务。生产服务业的发展在培育经济新业态及构建现代产业体系、生产体系和经营体系中具有重要作用，由生产服务业开放带来的先进生产服务技术有利于三次产业生产率的提升。

首先，引进国外先进生产服务技术有利于提升本地的生产率水平。引进来的先进生产服务技术对本地产业发展的影响主要体现在以下三个方面：（1）商业性的生产服务技术转让可促进本地企业的竞争力。在开放的市场上，国内企业购买和使用自愿出售的国外先进生产服务技术并支付报酬（如特许权使用费等），可以通过直接或间接示范作用将先进技术引入到当地市场，促使当地企业竞争，诱发技术扩散，进而推动当地企业生产率的提升（Saggi，2002）[14]。（2）生产服务业 FDI 可导致技术转移。在当地设立子公司的跨国企业或合资企业，可与当地企业形成供应商式的后向联系、客户式的前向联系以及竞争对手式的横向联系，国外生产服务提供者带来的信息、先进知识和技术很可能产生溢出效应，提升当地企业的生产率（Hoekman 等，2005）[15]。（3）生产服务业开放可引发生产服务技术人员流动，带来技术扩散。生产服务业的开放必然会引发国内外企业间的人力资本流动和临时性人力资本流动与相关业务的培训，带来知识与技术的分享与传播。这种人际接触和在职培训对于生产服务技术的扩散非常重要，因为转移的不仅是技术，也是个人充分利用这项技术所需要的专门知识（Tang 和 Wood，2006）[16]。

在上述三方面的生产服务技术扩散中，本地市场的吸收能力也至关重要。本地企业吸收能力越强，越易于吸收国外高端生产服务技术，从而越有利于本地企业生产率的提升。如吸收能力较弱，再加上跨国集团若以控股方式投入后严防本地企业技术模仿，则会导致本地企业技术模仿、研发和创新的失败与人才流失，难以促进当地企业生产率的提升（Fujimori 和 Sato，2015）[17]。

其次，即使国内国外生产技术水平逐渐持平，实行开放政策、让生产服务技术自由流动仍是必然选择。根据国际经济学理论，国家间相互贸易和互相投资的扩大总是伴随着开放与市场分工的深化，在此过程中，知识、技术、货币资本、人力资本和劳动等各类生产要素在全球经济一体化下寻求最佳配置效率，并最终使得全球范围内的各类要素报酬趋于均等。但在现实中，由于各国的文化、制度、风俗习惯等因素存在差异，理想状态的毫无摩擦的要素自由流动几乎不可能。换言之，现实中的生产要素流动具有不完全性的特点，因而全球范围内的各类要素报酬的均等也变得不可能，不过开放仍会推动产业在世界各国之间的转移（权衡，2017）[18]。即使国内国外生产率水平完全相同，竞争、互补和资源再配置等效应依然会发生作用，各国仍会吸收国内外先进技术以持续进行技术创新，通过推进产业转型升级，提高本国的产业生产率，从而在新一轮的全球产业分工和转移中占据领先位置。因此，当国内外生产率水平大体相同时，虽然实行生产服务技术引进来的作用下降，但加强与外界贸易往来以推动生产率提升，加强开放仍是必不可少的选择。

第三，当本国或本地区生产率水平高于国外生产率水平时，生产服务业开放可能是一把双刃剑。一方面，开放会促使本国或本地区的企业走出去开拓国外市场和资源等，可能产生逆向技术溢出效应而提升自身的生产率。如戴翔（2016）[12]认为，具有高生产率的企业走出去有助于构建起双向循环经济系统，学习和获取更先进的企业经营管理能力和技术创新能力，通过逆向技术外溢效应带来国内技术水平的提升，推动国内产业结构的转型升级。但另一方面，高生产率的企业走出去也有可能导致本国的产业结构失衡，还可能会因制造业的转移导致本国产业的空心化，降低国内生产率。如在20世纪70年代的美国和90年代的日本，就分别出现过较大规模的全球性产业转移，导致这两个国家国内产业结构的空心化，普通工人的就业率下降、失业率上升，中等收入阶层的收入水平下降，国内经济增长放缓。有分析指出，这也正是美国等发达国家出现逆全球化的根源（权衡，2017）[18]。事实上，开放下的全球化发展能推动资本、技术、劳动力等生产要素的自由跨国流动，但当前美国等发达国家将其国内失业率的上升归结于全球化和开放政策，重新实行贸易保护主义，主要是源于这些国家作为开放背景下经济全球化的主导者，不满当前的收益分配格局。即他们认为以美国为代表的西方发达国家利益受损，而以新兴经济体为代表的发展中国家特别是中国是经济全球化的受益者，认为中国制造的产品是导致美国等发达国家劳工失业的重要原因。因而他们想重新构建有利于本国的全球经济秩序和规则，追求"再全球化"。其实质不是要实行闭关锁国的保守政策，完全退出全球化，更不是要"逆全球化"，而是想通过贸易保护来限制高端生产服务技术出口，进而带来制造业回流，限制其他发展中国家特别是中国的技术进步，使自身的生产水平始终处于相对优势，保持高的生产率水平，继续占据全球产业链高端，而使中国等国继续处于且只能处于简单加工的全球产业链低端。

综上，不管是本国或本地区生产率处于何种状态，由生产服务业开放带来先进的、技术含量高的中间投入服务产品，都是进一步提升生产率的重要条件之一。虽然生产服务业开放对生产率的影响出现波折，甚至短期内可能导致经济增长减速，但从长期来看，深化生产服务业开放将有助于世界各国更专注于本国具有相对优势的特定服务产品和实物产品，有助于提升本国的生产专业化水平和生产率水平。

三、生产服务业开放对中国三次产业产出增长的贡献率

（一）基于灰色系统理论模型的分析

根据灰色系统理论，借鉴 Ma 和 Liu（2018）[19]的思路，构建包括三次产业①产出、固定资产投资额、年从业人员数、生产服务业对外直接投资和生产服务业 FDI 等 5 个变量的 GM（1，5）模型。基本形式如下：

$$y(t) = r(t) + \beta_k(t) g_k(t) + \beta_l(t) g_l(t) + \beta_{sodi}(t) g_{sodi}(t) + \beta_{sfdi}(t) g_{sfdi}(t) \tag{1}$$

其中，$y(t)$ 是 t 年三次产业产出增长率；$r(t)$ 是 t 年技术进步对产出增长的贡献；$g_k(t)$、$g_l(t)$、$g_{sodi}(t)$ 和 $g_{sfdi}(t)$ 分别是 t 年资本、劳动、生产服务业对外直接投资和生产服务业 FDI 的增长率，其产出弹性分别是 $\beta_k(t)$、$\beta_l(t)$、β_{sodi} 和 $\beta_{sfdi}(t)$，它们两两相乘的结果代表不同的生产要素在产出增长中的贡献。SODI 表示由生产服务业走出去带来的生产服务技术的投入，SFDI 表示因服务业引进来而带来的生产服务技术的投入。借鉴陈明和魏作磊（2018）[20]的研究思路，先计算生产服务业走出去或引进来的值，再乘以其完全消耗在各产业上的消耗系数 $service_{ijk}$，然后利用各产业的生产服务业外商直接投资和对外直接投资分别与相对应的 $service_{ijk}$ 相乘，得出生产服务业对外直接投资和生产服务业 FDI 中渗透到各产业中的量，即生产服务业走出去和引进来渗透到各产业中的渗透率。具体计算公式如下：

$$SODI_{it} = \sum_k service_{ijk} \times GODI_{kt}, SFDI_{it} = \sum_k service_{ijk} \times GFDI_{kt} \tag{2}$$

---

① 本文按 OECD 方法划分，第一产业为农业，第二产业为工业，第三产业为服务业。

其中，i 代表产业，t 代表年份，k 代表开放的生产服务部门，GODI 代表生产服务业对外直接投资值，GFDI 代表生产服务业 FDI 值，$service_{ijk} = \alpha_{ij} + \sum_{k=1}^{n} \alpha_{ik}\alpha_{kj} + \sum_{s=1}^{n}\sum_{k=1}^{n}\alpha_{is}\alpha_{sk}\alpha_{kj} + \cdots$。GFDI 的原始数据取自 2005—2017 年的《中国统计年鉴》；SODI 的原始数据来源于 2004—2016 年的《中国对外直接投资统计公报》；α_{ik} 的数据源于 2002 年、2007 年和 2012 年《中国投入产出表》①。

灰色生产函数模型（1）中参数的取值，是先根据 2004—2016 年的观测值数据分别得出产出、资本、劳动、生产服务业对外直接投资和生产服务业 FDI 的增长率②，并与相对应的产出弹性相乘，得出资本、劳动、生产服务业对外直接投资和生产服务业 FDI 每年的贡献率，最后计算得出生产要素的年均贡献率。生产服务业开放对三次产业产出增长率贡献的结果如表 1 所示。

表1　2004—2016 年生产服务业开放对三次产业产出增长率的贡献

三次产业	产出增长率	贡献率				
		劳动投入	资本投入	SFDI 投入	SODI 投入	技术进步
农业	0.102 0	0.043 1	0.030 4	0.009 4	0.003 3	0.015 8
工业	0.128 4	0.026 2	0.029 7	0.015 5	0.016 8	0.040 2
服务业	0.160 9	0.041 8	0.035 9	0.018 2	0.023 7	0.041 3

表 1 反映了 2004 年—2016 年间三次产业的产出增长中，资本、劳动、生产服务业对外直接投资、生产服务业 FDI 和技术进步对产业产出增长率的贡献率。总体上，生产服务业对外直接投资和生产服务业 FDI 对服务业的贡献率相对最大，对工业的贡献率次之，对农业的贡献率最小。这与前文的理论分析一致，说明我国生产服务业开放有助于产业产出增长。究其原因，一是生产服务业本身属于服务业，生产服务业开放首先会提高服务业水平，优化服务业结构，所以其对服务业生产率的作用较大；二是相对于发达国家主要由服务构成的工业和农业高端生产链条而言，中国的工业和农业目前仍主要集中于以劳动力投入

---

① 根据孙得将和李江帆（2013）[21] 得出的投入产出表，5 年期限内生产服务业比率时序稳定的结论，本文采用 2002 年的投入产出表中的直接消耗系数计算得出 2004—2006 年的生产服务业指数值，采用 2007 年的投入产出表中的直接消耗系数计算得出 2007—2011 年的生产服务业指数值，用 2012 年投入产出表中的直接消耗系数计算 2012—2016 年的生产服务业指数值。
② 原始数据源于相应年份的《中国统计年鉴》和《中国对外直接投资统计公报》，所有以人民币（美元）为单位的值均换算成 2004 年不变价。

为主的简单生产加工层次，难以迅速接受由生产服务业开放带来的知识－技术密集型高端服务技术。同时，中国工业对生产服务业的产业依赖度相对较低。陈明和魏作磊（2018）[22]比较了 2014 年中国与西方发达国家的制造业对服务业的产业依赖度，发现中国制造业对服务业的产业依赖度仅为 0.151 6，远低于法国（0.423 2）、意大利（0.353 4）、加拿大（0.346 4）、美国（0.318 4）、英国（0.309 9）和日本（0.238 0）等西方发达国家，且法国等西方发达国家对制造业拉动较强，其在全球产业价值链中发挥关键控制作用的服务行业，如技术及研发服务、商务等管理咨询服务、金融保险服务、货物运输仓储服务等均强于中国，本文的分析与这一结论相一致。因此，中国应加入生产服务技术引进来和走出去的步伐，以期有效发挥高端生产服务技术对工业、农业和服务业生产率的作用。

从表 1 中 $SODI$ 投入和 $SFDI$ 投入的贡献率发现，生产服务业引进来和走出去对三次产业的产出增长率的作用有差别。其中，对工业和服务业的产出增长率而言，走出去大于引进来的作用；对农业产出增长率而言则相反，即引进来的作用大于走出去的作用。事实上，中国自加入 WTO 以来，一直非常重视第二产业生产服务业和第三产业生产服务业走出去的步伐，连续出台了一系列政策，在大力引进高端生产服务技术的同时，更注重和支持技术自主创新和研发，大大促进了生产服务的价值链嵌入功能，加快了有能力的工业和服务业企业的国际化发展和"走出去"的步伐，有力推动了生产服务技术与三次产业融合，因而生产服务业走出去对工业和服务业产出增长率作用比较大。

从表 1 中的各要素投入对产业产出增长的贡献率来看，对工业产出贡献率最大的是技术进步（0.040 2），资本投入（0.029 7）和劳动投入（0.026 2）次之，最后是生产服务业对外直接投资（0.016 8）和生产服务业 FDI（0.015 5）带来的技术投入。对服务业产出贡献最大的是劳动投入（0.041 8），技术进步（0.041 3）和资本投入（0.035 9）次之，最后是生产服务业对外直接投资（0.023 7）和生产服务业 FDI（0.018 2）带来的技术投入。对农业产出的贡献从高到低依次是劳动投入（0.043 1）、资本投入（0.030 4）、技术进步（0.015 8）、生产服务业 FDI（0.009 4）和生产服务业对外直接投资（0.003 3）带来的技术投入。以上结果表明：中国目前三次产业产出增长中，劳动投入对产出的贡献相对较大，技术水平、资本投入和生产服务业开放对产出的影响依次逐渐加强。因此，为了实现三次产业产出的稳定增长，应着力提高劳动者素质，扩大生产服务业开放，加强资本和科技投入，尤其要重视资本投入、科技投入和生产服务业开放带来的技术促进作用。

(二) 生产服务业开放投入的内部结构分析

产品和服务在生产过程中需要消耗多种中间服务产品。考虑到部分细分服务业提供的某些服务产品本质上相类似，本文对具有同类特征的细分生产服务行业归类①，列出了货物运输仓储和邮政快递服务、信息服务、研发设计与其他技术服务、金融服务、生产性租赁服务和商务服务共五类细分生产服务业的中间投入信息，其余服务业则归入其他服务项。基于公式（1）提供的分析框架，将这5种生产服务投入和其他服务投入的增长率乘以对应的生产服务投入支出占总投入的支出比，计算得到细分生产服务投入对三次产业投入增长的贡献，结果见表2（劳动、资本等其他投入没有列出）。与前文方法一样，在具体计算过程中先根据2004—2016年的样本数据，分别计算出投入到三次产业中的服务投入要素的年均增长速度及产出弹性，将对应的结果相乘后得出各要素投入的每年贡献率，再计算得出各投入要素对三次产业总投入增长的年均贡献率。由于投入产出表中的总投入等于总产出，所以各类服务要素投入对三次产业总投入增长的贡献也等于其对三次产业总产出增长的贡献。

表2　细分生产服务业开放对三次产业总投入增长的贡献度　　　　%

中间投入	细分生产服务业	对农业总投入增长的贡献	对工业总投入增长的贡献	对服务业总投入增长的贡献
SFDI	信息服务	0.22	0.40	0.41
	金融服务	0.15	0.21	0.26
	研发设计与其他技术服务	0.24	0.42	0.47
	生产性租赁服务和商务服务	0.13	0.24	0.35
	货物运输仓储和邮政快递服务	0.20	0.28	0.33
	其他服务投入	0.23	0.24	0.28
	总的服务投入	1.17	1.79	2.10
SODI	信息服务	0.08	0.45	0.59
	金融服务	0.03	0.20	0.37
	研发设计与其他技术服务	0.09	0.49	0.63
	生产性租赁服务和商务服务	0.04	0.26	0.41
	货物运输仓储和邮政快递服务	0.09	0.28	0.37
	其他服务投入	0.15	0.28	0.28
	总的服务投入	0.48	1.96	2.65

---

① 根据《生产性服务业分类（2015）》，生产服务业包括货物运输仓储和邮政快递服务、研发设计与其他技术服务、信息服务、生产性租赁服务、金融服务、商务服务等。

从表2可看出以下三点：(1) 在总的服务投入中，生产服务业 SFDI 投入和 SODI 投入对总投入增长的贡献远远大于其他服务投入对总投入增长的贡献；(2) 从生产服务业细分行业看，根据李江帆等（2014）[23]对生产服务业三个层次的划分，表2中位于生产服务核心层的研发设计与其他技术服务和信息服务的开放对三次产业总投入增长的贡献最大，位于生产服务相关层和外围层的货物运输仓储和邮政快递服务、生产性租赁服务和商务服务、金融服务对三次产业总投入增长的贡献较小；(3) 从各类服务要素投入对农业、工业和服务业增长的贡献看，生产服务细分行业开放对服务业生产率的影响最大，工业次之，对农业生产率的作用相对较小。以上结果符合现实，毕竟生产服务业本身属于服务业，其技术水平的提升首先带来的便是服务业的发展。当然，服务业的发展不是服务业对工农业的简单替代，本质上它是制造业等产业高级化的表现形式，所以应大力推动生产服务业开放，促进生产服务业发展，以更好地推动我国产业结构的转型升级。

总之，扩大生产服务业开放是我国利用全球优质资源提升服务业水平、推进供给侧结构性改革以及实现产业转型升级的重要方式。但从生产服务业细分部门开放的构成看，专业化生产服务业对外开放层次还不高，生产服务外围层和相关层对三次产业提升的作用还有待增强。因此，抢抓服务业全球化机遇，应努力提高研发、商务、信息等各类专业生产服务业利用外资的层次，鼓励有能力的生产服务技术实施"走出去"战略，这也是建设现代化经济体系的重要着力点。

四、生产服务业开放对三次产业生产率作用的国际比较

(一) 增长核算框架与样本数据说明

1. 增长核算框架

增长核算框架通常用来分析各类要素投入的增长贡献，非常适用于生产率增长的国际比较（朱明，2016）[24]。依此框架，三次产业产出被设定为与生产服务业开放中间投入、劳动、资本和技术等要素相关的函数。具体公式如下：

$$Y = F(L, K, SFDI, FODI, T) \quad (3)$$

其中，Y 代表三次产业产出，L 代表劳动投入，K 代表资本投入，$SFDI$ 和 $SODI$ 代表生产服务业开放带来的中间投入，T 代表技术水平。在完全竞争和规模报酬不变条件下，三次产业的产出增长可用公式表示为：

$$\Delta \ln Y = \overline{L} \Delta \ln L + \overline{K} \Delta \ln K + \overline{SFDI} \Delta \ln SFDI + \overline{SODI} \Delta \ln SODI + \Delta \ln A \quad (4)$$

其中，$\Delta \ln$ 表示对应变量的增长率，$\Delta \ln A$ 代表全要素生产率的增长率，$\overline{L}$、$\overline{K}$、$\overline{SFDI}$、$\overline{SODI}$ 分别代表劳动、资本、生产服务业引进来和生产服务业走出去等相关要素投入支出所占份额的平均值，且有：$\overline{L}+\overline{K}+\overline{SODI}+\overline{SFDI}=1$。令 $y=Y/L$，式（4）右边可转换为资本深化的贡献、生产服务业开放中技术投入的贡献和全要素生产率提高的贡献。即：

$$\Delta \ln y = \overline{K}\Delta \ln k + \overline{SFDI}\Delta \ln sfdi + \overline{SODI}\Delta \ln sodi + \Delta \ln A \qquad (5)$$

其中，$k=K/L$ 表示资本投入与劳动投入之比，$sfdi=SFDI/L$ 和 $sodi=SODI/L$ 分别表示生产服务业引进来和走出去中的技术投入与劳动投入之比。

2. 数据来源

增长核算分析需要使用的 SFDI 原始数据来自联合国贸易和发展组织（UNCTAD）数据库；SODI 的原始数据来自联合国贸发会议的《世界投资报告》和 OECD 数据库；劳动投入的原始数据源于世界银行（World Bank）数据库和国际劳工组织；三次产业产出、资本存量原始数据源于世界投入产出数据库（WIOD）。WIOD 数据库提供了 40 个国家（地区）2004—2014 年的社会经济核算和投入产出表数据，考虑到部分国家数据不连续，本文从中选取美国、法国、日本、中国、俄罗斯和印度等 6 个国家的数据进行对比分析。同时，由于 WIOD 中 2004—2014 年的国家投入产出表以现价美元汇总，因此在计算三次产业的中间投入时，各产业的价格波动幅度是不一致的，需剔除价格因素的影响。本文根据 WIOD 社会经济核算数据库提供的产出价格指数并按 2004 年不变价格对相关变量进行了调整。

（二）对三次产业劳动生产率增长的贡献分析

表 3 显示，对三次产业劳动生产率增长的贡献被分为三个部分：资本投入贡献；生产服务业开放带来的中间投入贡献，包括生产服务业引进来的贡献和生产服务业走出去的贡献；其他要素投入的贡献。经分析得出如下特征：

1. 从各国三次产业的劳动生产率及其增速来看。相比其他国家，2004—2014 年中国和印度三次产业的劳动生产率增速更为强劲，远超世界平均水平，不过劳动生产率本身仍远不及发达国家。如从 1996—2015 年 20 年的数据来看，中国劳动生产率仅为美国的 7.4%（张翼，2016）[25]。同时，各个国家增长动力并不相同。其中，美国、法国、日本等发达国家的 SODI 投入、SFDI 投入和资本投入相差不大，中国和印度的 SODI 投入和 SFDI 投入增速也相当快，但其他要素投入和资本投入的贡献远高于 SODI 投入和 SFDI 投入的贡献，反映了以技术创新为内涵的生产服务技术对美国、法国、日本的三次产业贡献在提升，中国要追赶或超越发达国家的路还很长。

表3　2004—2014年各国生产服务业开放对三次产业劳动生产率增长的贡献　　%

产业	增长率及贡献率	美国	法国	日本	中国	俄罗斯	印度
农业	劳动生产率年均增长率	2.29	1.13	1.06	7.49	0.61	6.59
	资本投入	0.51	0.23	0.27	2.72	0.22	2.43
	SODI投入	0.44	0.15	0.25	0.42	0.00	0.02
	SFDI投入	0.42	0.14	0.13	0.38	0.01	0.34
	其他要素投入	0.92	0.61	0.41	3.97	0.38	3.8
工业	劳动生产率年均增长率	1.61	1.58	1.72	9.36	1.42	6.75
	资本投入	0.22	0.28	0.31	2.53	0.54	1.86
	SODI投入	0.3	0.32	0.35	0.86	0.03	0.12
	SFDI投入	0.18	0.24	0.27	0.83	0.22	0.74
	其他要素投入	0.91	0.74	0.79	5.14	0.63	4.03
服务业	劳动生产率年均增长率	2.57	2.21	2.12	10.45	0.94	6.24
	资本投入	0.53	0.38	0.49	3.09	0.32	1.95
	SODI投入	0.51	0.49	0.48	1.06	0.02	0.13
	SFDI投入	0.49	0.35	0.20	0.87	0.14	0.45
	其他要素投入	1.04	0.99	0.95	5.43	0.46	3.71

2. 从生产服务业开放对三次产业劳动生产率增长的贡献来看。相对而言，中国的SODI投入和SFDI投入对服务业劳动生产率增长的贡献大于其对工业劳动生产率增长的贡献，更大于其对农业劳动生产率增长的贡献，这与前文服务要素投入对农业、工业和服务业增长的贡献的结论一致，证实了前文结论的稳健性。在本文所选的其他5个国家中，法国、日本和俄罗斯SODI投入和SFDI投入对三次产业劳动生产率增长的贡献也是如此，即对服务业劳动生产率增长的贡献最大，对工业劳动生产率增长的贡献位于第二，对农业劳动生产率增长的贡献位于最后；美国SODI投入和SFDI投入对其服务业劳动生产率增长的贡献最大，而对其工业劳动生产率增长的贡献相对最小；印度SODI投入和SFDI投入对其工业劳动生产率增长的贡献较大，而对其农业劳动生产率增长的贡献相对最小。

3. 从各国SODI投入、SFDI投入对三次产业的劳动生产率增长的贡献来看。美国、法国、日本和中国的SODI投入对三次产业劳动生产率增长的贡献均相对大于SFDI投入带来的贡献，而俄罗斯和印度则恰好相反。美国、法国和日本是技术创新和技术出口大国，故SODI投入因逆向技术溢出效应而对本国产业生率增长产生了较大贡献；俄罗斯属于资源大国，出口相对较多的是其所拥有的自然资源，故 *SODI* 投入对其产业生产率增长的贡献相对较弱；中国前期的开放强调以技术换市场，由此打下了相对较好的技术基础，而加入 WTO 后非常注重自主创新和技术研发，因此其 *SODI* 投入对三次产业劳动生产率增长的贡献也相对较大。

通过比较以上国家三次产业劳动生产率增长的贡献可以看出，中国在追赶美国等西方发达国家的过程中，其 *SODI* 投入和 *SFDI* 投入对三次产业劳动生产率增长带来了一定的贡献，但由于基数较低和底子较弱，实际的三次产业劳动生产率与发达国家相比还存在一定差距。进一步提高我国工业、农业和服务业劳动生产率，缩小与美国等西方发达国家之间的发展差距，需要充分认识到生产服务开放带来的先进生产服务技术作为中间要素投入的重要性。因此，应加大先进生产服务技术引进力度，重视生产服务技术创新，扩大生产服务技术出口，以使中国与发达国家的产业劳动生产率差距尽可能地缩小。

五、结论与启示

本文首先构建了包括三次产业产出、固定资产投资额、年从业人员数、生产服务业对外直接投资和生产服务业 FDI 的灰色系统理论模型，从服务业开放的总体及内部细分行业对我国农业、工业和服务业的劳动生产率的影响进行了分析，然后基于增长核算框架比较分析了中国与美国等 5 个国家的生产服务业开放带来的技术投入对三次产业劳动生产率增长的贡献度。得出如下基本结论：

第一，从生产服务业开放对中国三次产业产出增长的贡献率来看，生产服务业对外直接投资和生产服务业 FDI 对服务业的贡献率相对最大，对工业的贡献率次之，对农业的贡献率最小。从各投入要素来看，劳动投入对产出的贡献相对较大，技术水平投入和资本投入对产出的贡献次之，由生产服务业开放而带来的先进技术投入对产出的影响相对较弱。比较 *SODI* 投入和 *SFDI* 投入对三次产业产出增长的贡献率发现，生产服务业走出去对工业和服务业的产出增长贡献率大于其引进来所产生的作用，对农业产出增长率而言则相反。

第二，从生产服务业开放投入的内部结构来看，位于生产服务核心层的研发设计与其他技术服务、信息服务的开放对三次产业总投入增长的贡献最大，位于生产服务相关层和外围层的货物运输仓储和邮政快递服务、生产性租赁服务和商务服务、金融服务对三次产业总投入增长的贡献较小。

第三，从与美国、法国、日本、俄罗斯和印度的比较来看，中国三次产业的劳动生产率增速更为强劲，生产服务业走出去和引进来对三次产业劳动生产率增长的贡献也相对较大，但由于基数较低和底子较弱，实际的三次产业劳动生产率与美国等发达国家相比还存在一定差距。

以上理论推断和经验结论均证实了中国扩大开放、主动参与和推动经济全球化进程政策的正确性。自党的十九大报告推动形成全面开放新格局以来，通过进一步扩大生产服务业走出去和引进来带来的先进服务技术以引领产业结构升级转型的思路得到认可，这是因为生产服务业开放带来的高端生产服务技术是提升企业产品竞争力不可缺少的一部分，更是中国三次产业实现转型升级、跻身于全球价值链高端的关键因素。当然，源于体制机制等的约束，我国生产服务业开放与发达国家相比差距还比较大。要使生产服务业开放带来的先进生产服务技术更好地作用于三次产业生产率，在政策制订时至少应高度重视以下几个方面。

首先，应从战略高度充分认识吸引具有高端生产服务技术的外资和加大服务业对外投资步伐对于推进我国产业转型、最终实现"十三五"规划确定产业结构调整目标具有重大意义。我国目前正处在专业化分工日益加快和深化、新的国际分工尚未成型的时期，打破国内原有的制度壁垒，着力吸引和鼓励高端生产服务业的外资企业在我国进行研发创新，发展"科技+生产+加工+服务"的现代产业生产经营体系，是实现先进生产服务要素在三次产业间进行高效配置的最有效途径；借助"一带一路"平台，大力引导和鼓励生产率较高的生产服务型企业走出去，拓展生产服务业的国际化发展空间，是带动我国三次产业跻身于全球产业链和创新链顶端的必经之路。

其次，应以生产服务业引进来和走出去并重来扩大生产服务业开放。改革开放是我国产业快速发展的重要条件，但在改革开放前期，我国引进的外资主要集中于以加工贸易的订单式生产为主的制造业方面，服务业尤其是各类专业生产服务业的开放程度仍然很低，这是导致我国生产服务业明显落后的一个重要因素。在全球资本流动和产业转移日益向服务业集中的背景下，顺应技术变革潮流，抓住国际产业转移新机遇，加强与专业生产服务业发达国家的交流合作，积极引进研发、设计、检测、营销、咨询、客服等处于全球价值链高端的服务环节，积极推动具有竞争优势的生产服务业走出去，提升我国生产服务业的产业化、国际化水平，是目前扩大我国生产服务业开放的重要着力点。

第三，应注重不同生产服务层次开放对三次产业生产率的影响。从当前三次产业发展的趋势来看，在推动生产服务外围层和相关层开放的同时，应重点推动以"互联网+"为代表的研发设计和技术服务产业、信息服务产业、创意产业等生产服务核心层的开放与工业、农业和服务业自身深度融合，促进产业组织和商业模式创新，推动产业链向高附加值环节攀升。同时，还应积极探索工业、农业和服务业与生产服务业开放互动发展的新思路和新模式，生产服务业开放带来的信息服务、金融服务、研发设计与其他技术、生产性租赁和商务服务等先进生产服务技术，具有知识—技术密集型的特征，是技术进步和产业转型升级的主要推动力。在工业、农业和服务业的发展过程中，与金融保险、信息网络、研发和商务服务等生产服务业开展产业链合作，共同进行产品开发创新等研究活动，可以利用工业、农业和服务业各自的特点和优势，实现知识交流，带动产业互动，进而增加产业的创新机会。

参考文献

[1] KUGLER M, E VERHOOGEN. Prices, plant size, and product quality [J]. Review of Economic Studies, 2012, 79 (1): 307-339.

[2] BAS M, V STRAUSS-KAHN. Input-trade liberalization, export prices and quality upgrading [J]. Journal of International Economics, 2015, 95 (2): 250-262.

[3] FAN H, X GAO, Y A LI, et al. Trade liberalization and markups: micro evidence from China [J]. Journal of Comparative Economics, 2017, 46 (1): 103-130.

[4] 余淼杰，李乐融. 贸易自由化与进口中间品质量升级：来自中国海关产品层面的证据[J]. 经济学（季刊），2016 (3): 1012-1030.

[5] 盛斌，毛其淋. 进口贸易自由化是否影响了中国制造业出口技术复杂度[J]. 世界经济，2017 (12): 52-75.

[6] 祝树金，钟腾龙，李仁宇. 中间品贸易自由化与多产品出口企业的产品加成率[J]. 中国工业经济，2018 (1): 41-59.

[7] 李惠娟，蔡伟宏. 参与全球价值链分工提升了生产率和工资份额吗：来自服务业的证据[J]. 广东财经大学学报，2016 (5): 16-26.

[8] LIU H, T YANG. Explaining the productivity growth gap between China and India: the role of structural transformation [J]. Developing Economies, 2015, 53 (2): 100-121.

[9] BROWN W M, S M FERGUSON, C VIJU. Agricultural trade reform, reallocation and technical change: evidence from the Canadian prairies [R]. NBER Working Paper, No. 23857, 2017.

[10] CRESPO N, M P FONTOURA. Determinants factors of FDI spillovers-what do we really know [J]. World Development, 2007, 35 (3): 410-425.

[11] HERZER D. The long-run relationship between outward FDI and domestic output: evidence from panel data [J]. Economics Letters, 2008, 100 (1): 136-149.

[12] 戴翔. "走出去"促进我国本土企业生产率提升了吗？[J]. 世界经济研究，2016 (2): 78-89.

[13] 程大中. 中国生产性服务业的水平、结构及影响[J]. 经济研究，2008 (1):

76-88.

［14］SAGGI K. Trade, foreign direct investment, and international technology transfer: a survey [J]. World Bank Research Observer, 2002, 17 (2): 191-235.

［15］HOEKMAN B M, K E MASKUS, K SAGGI. Transfer of technology to developing countries: unilateral and multilateral policy options [J]. World Development, 2005, 33 (10): 1587-1602.

［16］TANG P J G, A WOOD. Globalization, co-operation costs and wage inequalities [J]. Oxford Economic Papers, 2006, 58 (4): 569-595.

［17］FUJIMORI A, T SATO. Productivity and technology diffusion in India: the spillover effects from foreign direct investment [J]. Journal of Policy Modeling, 2015, 37: 630-651.

［18］权衡. 经济全球化发展: 实践困境与理论反思[J]. 复旦学报: 社会科学版, 2017 (6): 155-164.

［19］MA X, Z B LIU. The kernel-based nonlinear multivariate grey model [J]. Applied Mathematical Modelling, 2018, 56 (4): 217-238.

［20］陈明, 魏作磊. 生产性服务业开放对中国服务业生产率的影响[J]. 数量经济技术经济研究, 2018 (5): 95-110.

［21］孙得将, 李江帆. 生产服务业比率时序稳定性研究[J]. 数量经济技术经济研究, 2013 (10): 35-48.

［22］陈明, 魏作磊. 服务业开放打破中国制造业"低端锁定"了吗?［J］. 经济学家, 2018 (2): 70-79.

［23］李江帆, 蓝文妍, 朱胜勇. 第三产业生产服务业: 概念与趋势分析[J]. 经济学家, 2014 (1): 56-64.

［24］朱明. 服务投入与中国农业劳动生产率的追赶进程: 对中国农业劳动生产率阶段性特征的新解释[J]. 财经研究, 2016 (7): 111-121.

［25］张翼. 中国劳动生产率提升: 增速快但不容歇脚［N］. 光明日报, 2016-09-18 (2).

当代资本主义发展的空间隔离及其危机变化*

——兼论中美贸易摩擦

2008年世界金融危机以来，主要发达资本主义国家先后大规模干预救市，缓解了金融危机的直接冲击，增强了对金融机构的监管，维护了金融市场的稳定，一度出现了回归凯恩斯主义的政策倾向。但随后又趋于保守，新政改革半途而止，新自由主义复兴，民粹主义、保守主义抬头，英国脱欧、美国发动中美贸易摩擦等重大逆全球化的问题相继出现，全球发展危机四伏，政策不确定性增大。这些现象的背后，是当代资本主义的时空特征发生了巨大变化。

一、当代资本主义的新时空特征：从时空压缩到空间隔离

2008年世界金融危机后，当代资本主义最显著的变化体现在空间方面，不仅信用透支从私人金融空间转向公共财政空间，经济发展也从时空压缩①转向了空间隔离，可近似认为是从新自由主义向内嵌化的新自由主义转变。不同的只是金融危机前的内嵌一般是发展中国家为了保护本国制度不受发达国家的规则冲击，金融危机后的内嵌则主要是发达国家试图保护本国利益集团的垄断利益免受新兴发展中国家利用国际规则而产生的冲击。

这一新的时空特征的出现，主要源于当代资本主义改造了原有时空以适应利润的积累取得了巨大成功，但这种碎片化的空间扩张加剧了对外围空间的榨取和剥夺。由于只注重资本修复而忽视劳动修复导致了外围空间的边缘化、碎片化和频繁危机（丁晓钦和郭艳青，2014）[1]，结果使本来高度一体化的全球资

---

* 原载于《广东财经大学学报》2018年第6期第4-13页。
　作者：尹兴，上海海事大学马克思主义学院讲师，硕士生导师，博士；丁晓钦，上海财经大学马克思主义学院教授，博士生导师。

① 大卫·哈维在《后现代的状况》一书中用"时空压缩"概念说明当代资本主义的空间特征，认为资本主义用时间上的加速克服了空间上的种种障碍，从而"压缩"了空间。

本流动空间出现了经济分裂、不稳定、短暂且不平衡的发展（哈维，2003）[2]。资本主义从中心到外围的扩展是为了解决中心资本的问题，提高其利润率，但也正因为中心资本保持了扩展的主动性，所以中心—外围的关系始终不对等（阿明，2008）[3]。如果中心空间持续繁荣，尚可应对外围空间的频繁危机；但若中心空间也变得脆弱，就会无法控制各种边缘危机，当变革初期的雄心消磨后，便会开始寻求空间隔离以保护中心空间的利润积累。

金融危机前夕的金融化和全球化，助推了由无数发展中心的局域空间（如地区、行业、平台等）构成的全球化网络，并将局域发展中心的利润、信息、科技等汇集到当代资本主义的中心空间（如华尔街、伦敦金融城、硅谷等），然后经由金融化渠道进行全球分配。这一过程既需要各局域中心的企业行为支持（如投资、科技创新等），也离不开各国中央和地方政府的支持（如提供各种公共服务、改善制度环境等），同时还离不开各局域中心周围腹地的支持（如劳动力、市场等）。金融危机前的三十多年中，资本主义世界的政府和主流媒体越来越亲近资本，尤其是跨国资本和金融资本鼓励企业科技创新，不惜放开相关的劳动者保护、国内市场等，使得资本主义的时间和空间空前压缩，全球各地无数局域发展中心兴起，将经济全球化推动到了前所未有的深度。但与此同时，全球各地的腹地空间也日益外围化、边缘化，外围空间不仅存在于不发达国家和发展中国家，在发达国家内部也迅速增长，这些新的边缘地区可能是曾经的局域发展中心甚至是全球领先的发展中心（如底特律的汽车城等）。因此，全球化在空间上可以分解为全球各中心空间的主动全球化和各外围空间的被动全球化，而金融化推动了全球化，保障了全球化的资本收益。

在新自由主义主导的金融化和全球化下，中心和外围的对立已经拓展到全球广大地区以及产业、企业、家庭、学校内部，并波及种族之间、宗教之间和未来科技发展领域，简言之，空间的内部分化已经内嵌到各个层面，只是依靠各国政府的赤字财政政策、宽松货币政策、科技创新和产品更新、金融创新以及泡沫翻新等来勉力维持。加上资本主义多元化民主政治改良思想，使得很多人相信世界仍然是平的，直到2008年金融危机打破了这一脆弱的平衡。而危机后资本主义世界的应对过程显示，欲在资本主义体系下重新恢复中心和外围的平衡，或者仅仅是恢复发达国家内部中心和外围区域的发展平衡，抑或是恢复金融业和制造业之间的失衡，都是不可能完成的任务，更不用说恢复资本家和劳动者之间的平衡，或者缩小不同阶层之间的发展差距。2008年金融危机之后，重新融合空间的努力（如奥巴马改革）不断遭遇挫折，此时便出现了更容易实现、同时也更容易激起共鸣的另一种选择——空间隔离，包括对外的贸易保护主义、对内的政治极化等。而金融危机前的金融化也表现出极强的适应力，既能与空间压缩下的全球化共生，也能与空间隔离下的逆全球化共生。需要注意的是，当代资本主义的空间隔离不是简单的空间收缩，而是借助于金融、科技垄断等手段，胁迫对方开放空间并隔离自身空间，从而形成不对等开放的状态。

在此新时空特征下，当代资本主义不仅经济复苏缓慢，政治变革达不到预期深度，而且财政货币危机、合法性危机、霸权信心危机等也呈现出了新变化。

二、被金融泡沫捆绑的财政货币政策危机：空间隔离下的时间透支

2008年世界金融危机后，为减缓危机冲击，维护金融市场稳定，增强流动性，主要发达国家纷纷拿出巨额财政资金救助大型金融机构，推出庞大的经济刺激计划，大幅削减利率，推行量化宽松（QE）甚至实行负利率政策。这些政策暂时避免了经济金融秩序的崩溃，但经济复苏的效果却比较缓慢。自复苏开始的2010年到2015年，美国的年均增长率为2.1%，欧元区仅0.8%，英国2.0%，加拿大2.3%（萨尔瓦多和陈万华，2016）[4]。近年来有所好转，但总体仍未能恢复到危机前的水平。

这几轮救市行为虽然已过去多年，但对国家财政金融的影响却长期存在。由于动用国家信用为濒于破产的私人金融信用背书，使得财政赤字和国债余额占GDP的比例迅速增加，中央银行的资产负债表急剧增大，埋下了新一轮金融危机的隐患。一些欧洲小国因外债过多而政府信用破产引发了欧债危机，欧洲大国和美国、日本的政府信用也在下降。如美国、法国、英国、日本的预算赤字占GDP的比重2009年分别高达12.5%、8.3%、11.6%和10.5%（IMF，2009）[5]，到2017年依然为5.3%、10.4%、1.8%和3.4%（IMF，2018）[6]。美国政府债务占GDP的比例2007年为61.9%，2011年首次突破100%并继续增长，2017年为107.8%，同期欧元区的这一数据也从60%多上升到90%以上（IMF，2009；IMF，2018；IMF，2012）[5-7]。2017年，德国、英国、法国、加拿大、西班牙、意大利政府债务占GDP的比例分别为64.1%、87.0%、97.0%、89.7%、98.4%和131.5%，日本更是高达236.4%（IMF，2018）[6]。

不仅政府债务规模空前巨大，央行货币政策也大幅放水，货币的定义受到挑战。美联储通过扩大资产负债表（2006年末约0.9万亿美元，2011年末约2.9万亿美元，2014年底超过4.4万亿美元）稳定了MBS（抵押贷款支持证券）市场，与美国金融垄断资本的关系更为密切。虽然2017年10月美联储开始缩减资产负债表，卖出MBS，但资产负债表规模依然远大于危机前（2018年10月24日约为4.2万亿美元）。而且美元是很多大国货币的锚定物，其信用基础主要

是美国国债，但在危机之后却变成了美国国债加 MBS（截至 2018 年 10 月 24 日，MBS 约占总资产的 40%，美国国债约占 55%）①。美元对于货币规则的挑战，引发各国货币仿而效之。如欧洲央行大量购买企业债券，日元进行了大幅量化宽松，其贬值程度大过美元。而量化宽松的间接结果就是除了极少数能从股市等金融市场泡沫中大量获利的资产者外，全世界大部分劳动者承受了大量损失。量化宽松后美国的股市、债市、房市的泡沫程度已经超过 2008 年，日经股指也一度增长了 100%，但大部分股票却集中在少数人手中。规模巨大的金融泡沫并非新现象，但其与央行资产捆绑在一起挑战货币定义，却是一个崭新的特征。

货币定义受到挑战还包括各种区块链币、代物币大量出现。近年来，通过钻"货币"定义的漏洞来投机似乎已成为一种最快的赚钱方式。比特币发行于 2009 年，刚开始时其单价接近于零，到 2017 年底超过 19 000 美元，仅 2017 年一年便上涨了 20 倍，总市值接近 3 000 亿美元，单价单日波幅可达 4 000 美元，成为全球最热的交易品[8]。各种区块链币、代物币已成为很多民众热衷投机的工具，幕后的操纵者鲜为人知，但其蕴藏的金融风险并不难认知。不过相比主流金融市场的泡沫，这还是次要矛盾。

如果说金融危机前的信用透支主要表现为金融衍生品市场的空前繁荣，私人金融杠杆空前增大，那么金融危机后经政府救助和加强监管之后，私人金融空间的杠杆有所减少，而公共金融空间的杠杆则进一步增加，巨额金融风险由此转移到了公共财政和中央银行。显然，政府信用也不能继续无限透支，必须增加税收或者减少政府开支，并且减少央行资产和金融泡沫的捆绑。由此引发了对财政政策和货币政策使用方向的两个问题争锋：第一，到底是通过增加对资本的税收来减少财政赤字，还是通过减少劳动者的就业保障和各种福利补贴来减少财政赤字？第二，到底是通过公共财政开支来刺激经济增长从而增加税源减少长期赤字，还是通过对资本减税来刺激投资、恢复就业？

在第一个问题上削减福利的政策渐占上风。2008 年世纪金融危机过后，美国政府的政策曾一度体现出凯恩斯主义倾向。如 2009 年 2 月推出用于补助失业者、创造就业以及增加政府投资的 ARRA 法案（American Recovery and Reinvestment Act），2010 年 3 月推出医保法案，2010 年 7 月推出多德－弗兰克金融改革法案，等等。但随着金融形势的初步稳定，茶党为首的极端保守势力联合部分自由派反对政府干预市场的凯恩斯主义政策，提倡依靠新自由主义的宽松货币

---

① 根据美联储官方网站的资产负债表中的相关数据计算得出。

政策来刺激经济，结果对就业复苏造成了不利影响，不利于普通劳动者，医保法案和金融改革法案也一直面临被推翻的危险。美国 ARRA 法案动用资金 8 400 亿美元，只有13%用于失业补助，41%则用于减税，按照 U－3 标准（只统计在过去4周内找过工作的失业者），在危机数年后的2012年5月，失业率仍有8.2%（齐昊和李钟瑾，2012）[9]，若按照 U－6 标准（增加了在过去一年中找过工作但在过去4周内没有找过工作的失业者，以及无法找到全职工作而被迫从事兼职的劳动者），直到2016年失业率仍有近10%，还有2 000万人被迫从事兼职工作或放弃找工作，少数族裔的青年失业率依然高达30%—40%（桑德斯，2018）[10]。欧洲国家的失业情况更加严重，很多南欧国家的青年失业率高达1/3—1/2，2017年法国、意大利、西班牙、葡萄牙、希腊、塞浦路斯的整体失业率分别为9.4%、11.3%、17.2%、8.9%、21.5%和11.3%（IMF，2018）[11]。

在第二个问题上也是减税政策占上风。美国总统特朗普上台前，曾声称要弥补美国基础设施建设缺口，但其2018年2月提交的基础设施建设投资计划并没有足够的资金作保障，而其2017年的减税方案却是实实在在的，有92%的减税收益属于年收入10万美元以上的人群[12]。总之，政策争锋目前是右翼占上风。

右翼占上风的结果，是近两年美欧经济虽有所复苏，但只是部分中心空间有所起色，而外围空间则继续衰落；主要发达国家在财政和货币政策上虽然回旋空间略有改善，但财政货币与金融泡沫高度捆绑的阴影并没有实质性减少，这一问题不是通过国际金融合作或者宏观审慎管理等手段所能解决的，甚至有可能长期得不到解决。美联储现在固然在缩表，但将来只要有需要还可能会增表，毕竟现在缩表的速度远低于当初增表的速度。

捆绑金融泡沫的财政货币危机的实质，首先是从时间维度上对公众未来的收入进行大量透支，再从空间维度上转移到资本的中心空间内，然后在外围民众的公共福利政策上对医保、教育改革等领域的细节问题争论不休。这些争论不可能解决跨期优化的问题，因为用于跨期优化的资源已被空间转移和隔离了。其次，中心空间的金融资本还在为缺少投资机会而烦恼，希望放开刚收紧不久的金融监管，至于公共财政货币危机的威胁，只要不影响中心空间的利润积累，则被视为外围空间的问题，贫富分化也将由于财政货币危机而进一步加深。经济和金融矛盾虽然在很大程度上肇始于中心空间，但已在一定程度上被转移到了外围空间。

三、贫富分化加剧和合法性危机：以空间隔离维持相对认同

随着新自由主义政策在危机后重新抬头，贫富分化不仅未得到缓解反而继

续恶化。如美国最富1%阶层的收入份额从1980年的8%升至危机前的近20%，危机后略有下降但又很快回升，目前仍处于近百年来的高位。英国和加拿大也处于近60年来的历史高位（皮凯蒂，2014）[13]。

与此同时，金融食利阶层的财富规模空前庞大。如美国金融垄断资本的相对实力在危机后不仅未遭削弱，反而更加强大。根据市场研究公司SNL Financial汇集的数据，美国五大银行（摩根大通、美国银行、花旗银行、富国银行和高盛）2014年9月30日管理的资产约为6.8万亿美元，全行业占比高达44%，而危机前为30%，1990年则不到10%[14]。美联储虽然对一些大银行开出巨额罚单，但因为美联储持有大量金融衍生品资产，反而和金融垄断资本的利益更加紧密地捆绑在一起。美国金融资本对国会议员的游说和赞助成功阻挠了实质性的金融监管改革。美国银行业每年享受着超过1 150亿美元的利润，其中的大部分转移给了高管和其他银行家（斯蒂格利茨，2016）[15]。发达国家之间的金融资本流动是相当自由的，美欧、美日之间的大银行和投资基金大量交叉持股，以美国金融资本为其核心纽带，而美联储又和美国金融资本关系紧密。金融资本实力的保存和联合，有助于理解欧美日各国危机后经济政策不断右倾以及贫富分化持续加剧，也有助于理解2011年9月纽约爆发"占领华尔街"运动并迅速蔓延至华盛顿、洛杉矶、旧金山、丹佛等120多个城市，甚至扩散到温哥华等其他发达国家的城市。伴随着危机后各种福利削减举措的实施，欧洲多国先后出现了多起罢工风潮。

不仅如此，由于贫富分化不断加剧，加上曾经引以为傲的多元化政治民主在解决复苏和民生问题上的低效与乏力，普通劳动者尤其是失业的年轻人对精英政治日益失望，对资本主义的未来缺乏希望。美国哈佛大学2016年的一项调查显示，美国"千禧一代"中只有19%的人称自己是资本主义者，只有30%的受访者大体支持现有体制；30岁以上的受访组中，也只有一半美国人信任美国现行的资本主义制度[16]。30多岁的美国人认为自己的收入能超过自己父母的比例只有50%，而其父辈之前的时期这一比例高达90%。与此同时，美国中等收入阶层占比从1971年的61%降至2015年的50%（Steven Brill，2018）[17]。当代资本主义试图在全球灌输"普世价值"，在中心国家却失去了大片阵地。但我们也不能就此认为资本主义政党对此束手无策。实际上，既然中心和边缘都在全球碎片化，中心国家的意识形态也有可能分裂甚至碎片化，试图整合整个空间的意识形态近乎不可能，但若资产阶级放弃某些对多元化民主政治正确性的追求，依靠恐惧、仇恨而非希望、博爱来拉动选票，则也有可能拉拢很多对现状不满的人。右翼民粹主义再次兴起，并时常打出反对精英政治的旗号，特朗普之所以成功竞选美国总统,便受益于民众对传统政治精英的不信任。尽管其当选后的组阁成员依然以商界、政界和军界精英为主,但高盛等金融机构的前高管也赫然在列。

危机令大众质疑和抨击金融资本,其合法性也创历史新低。但现实中,当代资本主义不仅在金融领域守护着资本的核心利益,在政治领域还能让右翼、中右翼在选举中占上风,似乎令人诧异。空间的新特征有助于理解这一矛盾现象。全球空间碎片化后,资产阶级主流意识形态固然难以再占绝对统治地位,但与之对抗的意识形态尤其是左翼意识形态也很难进行空间整合。代表主流意识形态的右翼政府通过调整思路、转变观念,放弃原来高大上的多元化政治,一方面继续吸引各发展中心的精英,另一方面则拉拢依附于这些精英的外围民众,以及部分被褊狭思想误导、以为只有右翼民粹主义才能改善自身状况的边缘化人群。右翼政治常常通过加剧精英和民众、本国民众和外国移民之间的隔离来维护精英和本国民众的优势地位,以同时赢得精英和民众的更多支持。精英为了加强他们的社会凝聚,会发展一组他们可以相互理解并且可以支配他人的规则与文化符码,以建立起区分其文化—政治社群"内"与"外"的边界。社会制度越"民主",精英就越需要和大众有这种清楚的区别。精英支配流动空间①采取了两种主要形式:一方面是企图营造一种生活方式与空间形式的设计,以便统合全世界精英的象征环境,超越每个地域的历史特殊性;另一方面,精英形成了他们自己的社会,躲藏在地产价格的障碍之后(卡斯特,2001)[18]。如果说,危机前精英空间和大众空间还有一定的流动性,那么危机之后,这种流动更少而隔离却更深了。空间的隔离有助于在更狭隘的空间范围内保持意识形态的相对忠诚度。

教育、医疗、居住、娱乐领域的空间隔离在危机前后都在不断加深,教育领域尤甚。如自20世纪80年代以来,英美两国的公立大学教育经费均在缩减,而大学学费上涨速度远超同期CPI涨幅,穷人的孩子越来越难以进入名牌大学,2008年危机爆发后这一状况继续恶化。美国四年制公立大学学费在1970年—2016年间几乎翻了4倍,其中近10年上涨了60%,州政府对教学成本的补贴从1980年的近80%下降至2016年的不足50%[10]。2008年—2017年美国各州对公立大学的拨款共计减少了80多亿美元,只有5个州的学生人均高等教育经费有

---

① 曼纽尔·卡斯特(2001)[18]在《网络社会的崛起》一书中,将流动空间定义为通过流动而运作的共享时间之社会实践的物质组织,认为流动空间是信息社会支配性过程与功能之支持的物质形式,是占支配性地位的管理精英的空间组织。

所增加，其余各州的学生人均高等教育经费平均减少了 16%（王悠然，2018）[19]。英国的大学学费昂贵，奖学金、助学金的申请难度很高；欧洲大陆和日本的情况要好一些，但在学费、考核标准等方面也对穷人的孩子设立了难以跨越的门槛。不仅大学教育，美国等西方国家的中小学教育经费严重依赖当地的房产税等，导致富人区的中小学可以获得更多资源，并以高学费将穷人的孩子隔离在外。经费、师资、生源、环境等方面不理想的穷人区的公立学校学风下滑、学生凌霸、师尊丧失、吸毒堕胎，富人区家长和议员却对此无需担心。精英私立学校的内部空间形成了更整齐的主流意识形态认同，精英之间的融合和精英与大众之间的隔离，似乎成了当代资本主义社会中社会支配的孪生形式（Sharon Zukin，1993）[20]。

二战后很长时间内，西方发达国家的政府主要是依靠增加工人的实际工资和社会福利来缓解阶级矛盾、实现剩余价值，为资本主义意识形态构建优势的物质基础。而现在，这些国家的生产率增长减缓，资本家越来越不关注增长本身，而是更关注股票市值和红利，普通劳动者的实际收入停滞甚至出现了负增长，这对于维持资本主义政府的合法性认同是极为不利的。当前的空间隔离虽然能通过放弃政治多元化、加强教育分化等手段来维持中心空间的意识形态和合法性认同，但仍然是一种战略收缩，从长远来看不利于政治合法性的普遍认同。

四、美国霸权信心下降和规则重塑危机：借助空间隔离强推规则

空间隔离不仅可用于转移财政货币危机，还可应对合法性危机，它为美国重塑国际规则的行为带来了新的变化。

美国的综合实力无疑仍是世界最强的，但相对实力下降也是不争的事实。上一次美国相对实力下降主要是源于 20 世纪 80 年代日本经济的迅速增长，后因 20 世纪 90 年代美国"新经济"的繁荣和日本的泡沫破灭而暂时得到缓解。但自 21 世纪以来，以中国为代表的新兴发展中国家的相对实力不断增长，对美国霸权信心带来的冲击远甚于此前日本经济腾飞带来的冲击，这对美国右翼和左翼学者的影响都很大，并在特朗普上台后达到高峰。美国前财政部长萨默斯在一次演讲时说，和东方的崛起相比，冷战的结束只是一个三流历史事件。2008 年金融危机后的财政货币压力、政治极化等内部矛盾的激化，也增加了美国对外转移矛盾的需要，"美国第一"和"美国再次伟大"就蕴含了应对霸权挑战的诉求。

美国的霸权地位在很长时间内是难以挑战的，中国也明确表示不挑战，坚持走和平共赢发展道路。但在西方世界的国际关系思维中，所谓和平崛起是难以相信的，他们宁可相信修昔底德陷阱，美国尤其如此。美国主流各界对维持美国霸权的信心开始下降，并坚持认为中国更好地利用了美国建立的国际规则尤其是 WTO 的多边贸易规则增强了自身的相对实力。WTO 和其前身 GATT 的多边贸易规则体系是二战之后由美国主导建立起来的，并在相当长的时间内有利于美国维持其霸权。美国曾在他国经济崛起时修改经贸规则，如针对日本进行的汇率谈判、日美结构性障碍协议谈判、日美双边金融服务协议谈判等，先是限制日本对美出口，然后是干涉日本财政政策与货币政策，逼迫日元升值，最后更是得寸进尺，提出改变日本"经济结构"的要求。不过，美国并没有为此全面修改 WTO 的多边贸易规则，即便是在 WTO 的多哈回合谈判陷入长期僵局后，也没说过要脱离 WTO。但 2008 年金融危机后，尤其是中国的 GDP 超过美国 60% 之后，美国朝野对重塑规则以摆脱霸权恐慌表现得非常迫切。

2008 年金融危机后，美国曾经试图通过 TPP（跨太平洋伙伴关系协定）和 TTIP（跨大西洋贸易与投资伙伴协议）等区域贸易协定，以绕开多边贸易协定并孤立中国。之后美国更认为不仅是中国而且其他国家也利用了美国制定的规则，因而很多美国民众和国会议员认为 TPP 和 TTIP 对美国不够公平——毕竟是美国和区域内很多国家一起谈判，还有一点多边谈判的影子，在规则制定方面并不能完全发挥出美国的霸权优势。于是美国对重塑国际规则的方式有了新的认识，双边谈判的规则制定更有利于美国——没有哪个国家可以在双边谈判中占美国的便宜。双边谈判不是新现象，但试图利用双边谈判强行主导国际谈判则是新现象。特朗普上台的第一天就推翻了即将完成的 TPP 协定，重新开始一对一的谈判。美国很可能意图通过与前几个国家签订"美国第一"的双边条约来树立一个新的国际经贸标准，在此基础上与几个代表性大国签订类似条约，然后签订类似的区域贸易协定，最后推动 WTO 的规则彻底重构。这种以退为进的手法也体现出了时空隔离的特征，即通过与其他国家的空间隔离威胁，逼迫其他国家之间相互隔离，迫使其服从只对美国"公平"的新规则。

美国的这一霸凌做法确实有可能给美国带来相当大的短期收益，获得国会的大量支持，看上去也很符合美国的政治正确，但这是一种倒退到 GATT 成立之前的做法。GATT 和 WTO 最重要的两个原则即"多边"和"法治"，就是为了对少数大国任意压制其他小国、用强权压倒法治、使规则极度"非中性"从而深度破坏国际经贸体系的稳定而进行制衡。美国确实有足够的实力在任一双边谈判中占优，但其是否有足够的实力在国际经贸体系破碎之前完成主要谈判环节以实现其战略目的则很成问题。而且其不论成败与否，都会给整个世界经贸体系的稳定性和其他国家的贸易条件带来非常不利的影响，负外部性极大，由此带来的国际经贸规则重塑危机可能是近百年少有的，这也会给其他国家都带来严峻挑战。所以从这个层面来看，中美贸易摩擦不仅仅是两国之间的问题，而是整个世界面临规则重塑危机的一个突出表现。想要破解这一危机，至少需要从以下三个方面作出努力。

首先，要充分认清美国的战略目的，顶住短期压力，捍卫国家核心利益，所有的谈判都要以此为基石。中国遭受美国的科技封锁威胁虽然短期内比较痛苦，但要理性看待长远发展，坚信中国的科技发展潜力是国家长期竞争力的来源，是国家的核心利益，不能被任何空间隔离手段所阻吓或与其作交易。一方面，我们有自己的政治凝聚力、市场规模、经济活力和国际影响力，且占据了国际道义高地，因而要有足够的底气捍卫国家核心利益；另一方面，我们也要积极主动有所作为，加强和西方大国和其他发展中国家之间的战略合作，共同维护WTO多边经贸规则体系。

其次，要认清美国的战略意图不仅仅是限制中国或其他个别国家。美国重塑规则的行为对全世界来之不易的多边贸易规则具有极大破坏力，建立一个多方共赢的国际机制需要数代人的努力，而破坏它则可能只需几年。对美国之外的其他西方大国而言，应放弃祸水东引的幻想，谋求东西方的国际合作，如此才会极大地提高维护WTO多边体系的成功率。

最后，广大发展中国家要充分认识到，WTO多边体系在多哈回合后长期陷入僵局，始终是一个不稳定因素。发达国家和发展中国家之间在多哈回合中存在巨大分歧，但与美国正在试图重建的双边贸易体系相比，WTO多边体系无疑更有利于广大发展中国家的利益。中国和广大发展中国家及西方大国有必要通过对WTO多边体系的升级进行共同谈判，尽可能谋求达成多方共赢的合作方案，要赶在美国破坏掉多边经贸体系的信任基础之前取得实质性进展。这一点最具挑战性，毕竟时空隔离造成时空破碎的速度要快于时空融合的速度。

当然，如果美国国内能清醒认识到，其寻求重塑全球规则的一系列行为很可能会以全球共输为结局，最终不但无益于维持其全球霸权，还会加速失去其二战以来的国际威望，也有一定可能会主动重新回到WTO的升级谈判中来。如此，则美国虽然不会放弃维持霸权的最终目的，且国际谈判依然会非常艰难，但至少会朝着正确的方向前进。换言之，全球空间是全球的公共空间，需要多方参与协调，不能听任少数国家的错误行为引向空间隔离，加剧空间的碎片化程度，延缓世界发展的进程。

149

五、结论：空间隔离必将加重时空失衡，空间融合方能引领世界发展

主要资本主义国家自金融危机后从空间压缩转向空间隔离，加剧了全球的时空失衡，财政货币政策被金融泡沫捆绑需要借助空间隔离来转移和缓解经济与金融矛盾，贫富分化加剧和政治极化也要借助空间隔离来缓解社会和政治矛盾，美国试图重塑世界经贸规则，增强霸权信心，则需要借助空间隔离同时转移经济和政治矛盾。这些举措在一定范围内确实有利于欧美日发达国家的经济金融复苏和社会稳定，有助于利润率和合法性的恢复，但都没有考虑到这种空间隔离对全球的长远破坏性影响。

全球化空间是当今世界新的空间逻辑①，它与旧的空间逻辑并存。在旧的空间逻辑下组织起来的民族、国家、地域性社会、集团等并不会被全球化空间同化和消除，而是会在不断的摩擦过程中改变自身的形态（冯雷，2017）②[21]。新旧空间逻辑的融合需要克服资本主义的空间逻辑，即为了追求利润一方面力求摧毁交换的一切地方限制，以征服整个地球作为市场，另一面又力求用时间去消灭空间[22]，否则会使更多空间碎片化，而碎片化后不负责任的空间隔离会加剧整体空间的失衡。危机后当代资本主义没有深刻反思危机的根源，也没有改变制度的本质，在改良方面所做甚微。为了解决碎片化的空间带来的重重危机，不仅没有转变原有的金融化模式，反而为了转移矛盾和隔绝危机进行了多种空间隔离，将各种各样的外围空间抛弃，试图减少中心空间的碎片化，维系利润积累、意识形态和国际霸权，使资本主义的危机和解决方式都呈现出不同的一面。但是，不论如何进行空间隔离，中心和外围的有机联系是客观存在的，中心的剩余价值依然有相当大的比重来自外围，而劳动力、环境资源等的再生产主要也是在外围。现代科技不断发展，尤其是去中心化的网络技术的发展，预示着将来的社会化大生产会更趋于融合，中心和外围之间的隔离不是社会化大生产所必需的，它是为了资本积累而人为设置的障碍。从长远来看这种隔离

---

① 曼纽尔·卡斯特（2001）[18]认为，网络是一组相互连接的节点，网络是开放的、可以无限扩展的，在同一网络中的两个节点之间的距离比不属于同一网络的两点间的距离要短，这样的网络构建了眼下的社会形态并产生了新的空间逻辑。网络社会是围绕着各种流动如资本流动、信息流动、技术流动、组织性互动的流动而构建起来的，这个新空间被称为"流动空间"。

② 冯雷（2017）[21]认为，这一空间逻辑正确地揭示了全球化空间的一些本质特征：流动停止则空间不存在；局部时刻发生这种流动则解释了全球性空间为什么是不平衡的。所以，冯雷认为全球化空间是当今世界的新的空间逻辑。

只会加剧时空的失衡和扭曲,带来畸形的繁荣与最终的萧条。中心空间干预隔离空间所依赖的科技优势、市场优势等并不是一劳永逸的,当全球空间失衡达到一定程度,不仅边缘空间会受损,中心空间也必然难以独善其身。因为即便是在中心空间内部,也有无法隔绝的结构矛盾,如科技发展和金融积累的矛盾、科技发展与就业的矛盾等。

马克思曾经说过,一切资本主义生产方式的国家都会周期性地患有一种狂想病,企图不用生产过程作中介就能赚到钱[23]。垄断资本逃离实体经济的原因在于利润率不断下降,而利润率的下降缘于科技进步率的不断下降,科技进步的速度下降则源于知识产权的垄断和科技投入的偏离,科技研发的目的不再是为了人类生产生活的改善而是为了投资获利。所以美国的金融资本用短期业绩标准控制了实体经济企业后,便会大幅削减科研支出,侧重于所谓的商业模式的创新,通过加快各种浅层次创新的变现来阻挠真正的技术创新。欧盟和日本的科技创新也不同程度地面临类似困境。金融垄断资本主义阻碍了科技的真正进步,降低了实体经济的长期利润率,此时要想保持利润率,就只能通过更多的金融投机来获得,整个金融系统因此变得更不稳定,且不利于科技投入,由此形成负的反馈循环。

最后,非常重要的一点是,美国通过空间隔离强行重塑规则,对来之不易的多边经贸体系的潜在破坏性极大,需要世界各国警醒和团结应对。我国无意于挑战美国的霸权,但是要提醒其注意霸权行为的底线。全球空间是世界各国的公共空间,不是哪一国哪一家的私人空间。世界未来的发展模式可以多样化,但肯定不能是空间隔离和碎片化的模式,中国的发展模式则是更为可持续的选择。资本主义的中心无止境地掠夺边缘地区并使其碎片化,想要获取更多剩余价值只能通过开发更多的空间。而中国的发展模式不是以资本为中心,而是以人民为中心;不是中心外围模式,而是共建共享模式。不论是国内还是国外,都更加重视非中心腹地的潜力培养,因而从长远看来,这种模式可以从单位空间中挖掘出更多的经济剩余,并且可以实现大空间范围的统筹发展,而不是碎片化的不平衡发展。这一模式在金融资源配置方面更加注重支持实体经济而非金融投机,在科技发展方面更重视长远战略价值而非短期盈利能力,因而其整合时空资源的整体能力更胜一筹,我国也因此有信心实现"全面脱贫""全面小康"和"一带一路""人类命运共同体"的构想。

全球空间发展的大趋势不应是空间隔离,而应是空间融合,空间碎片化不仅牺牲了边缘地区,也不利于中心地区的长远发展。未来的全球空间将没有明确的中心与边缘之分,而是节点和边际随时变化着的、半透明的拓扑空间,是流动的空间，而具有完整界定的社会、文化、实质环境和功能特征的实质性的地方，将成为流动空间的节点和枢纽[21]。美国在流动空间方面固然拥有更多的高科技枢纽而暂居优势地位，但网络社会连接路径的非唯一性，使得其利用空间隔离保持的优势地位必然是不稳固的，只有空间融合才能更好地利用流动空间。与美国相比，中国目前的科技实力和军事实力较弱，但中国的时空资源整合模式更符合生产力发展的社会化大趋势。只要抓住目前的战略机遇，不犯明显的战略发展错误，不屈服于当代资本主义的各种压力，坚持以人民为中心的发展思想，尊重劳动，坚持劳动者的主体地位，实现劳动者的自由全面发展（丁晓钦和郭艳青，2014）[1]，坚持不被边缘化，也不以邻为壑，坚决捍卫国际多边经贸体系，朋友就会越来越多，中华民族伟大复兴和社会主义现代化强国的实现就会比历史上任何时刻都要近。

参考文献

［1］丁晓钦，郭艳青．马克思主义视阈下的劳动修复及其当代意义[J]．马克思主义研究，2014（10）：81-88．

［2］大卫·哈维．后现代的状况［M］．阎嘉，译．北京：商务印书馆，2003．

［3］萨米尔·阿明．世界规模的积累：欠发达理论批判［M］．杨明柱，等，译．北京：社会科学文献出版社，2008．

［4］多米尼克·萨尔瓦多，陈万华．发达国家和新兴市场经济体的经济增长展望[J]．产业经济研究，2016（4）：1－6．

［5］IMF. Fiscal monitor：the state of public finances cross-country［R］．IMF Staff Position Note，November 2009．

［6］IMF. Fiscal monitor：capitalizing on good times［R］．IMF World Economic and Financial Surveys，April 2018．

［7］IMF. Fiscal monitor：balancing fiscal policy risks［R］．IMF World Economic and Financial Surveys，April 2012．

［8］韦龑．2017年国际金融十件大事[J]．金融街，2018（1）：58-60．

［9］齐昊，李钟瑾．以新自由主义挽救新自由主义——美国危机治理政策批判[J]．马克思主义与现实，2012（4）：84－92．

［10］伯尼·桑德斯．我们的革命：西方的体制困境和美国的社会危机［M］．钟舒婷，等，译．南京：江苏凤凰文艺出版社，2018．

［11］IMF. World economic outlook：cyclical upswing, structural change［R］．IMF Report，April 2018．

［12］凤凰国际．特朗普这项减税好处92%归年入10万美元以上者［EB/OL］．(2018-04-26)［2018-05-26］．http：//finance.ifeng.com/a/20180426/16205178_0.shtml．

［13］托马斯·皮凯蒂.21世纪资本论［M］.巴曙松，等，译.北京：中信出版社，2014.

［14］福布斯中文网.美国五大银行控制全行业近半数资产［EB/OL］.（2014-12-05）［2018-05-26］.http：//tech.163.com/14/1205/17/ACNGPKUP00094ODU.html.

［15］约瑟夫·E.斯蒂格利茨.不平等的代价［M］.张子源，译.北京：机械工业出版社，2016.

［16］英媒：经济金融化致欧美资本主义崩溃［EB/OL］.（2016-05-27）［2018-05-28］.http：//column.cankaoxiaoxi.com/2016/0527/1173462.shtml.

［17］STEVEN BRILL. How my generation broke America［J］. Time, 2018, 191（20）：32-39.

［18］曼纽尔·卡斯特.网络社会的崛起［M］.夏铸九，等，译.北京：社会科学文献出版社，2001.

［19］王悠然.公立大学财务困难不利美教育科技发展［N］.中国社会科学报，2018-01-08（2）.

［20］SHARON ZUKIN. Landscapes of power：from Detroit to Disney world［M］. Berkeley, CA：University of California Press, 1993.

［21］冯雷.理解空间：20世纪空间观念的激变［M］.北京：中央编译出版社，2017.

［22］马克思.政治经济学批判（1857—1858年手稿）［M］//马克思，恩格斯.马克思恩格斯全集：第46卷（下）.北京：人民出版社，1980.

［23］马克思.资本论：2卷［M］.北京：人民出版社，2004.

经济政策不确定性、国家形象与制度环境差异[*]

——对华贸易摩擦的理论解析与实证检验

一、引言

近期的中美贸易鏖战正酣，引发国际社会普遍关注，许多国家和地区及众多厂商或主动或被动参与其中，给未来的经济全球化发展蒙上了浓重阴影。世界经济普遍衰退是当下贸易战的宏观背景，而频繁的政策波动及其带来的不确定性上升，令以本国优先战略为特征的贸易保护主义抬头，其中尤以美国和印度为代表的逆全球化表现最为显著，而中国则成了这一贸易保护主义逆流的最大受害者。

一个特别值得关注的现象是：在这场贸易摩擦利益博弈的背后，国家之间的信任产生了举足轻重的影响。国家之间的信任关系体现在国家形象上，积极、正面的国家形象能助力其获得国际认同，能对化解经贸争端起到无形的作用，而消极、负面的国家形象则会加剧贸易争端。

近年来，中国国家的正面形象在整体水平不断提升的同时，也不时受到来自外界的种种猜忌与质疑，这给中国及其企业的国际化进程带来了诸多困扰。树立文化自信和制度自信，在世界舞台上发出中国声音，是新时代赋予我们的使命。通过优化国家形象培育新的增长动力，对减低我国贸易摩擦所遭遇的阻力意义重大。

基于此，本文将以不确定性是否加重对华贸易摩擦、培育良好的国家形象是否有助于化解贸易争端为主题，研究经济政策的不确定性和国家形象对贸易摩擦的影响，并就如何优化国际形象、化解贸易争端以开创中国对外开放新局面，提出相关政策和建议。

---

[*] 原载于《广东财经大学学报》2019年第4期第4-17页。
作者：贾玉成，天津社会科学院城市经济研究所、社会治理研究中心助理研究员，博士；
翟中玉，河北工业大学人文与法律学院讲师，博士。

二、文献综述与理论构建

(一) 关于经济政策不确定性与贸易摩擦

所谓经济政策不确定性，是指基于宏观层面的政策预期的不确定性、政策执行的不确定性和执政立场变化的可能性（马轶群，2016）[1]。后金融危机时代，全球层面的经济不确定性普遍提升，并带来市场连锁反应，引发了学者的普遍关注。如鲁晓东和刘京军（2017）[2]指出，不确定性源于经济参与者对未来趋势无法判断的心理状态，而他们的行为会放大为宏观现象。不确定性会左右经济个体的行为与决策，对资源配置产生重要影响，给社会带来负面经济效应。Baker等（2016）[3]认为，不确定性的上升会带来包括投资、支出和消费在内的经济表现大幅下降和剧烈波动（王义中和宋敏，2014）[4]。市场不确定性背景下，企业管理层的经营预测准确性大大降低，投资行为会更加谨慎（Bloom等，2007）[5]。陈德球等（2016）[6]指出，政策不确定性越强，公司现金持有量越高，经营决策越具有"风险规避"倾向。

所谓贸易摩擦，其本质是国家间在贸易流动的基础上就不对等利益分配做出的再平衡策略。贸易摩擦的成因包括贸易摩擦不可避免（随机波动）、贸易保护引致贸易摩擦、利益集团和企业的政治行为导致贸易摩擦（尹翔硕等，2007）[7]。其中贸易保护主义以及企业利益集团的政治要求与不确定性因素密切相关。国际贸易的不确定性是多方面的，其中市场环境的不确定性会降低贸易空间，加剧市场竞争，激化贸易争端。姜团（2014）[8]认为美国对华贸易逆差日渐增加是导致中美贸易摩擦的重要因素。闫克远等（2010）[9]指出，世界经济衰退下的贸易需求下降、市场竞争加剧和中国对既有贸易利益的维护，是涉华贸易摩擦加剧的必然与合理化因素，等等。

有关不确定性与贸易摩擦关系的研究较为匮乏。鲁晓东和赵奇伟（2010）[10]认为，中国出口贸易具有需求拉动特征，经济环境的不确定性会降低出口潜力。鲁晓东和刘京军（2017）[2]利用中国对59个主要贸易伙伴的出口数据，考察了外部不确定性与中国出口波动的关系，发现不确定性和外部冲击对中国出口具有负面影响，不确定性与中国出口增长之间存在稳定的负向因果关系。但也有研究认为，区域伙伴成员国之间的贸易协议会给中国的贸易政策带来不确定性，但这一不确定性促进了中国制造业的出口（钱学锋和龚联梅，2017）[11]。

自2008年金融危机以来，世界层面的不确定性显著上升，导致了经济的普遍低迷。经济衰退加剧了社会整体的不确定性水平，也加重了政府的执政压力。

贸易战成为缓解政治危机、维护既得利益的重要工具。不确定性还表现在各国利益集团及国家间的政治行为中，通过影响国家政治安排和战略策略导向左右贸易关系进而引发贸易摩擦。如 Grinols 和 Perrelli（2002）[12]的研究发现，政治变量是贸易争端的一个重要原因，它会影响美国当局对贸易摩擦裁决时间的长短。李春顶（2007）[13]的研究发现，美国的政治集体行为和"中国威胁论"推动了对华贸易摩擦。王孝松和谢申祥（2013）[14]通过定量分析印度对华反倾销案例，发现印度反倾销申诉者的政治势力显著提高了最终裁定的税率水平。Lee 和 Mah（2003）[15]指出，美国的政治制度变化会影响国际贸易委员会的裁决结果，而民主党委员比共和党委员对宏观形势的变化更加敏感，等等。根据以上分析，本文提出：

假设 1：经济政策不确定性与贸易摩擦正相关。

（二）关于国家形象与贸易摩擦

国家形象是一国（地区）政治、经济、社会、文化与自然要素的综合展示，是国际认同感和信赖感的体现。同时，国家形象还是基于外部评价视角，依托国家经济"硬实力"，在国际交往中的一种"软实力"呈现，这种"软实力"对经贸关系也会产生影响。如李东进等（2008）[16]研究发现，国家形象会间接影响消费者的购买意向，较好的国家形象能显著提升消费者对该国商品的购买冲动。Andre（2015）[17]将国际形象纳入软实力范畴，发现出口国的正面国家形象有利于扩大出口规模。施炳展（2016）[18]研究了韩剧《来自星星的你》的热播对中韩贸易的影响，发现该剧提升了中韩贸易增长速度，进而提出文化认同是促进对外贸易发展的积极力量，推进中国文化传播将有利于中国企业和产品国际化，等等。这些研究初步证实了国家形象具有经济溢出效应。但近年来我们看到的现实却是：尽管中国的国家形象整体水平在不断上升，但自金融危机后期开始，部分发达国家对中国的偏见却加重了中国国家的负面形象，使中国成为当今世界贸易保护主义的最大受害国。

下面从两个方面进行具体分析。首先，发达国家关于发展中国家形象的片面信息会导致其主观认定后者的产品质量低劣，从而降低发展中国家商品的市场进入效率（William 等，2006）[19]。合法性缺失和信息不对称会导致外来者劣势，显著降低中国企业的并购绩效，由此形成的较差的产品质量和低效率的商业诚信体系印象会加重中国的国家负面形象，阻碍其对外经贸合作的顺利开展（杜晓君等，2014；2015）[20-21]。其次，国家形象表征了外部世界对一个国家的主观态度和印象，由于历史背景、制度差异等原因，对中国的形象评价更多地包含了意识形态对抗的内涵。李春顶（2007）[13]指出，美国发起的对华贸易摩擦需要从心理、制度和政治因素等方面进行多角度的成因分析。从心理方面看，中美贸易顺差加重了美方的失衡心理，刺激了他们做出非理性经济行为；从政治方面看，"中国威胁论"成为中美贸易发展的阻碍。王孝松和谢申祥（2013）[14]分析了印度对华的反倾销举动，指出印度具有借反倾销打击中国、以谋取"龙象之争"优势的动机。

有研究指出，对贸易摩擦的化解应建立在互利共赢的前提下，强调国家间利益的"包容性"和"共生性"（戴翔和张二震，2014）[22]。较好的国家形象可以理解为国家间对彼此发展道路的熟悉、包容和支持，相反则会对他国发展战略表现出不满和抵制的情绪，并祭起本国的贸易保护主义大旗，挑起国家之间的贸易争端。换言之，较差的国家形象可能成为贸易摩擦的催化剂，较好的国家形象则会降低贸易争端发生的概率。根据以上分析，本文提出：

假设2：积极国家形象①与贸易摩擦负相关，消极国家形象与贸易摩擦正相关。

（三）贸易摩擦的调节机制：收入分配差距与政治制度

有关不确定性与国家形象对贸易摩擦影响的研究均强调市场环境的重要性，说明这一影响会受到东道国市场环境的调节。其中，不确定性对贸易摩擦的影响与收入分配差距相关，国家形象对贸易摩擦影响则会更多地受到政治制度的调节。

首先，收入分配差距会放大不确定性对外部市场环境的负面影响，推动贸易摩擦升级。世界经济持续下行加重了西方发达国家民众对收入分配差距不断拉大的不满，也增大了全球化前景的不确定性。作为全球化曾经的推动者，这些国家认为贸易全球化并未使其获得应得的利益，从而引发了其对全球化的质疑和不满（吴志成，2018）[23]。欧美区域经济不平等引发的内部经济、政治和社会矛盾，推动了以贸易摩擦为手段的全球资源重新配置和利益格局重组（赵瑾，2019）[24]。包括产业结构、技术积累和资本效率在内的多种因素都会加剧不同区域间贸易收入的不平等，进而会加重市场的波动和不确定性，引发对贸易利益分配是否公平的担忧（杨源源和于津平，2019；李春顶等，2019）[25-26]。简言之，收入分配的不公平会触发对全球化过程中既有利益分配格局的不满，推动"本国优先"论和以贸易保护主义为手段的"逆全球化"趋势，导致贸易摩擦升级。根据以上分析，本文提出：

---

① "形象水平"提升对应"积极形象"提升，"形象水平"降低则对应"消极形象"提升，全文同。

假设 3a：收入分配差距会加剧经济政策不确定性对贸易摩擦的影响。

其次，在西方政治体制的语境下，其政治制度包含了底层民意到上层经济政策的传导机制，从而影响国家形象对贸易摩擦的经济效应。国家形象评价在一定程度上具有底层性和主观性①，而政治制度会影响自下而上的民意输送的通畅性以及对应性政策的效率。发达国家（地区）是对华贸易摩擦的主体，代议制是其政治制度的具体形式，这一政治制度通常会以获取政治支持、延长政治生命为目标，针对公共利益展开针对性调整。如任靓（2017）[27]指出，美国对华进行"301"调查的政治动机在于为中期选举积累资本。高乐咏和王孝松（2009）[28]的研究发现，英美等发达国家利益集团的贸易保护诉求建立在既有代议制体制框架下，表现为通过政治捐资同议员建立联系，即政治制度会显著影响国家形象的溢出效应。根据以上分析，本文提出：

假设 3b：政治制度会扩大国家形象对贸易摩擦的溢出效应。具体地，政治制度一方面会扩大积极形象对贸易摩擦的负向溢出效应，另一方面会扩大消极形象对贸易摩擦的正向溢出效应。

（四）"中国威胁论"的内涵：市场增长潜力差异与制度差异对贸易摩擦的影响

经济因素之外，对华贸易摩擦在很大程度上源自某些发达国家打压中国的政治动机。"中国威胁论""中国锐实力"等论调频出，贸易保护主义凸显大国对抗的战略目的。

首先，世界经济下行大背景下，中国的发展速度引人瞩目，对中国崛起的担忧加剧了国际社会和部分国家对中国"国强图霸"的疑虑，并成为贸易战的起因。"中国威胁论"并非只是基于意识形态的偏见或者多数美国人对中国问题缺乏了解，而是美国对中国崛起的一种必然反应（朱锋，2005）[29]。而国际经济保护主义成为抑制"中国威胁论"的具体措施（佟家栋，2017）[30]。由此我们提出：

假设 4a：市场增长潜力差异与对华贸易摩擦正相关。

其次，中国与多数国家的政治制度差异也容易引发意识形态问题，进而左右国家形象对贸易关系的塑造。意识形态的核心是政治体制，部分发达国家习惯于透过有色眼镜对中国的发展实践做出观察和评判，其中不乏刻意的敌视与打压（吴飞，2015）[31]。这在当下中美贸易摩擦中体现得尤为明显。一般而言，意识形态差异与国家形象的塑造密切相关。虽然近年来中国的国家形象得到较大提升，但固有的制度差异仍然可能会引发诸多贸易争端。由此我们提出：

---

① 即强调了国家形象代表了底层民众对他国所持有的主观评价。

假设4b：意识形态差异与对华贸易摩擦正相关。

再次，从深层次角度看，市场增长潜力差异与意识形态差异对贸易摩擦的影响分别建立在不确定性和国家形象的背景下，即体现为上述交互项对贸易摩擦的影响。第一，市场增长潜力会扩大不确定性对贸易摩擦的影响。不确定性会加重市场和社会压力，基于社会矛盾恶化和压力的积累，多数国家均不同程度地强调"本国优先"的国家战略导向。从经济层面看，中国经济增速带来的相对优势日益显著，不免引起部分国家的质疑和担忧，基于权利转移视角将中国国家实力的增强解读为"经济强大—政治崛起—军事扩张"的具体路径（李小华，1999）[32]。由此我们提出：

假设4c：市场增长潜力差异会扩大不确定性对贸易摩擦的影响。

最后，意识形态差异会影响国家形象对贸易摩擦的溢出效应。作为"中国威胁论"的起点，意识形态对抗是一系列对华政策安排的出发点。一方面，国家形象的溢出效应与单纯的营商环境、产品质量等经济因素相关；另一方面，也受到国家间意识形态差异的影响。如中国企业的海外投资经常被赋予"经济侵略""制度颠覆"等不公正内涵，遭受诸多歧视。另外，意识形态差异还会调节国家形象对贸易摩擦的影响程度，具体表现为意识形态差异会降低积极形象对贸易摩擦的负向溢出效应，或放大消极形象对贸易摩擦的正向溢出效应。由此我们提出：

假设4d：意识形态差异会降低（扩大）积极（消极）形象对贸易摩擦的负向（正向）溢出效应。

三、模型构建与数据说明

（一）模型构建

依据上文提出所要研究的核心问题，构建如下研究模型：

$$tft_{jt} = a_0 + a_1 mepu_{jt} + a_2 hepu_{jt} + a_3 pnai_{jt} + a_4 nnai_{jt} + X + \delta \tag{1}$$

$$tft_{jt} = a_0 + a_1 hepu_{jt} + a_2 pnai_{jt} + a_3 nnai + a_4 hepu_{jt} \times gini_{jt} + a_5 pnai_{jt} \times dec_{jt} + a_6 nnai_{jt} \times dec_{jt} + X + \delta \tag{2}$$

$$tft_{jt} = a_0 + a_1 hepu_{jt} + a_2 pnai_{jt} + a_3 nnai_{jt} + a_4 difggdp_{jt} + a_5 difdec_{jt} + a_6 difggdp_{jt} \times hepu_{jt} + a_7 difdec_{jt} \times pnai_{jt} + a_8 difdec_{jt} \times nnai_{jt} + X + \delta \tag{3}$$

其中，式（1）为基本检验模型，用于考察经济政策不确定性和国家形象对贸易摩擦的影响；式（2）为添加了交互项的检验模型，用于考察收入分配差距、政治制度及相关交互项对贸易摩擦的影响；式（3）用于考察市场发展潜力和意识形态差异及相关交互项对贸易摩擦的影响。需要说明的是，由于母国和东道国的经济政策不确定性具有相似趋势，所以在模型（2）和（3）中仅保留东道国的不确定性。

（二）模型及数据说明

模型中的 tft 代表贸易摩擦，以东道国对中国发起的反倾销数量来表示。J 表示东道国，t 表示时间，δ 为残差项。国际贸易摩擦具体表现为关税壁垒和非关税壁垒，随着经济全球化的不断深化，非关税壁垒因其实施的便利性而被普遍使用。考虑到反倾销对贸易的影响具有持久性，本文构建如下指标：$tft_{jt} = \sum_{t=1}^{t} tft_t$，即中国在 t 年受到的贸易摩擦影响为从第 1 年到第 t 年反倾销数量的总和。反倾销数据源自世界银行的全球反倾销数据库（GAD，Global Antidumping Data），同时与中国商务部的反倾销数据库进行对照检验，以确保数据的准确有效。

$mepu$ 和 $hepu$ 分别代表中国和东道国的不确定性，即为经济政策不确定性指标。相比已有研究多从政府官员更迭（徐业坤等，2013）[33]、GDP 方差（王克稳等，2013）[34]及贸易政策（汪亚楠和周梦天，2017）[35]等表征不确定性的方法，我们以经济政策不确定性指数来衡量的优势在于：一是经济政策不确定性指标的构建是基于新闻媒体和报刊信息，突出了国家对经济政策的关注程度，具有中性特征；二是对华贸易摩擦的成因多与经济政策的调整相关①，因而该指标与贸易摩擦的对应性更强。经济政策不确定性（Economic Policy Uncertainty，EPU）数据来自 Baker 等学者构建的经济政策不确定性指数网站②，EPU 原始数据以月度为单位，并通过下面的公式将其转化为年度单位：$epu_{it} = \sum_{m=1}^{12} epu_m / 12$。

$pnai$ 和 $nnai$ 分别代表积极形象和消极形象，以东道国对中国的形象评分来表征。国家形象数据来自 BBC 和全球调研公司（Global Scan）联合发布的 World Opinion Poll。实证分析中分别使用积极形象（$pnai$）和消极形象（$nnai$）进行检验。以该指标衡量国家形象的依据在于：第一，该指标的调研方法具有科学性，指标具有代表性和中立性，项目采取抽样问卷调查方法，以电话、面谈等形式收集数据，可有效把控调查的质量；第二，该项目具有时间上的连续性和被调查国家的广泛性③；第三，国家形象的量化包含了经济、社会、文化、政治等

---

① 随着 2009 年金融危机蔓延，美联储的量化宽松货币政策、中国政府的"四万亿经济刺激政策"和汇率市场化政策等，都影响了国际贸易关系的塑造。
② 参见：http://www.policyuncertainty.com/index.html。
③ World Opinion Poll 作为年度调研项目，从 2006 年延续至 2014 年，总共涵盖了 41 不同发展水平和阶段的国家，在每年的问卷中都以电话或面谈方式向被调查对象提出相同问题，问题的一致性保障了国家形象指标的年度可比性。

多方面的往来情况，强调了形象主客体间的互动关系，因而更加符合国家形象的定义和内涵。

difdec 代表意识形态差异，以中国与东道国政治制度差异的绝对值表示。政治体制是意识形态差异的根源，社会主义与资本主义之间的制度差异，在一定程度上正是国家之间战略竞争的重要根源。我们以中国和东道国政治制度差异的绝对值表征意识形态差异，该值越小，表明意识形态越具有接近性，反之则会加大意识形态对抗的可能性。

X 为控制变量集合，用以控制其他可能对贸易摩擦产生影响的因素，以提高实证结论的稳健性。这些控制变量主要包括：（1）收入分配差距（*gini*），以东道国的基尼系数衡量（*GINI*）。近年来世界经济发展失衡，欧美地区收入分配差距不断加大，引发一系列政治动荡，给全球化前景带来诸多不确定性。特朗普"让美国再次伟大"的思想主导了美方对现有国际贸易格局的重塑，并显著表现为其发动的一系列贸易摩擦（中国现代国际关系研究院课题组，2019）[36]。*GINI* 系数值域为 0—1，值越大说明收入分配差距越大，引发贸易争端的可能性越大。基尼系数数据源自世界银行数据库（World Bank Data）。（2）失业率（*une*），以东道国的失业率表征。伴随着世界经济的衰退，多数国家的就业矛盾空前突出，推动了贸易保护主义死灰复燃（王小梅等，2014）[37]。失业率越高的国家（地区），越是具有贸易保护需求和动机。我们将失业率定义为：15 岁以上年龄人群中的失业人口占就业和失业人口总量的比重。该比值越大，说明失业压力越大，越容易引发贸易争端。失业率的数据源自国际劳工组织数据库（International Labour Organization，ILOSTAT）。（3）**市场增长动力**（*hggdp*），以 *GDP* 增长率表征。市场增长动力是市场态势的"晴雨表"，经济的持久衰退或停滞会降低国际贸易的市场需求，加剧国内的市场竞争，增加贸易摩擦的概率。于潇和孙悦（2017）[38]指出，国际市场需求低迷和贸易增长降速的双重压力造就了当下"逆全球化"的态势。*GDP* 的增长率数据源自世界银行数据库。（4）**双边投资协定**（*bit*），使用中国与其他国家签订的 *bit* 数量来衡量。作为正式制度安排的一部分，经贸协定有助于降低不确定因素，提高资源配置效率，推进国际经贸合作（董静然，2018）[39]。与反倾销壁垒相似，*bit* 的经济效应也具有持久性。参照 *tft* 的方法构建 *bit* 指标：$bit_{jt} = \sum_{t=1}^{t} bit_t$。*bit* 数据来源于贸发会议投资政策数据库（UNCATD Investment Policy Data），并与中国商务部条约法律司 *bit* 数据库对照检验。（5）**出口贸易**（*imv*），以中国对东道国的货物贸易出口额表征。贸易往来和贸易关系的存在是引发贸易摩擦的物质基础。桑百川和郑伟

(2014)[40]的研究指出,中国与金砖国家贸易往来日益密切,竞争性贸易关系的矛盾日益突出,加剧了贸易风险。中国的出口规模扩张会加剧东道国的市场压力,引发更多不满情绪和贸易争端。贸易出口额数据来源于联合国商品贸易数据库(UN Comtrade Database)。(6)政治制度(*dec*),以东道国政治制度衡量。市场普遍衰退会加剧社会矛盾,但西方语境下的政治制度有利于推进社会底层民意对政府决策的影响,尤其是发达国家国内工会和相关利益组织的诉求,可能会推动该国的对华贸易争端(谢建国,2006)[41]。本研究以世界治理指数(World Governance Indicators,WGI①)6项子指标的均值表征政治制度②。*dec* 的取值范围为(-2.5,+2.5),值越大,说明制度治理水平越高效。

上述变量外,交互项检验中还加入了市场增长潜力差异(*difggdp*)和意识形态差异(*difdec*)两个变量,分别以双边国家 *GDP* 增长率差异和政治制度差异的绝对值来表征。从"中国威胁论"出发,比较视角下的经济和政治因素将推动贸易摩擦。无论是新古典贸易理论还是新新贸易理论,都无法很好地解释中国所遭受的贸易摩擦成因,说明贸易壁垒必然包含了经济利益之外的政治要求。市场发展动力的比较优势表征了中国崛起势头,并与意识形态差异共同构成"中国威胁论"的主体内涵,贸易摩擦成为国家竞争的战略武器(宋国友,2014)[42]。

四、实证分析

实证检验前,需报告相关系数矩阵(见表1),以便观察是否存在严重的多重共线性问题。同时,还需进一步报告因变量与核心自变量的拟合曲线(见图1及图2),以便观察两者间的关系。表1表明,除消极形象与积极形象外(-0.804),其他均低于0.7,说明不存在严重的多重共线性。由于积极形象与消极形象变量互为替代变量,不会同时出现在实证中,因此二者的多重共线性问题可以忽略。

---

① WGI 包含6项子指标,分别为:政府责任(voice and accountability)、政治稳定与犯罪率降低(political stability and absence of violence/terrorism)、政府有效性(government effectiveness)、监管质量(regulatory quality)、法律制度(rule of law)、腐败监管(control of corruption)。

② 当下国际舆论中,政治制度主要体现为各层面的政府治理综合水平。因此,我们结合 wgi 6项指标的均值全面量化一个国家的政治制度治理水平。

表 1 相关系数矩阵

名称	变量	tfl	hepu	mepu	pnai	nnai	gini	une	hggdp	difgdp	bit	imv	dec	difdec
贸易壁垒	tfl	1												
东道国不确定性	hepu	0.387 2***	1											
母国不确定性	mepu	0.331 6***	0.650 2***	1										
积极形象	pnai	-0.394 3***	-0.430 5***	-0.343 3***	1									
消极形象	nnai	0.427 7***	0.547 2***	0.423 1***	-0.804 0***	1								
收入分配差距	gini	-0.031 7	-0.226 5**	0.065 1	0.227 3***	-0.303 1***	1							
失业率	une	-0.156 6***	-0.041 0	-0.052 0	-0.091 0	0.112 8*	-0.079 0	1						
市场增长潜力	hggdp	-0.108 3***	-0.266 2***	-0.290 5***	0.393 3***	-0.467 2***	0.240 6***	-0.101 1**	1					
市场增长潜力差异	difgdp	0.071 3	0.168 5**	0.122 1**	-0.383 7***	0.342 2***	-0.275 7***	0.087 2*	-0.639 9***	1				
双边投资协定	bit	0.066 5**	0.092 2**	0.163 1**	-0.240 7***	0.269 2***	-0.449 7***	-0.058 0	-0.120 9***	0.072 1**	1			
对东道国出口	imv	0.778 2***	0.476 4***	0.338 2***	-0.359 1***	0.459 6***	-0.056 0	-0.033 0	-0.173 2***	0.111 3***	-0.211 2***	1		
政治制度	dec	0.257 0***	0.556 2***	0.425 1***	-0.521 7***	0.681 1***	-0.577 8***	-0.030 0	-0.351 3***	0.282 2***	0.380 5***	0.346 2***	1	
意识形态差异	difdec	0.211 4***	0.505 7***	0.297 6***	-0.383 3***	0.581 0***	-0.573 6***	0.033 0	-0.295 2***	0.329 0***	0.206 6***	0.317 2***	0.634 0***	1

从图1、图2可以看出，贸易壁垒与不确定性呈正向关系，而与国家积极形象呈负向关系。直观上，东道国的不确定性因素加重了对华贸易摩擦，他国对中国的积极形象认知有可能降低贸易摩擦。当然，上述认知较为粗略和直观，更为严谨的结论需要结合实证检验结果分析方可得出。

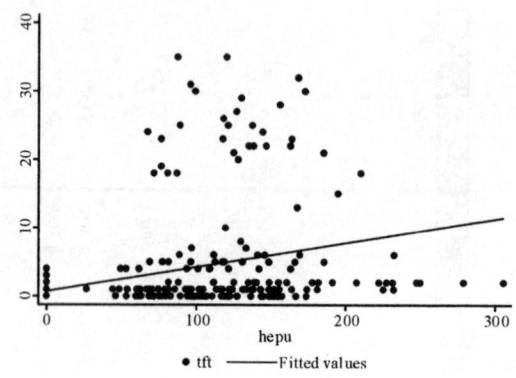

图1　贸易壁垒（*tft*）与东道国不确定性（*hepu*）的拟合曲线

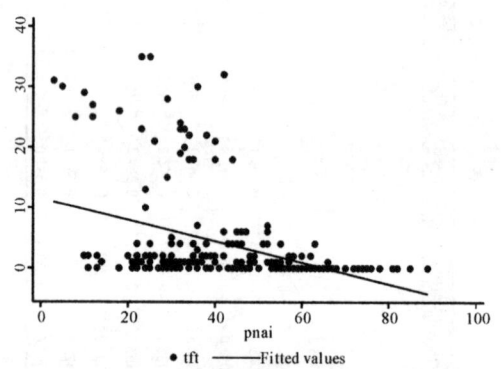

图2　贸易壁垒（*tft*）与积极形象（*pnai*）的拟合曲线

（一）初始回归分析：不确定性和国家形象对贸易摩擦的影响

从样本结构看，由于不同变量间的数据缺失程度存在较大差异，因而容易出现样本特异值问题。如控制变量的样本数量较为完整，但核心自变量即不确定性、国家形象等的样本数量相对比较有限。受此影响，传统的OLS方法变得无效率，而稳健回归可降低特异值的影响，并接近OLS效率。因而本文使用迭代加权最小二乘法进行回归分析（见表2）。

表2　初始回归结果

	(1)	(2)	(3)	(4)
hepu	0.011 8*** (5.37)		0.018 6*** (6.00)	0.025 5*** (7.24)
mepu		0.004 9*** (17.10)		
pnai			-0.019 2*** (-3.66)	
nnai				0.010 3*** (3.11)
gini	0.013 3** (2.31)	0.013 9** (2.29)	0.022 1*** (2.64)	0.020 2** (2.50)
une	0.010 8** (2.14)	0.018 7** (2.22)	0.033 0** (2.90)	0.046 4*** (3.79)
hggdp	-0.059 2** (-2.04)	-0.026 1** (-2.05)	-0.065 3*** (-2.76)	-0.072 2*** (-2.83)
bit	-0.081 6*** (-2.39)	-0.096 2*** (-2.88)	-0.177 2*** (-2.90)	-0.070 3** (-2.20)
imv	0.037 3** (2.38)	0.042 6** (2.52)	0.045 1*** (2.88)	0.038 0** (2.39)
dec	0.100 9* (1.95)	0.179 2** (2.20)	0.261 6** (2.37)	0.293 3** (2.41)
constant	-1.203*** (-5.70)	-1.494*** (-5.72)	-5.768*** (-7.32)	-2.134*** (-7.49)
N	436	436	217	217
F	94.22	82.43	80.80	89.31
P	0.000 0	0.000 0	0.000 0	0.000 0

注：*、**、***依次表示显著性水平为10%、5%与1%，括号内为t值。下同。

表2为不确定性和国家形象对贸易摩擦的回归结果。可以看出，东道国和母国的不确定性均与贸易壁垒显著正相关，说明来自双边国家的不确定性因素显著提高了对华贸易摩擦数量，即假设1得证。经济全球化使区域经贸往来日益密切，包括中国在内的多数国家都受到经济周期下行的影响，导致经济政策频繁波动下的不确定性上升。经济政策的波动和调整会加重市场的信息不对称，提高贸易成本，分化已有贸易关系网络。另外，充斥市场的不确定性情绪还会

加重投资者对资本安全、预期收益的担忧，加重市场竞争压力，引发对外贸易争端。中国的政策波动更多表征了中国对外开放的扩大趋势，其中包含了更多的贸易补贴政策、供给侧改革措施出台等，这在一定程度上也引发了他国对中国企业"不公平竞争"的责难。"新常态"环境迫使中国经济发展方式开启由数量到质量的转变，而作为输出国内过剩产能、促进供给侧改革的主要途径，"一带一路"倡议及其相关投资和贸易政策计划在推进中国企业国际化布局的同时，不免会对沿线国家的相关产业带来冲击。

积极国家形象的系数符号显著为负，消极形象的系数符号显著为正。从结果出发，中国国家形象的正面（负面）程度会降低（增加）他国对华贸易摩擦，即国家形象对贸易摩擦具有溢出效应，假设2得证。首先，积极形象表征了他国民众或社会阶层对中国外在印象的正面性程度，包含了对中国企业及其产品的信赖，以及深层面的两国间国际关系和谐、认同与共识，对于防范和化解贸易争端具有重要价值。其次，消极形象体现了国家间存在误解甚至是对抗的情绪，不利于化解贸易争端。以欧美为代表的发达国家一直诟病中国的政治体制、人权以及知识产权保护等问题，习惯性透过有色眼镜对中国做出不公平论断。在负面形象的影响下，来自中国的商品和服务往往被视为"经济侵略"，相关对华贸易保护措施被视为对"中国不负责任经济行为"的回应。表3汇总了对华反倾销壁垒总量排名前四位的国家及其对中国的形象评分。可以看出，以美日欧为代表的发达国家对华的高贸易争端数量与相应的高负面形象评价呈正向对应关系，说明国家形象的溢出效应显著体现在经贸关系之中。

表3　代表性国家对华反倾销数量和形象评分

排名	国家	反倾销壁垒总量	对华形象（消极/积极）
1	美国	35	(66/25)
2	日本	32	(73/3)
3	韩国	23	(56/32)
4	欧盟	22	(55/26)

注：排名以反倾销壁垒总量为标准，数据的时间范围为2006—2014年；反倾销壁垒总量的统计方法与文中模型相同，对华形象分数为均值

控制变量系数的显著性和符号符合已有研究预期，为便于进行交互项分析，需要对收入分配差距（gini）和政治制度（dec）进行说明。从表2可以看出，收入分配差距（gini）系数符号显著为正，说明欧美区域收入分配差距日益扩大，引发民众对社会和经济状况的不满，贸易保护主义倾向得以滋生，以欧美

发达国家为代表的"逆全球化"经贸政策得以施行,导致世界范围内的贸易争端加剧。政治制度(dec)的系数符号显著为正,说明代议制制度水平更高的国家会与中国发生更多的贸易争端。失业率(une)和出口贸易(imv)的系数符号为正,且具有统计上的显著性。这反映了在经济下行周期中,就业压力以及中国出口规模扩张均会恶化双边贸易关系。尤其是后者包含价格扭曲、贸易福利分配不公平等问题,被视为造成对华贸易摩擦的核心因素(徐毅,2010;李昕和徐滇庆,2013)[43-44]。市场增长潜力(hggdp)、双边投资协定(bit)显著负向影响贸易壁垒。说明市场压力的增加会恶化外贸关系,而投资协定有助于防范和化解潜在和已有的贸易争端。

(二)交互项回归分析:收入分配差距与政治制度的调节效应

不确定性和国家形象对贸易摩擦的影响需要结合具体市场环境状况进行分析,这里主要考察收入分配差距与政治制度对这一影响的调节作用。为此,需对收入分配差距与不确定性的乘积项、政治制度与国家形象的乘积项进行回归分析(见表4)。

表4 交互项检验回归结果

	(1)	(2)	(3)
hepu	0.014 3*** (5.60)	0.022 8*** (5.84)	0.023 9*** (5.94)
gini	0.011 5*** (2.72)	0.014 6*** (2.87)	0.021 6*** (2.94)
gini × hepu	0.002 1** (2.57)		
dec	0.077 1** (2.14)	0.801** (2.33)	0.981*** (2.70)
pnai		-0.021 6*** (-3.05)	
dec × pnai		0.014 3 (1.64)	
nnai			0.025 0*** (3.04)
dec × nnai			0.017 7*** (3.12)
une	0.014 3* (1.90)	0.023 3* (1.93)	0.032 0** (2.04)
hggdp	-0.016 4* (-1.73)	-0.025 5** - (2.04)	-0.026 3** (-2.52)
bit	-0.073 3* (-1.90)	-0.157** (-2.37)	-0.197** (-2.53)
imv	0.203 2*** (4.66)	0.330 4*** (4.74)	0.411 0*** (4.95)
constant	-4.033 2*** (-3.52)	-6.305 7*** (-4.47)	-7.355 6*** (-4.90)
N	436	217	217
F	37.33	19.25	30.45
P	0.000 0	0.000 0	0.000 0

收入分配差距与东道国不确定性的乘积项（$gini \times hepu$）系数显著为正，说明收入分配差距扩大了不确定性对贸易摩擦的正向影响，即假设3a得证。经济政策不确定性指标具有中性特点，经济下行的负面影响更多地体现了底层民众对贫富差距不断扩大的不满。收入分配差距引发的社会矛盾加剧了不确定性因素对贸易摩擦数量的正向影响，对华贸易摩擦被视为持续上升的不确定性与收入分配差距扩大相结合的产物。

从政治制度对形象溢出效应的影响来看，不同类型的形象之间存在差异。政治制度与消极形象乘积项（$dec \times nnai$）系数显著为正，政治制度与积极形象乘积项（$dec \times pnai$）系数为正但不显著。单从系数符号的经济学含义看，政治制度对形象溢出效应具有重要调节作用，在具体形象评价的基础上，分别扩大了积极形象和消极形象反向的贸易溢出效应，因而假设3b得证。从系数显著性方面看，消极形象的交互项较为显著，说明与积极形象相比，消极形象对贸易摩擦数量的正向溢出更易通过政治制度而放大。随着贸易保护主义的兴起，负面形象对贸易关系的恶化效应更为凸显，进一步佐证了低迷市场环境对各种负面经济效应具有催化作用。相形之下，积极形象对经贸关系的改善效果则因不合时宜而不明显。控制变量的系数符号和显著性与之前基本保持一致，不再重述。

（三）对"中国威胁论"的检验：双边经济发展动力与制度差异

单方面的经济因素并不能完全解释中国目前所遭遇的来自世界多方面的贸易摩擦。某些国家对中国崛起的质疑、焦虑及种种非难引发的对华贸易摩擦，实际上是针对中国崛起的战略遏制。西方国家抛出的"中国威胁论"既体现在经济增长差异方面，也体现在制度差异方面。在社会不稳定、经济增长乏力的环境下，由制度差异带来的意识形态差异令不少发达国家相信"国强图霸"将成为中国崛起后的必然之举。基于对自身价值观和对既得利益的维护，这些国家必然从经济政策层面做出相应回应。

下面分别引入市场发展潜力差异与不确定性的交互项（$difggdp \times hepu$），以及制度差异与国家形象（积极/消极）的交互项（$difdec \times pnai$；$difdec \times nnai$），对"中国威胁论"与贸易摩擦的关系进行比较研究，回归结果见表5。表5（1）列中，双边市场发展潜力差异（$difggdp$）系数显著为正，说明国家间的发展潜力差距显著提升了对华贸易摩擦，假设4a得证。要说明的是，样本国家中，只有极个别国家在某些年份的GDP增速超过中国（如阿富汗在2007年），多数国家的GDP增速均低于中国，因而对$difggdp$没必要作偏向性检验。交互项$difgg$-

$dp \times hepu$ 的系数显著为正,说明中国崛起带来的经济增速优势从客观上加重了政策不确定性对贸易摩擦的正向影响,假设 4c 得证。

表5　双边差异及其交互项视角的回归结果

	(1)	(2)	(3)
hepu	0.023 2*** (3.09)		
pnai		-0.010 4* (-1.77)	
nnai			0.015 9*** (2.83)
difggdp	0.015 5* (1.70)		
difdec		0.750 1*** (5.17)	0.731 2*** (4.07)
difggdp × hepu	0.003 2** (2.14)		
difdec × pnai		-0.021 1*** (-5.01)	
difdec × nnai			0.019 9*** (4.59)
gini	0.004 2*** (3.21)	0.005 0*** (4.48)	0.005 9*** (4.90)
une	0.005 8** (1.99)	0.006 6** (2.05)	0.007 4** (2.43)
hggdp	0.031 5** (2.43)	0.038 2** (2.58)	0.036 3** (2.79)
bit	-0.167 2*** (-2.62)	-0.206 3*** (-2.82)	-0.290 5*** (-3.03)
imv	0.204 7*** (6.08)	0.313 0*** (7.02)	0.365 5*** (9.89)
constant	-4.628 3*** (-6.30)	-7.677 2*** (-6.68)	-8.504 3*** (-7.80)
N	436	217	217
F	36.06	24.56	24.67
P	0.0000	0.0000	0.0000

意识形态方面的问题归根结底是政治体制问题。从表5(2)(3)列可以看出,意识形态差异(difdec)系数显著为正,即贸易摩擦更容易发生在对华意识形态差异较大的国家,假设 4b 得证。此外,意识形态问题还会影响民众的主观印象评价,两者的交互作用共同决定了以贸易政策为代表的国家竞争战略选择。贸易关系的维护和修正表面上属于政治行为,但实际上体现的是对"政治正确"和民众基础两者的兼顾与平衡。意识形态差异与积极(消极)国家形象的交互项(difdec × pnai、difdec × nnai)系数符号相反但均显著。交互项系数符号均与单独的国家形象(pnai、nnai)符号一致,说明意识形态差异降低(扩大)了积极形象(消极形象)对贸易摩擦的负向(正向)溢出效应,假设 4d 得证。控制变量的系数符号与显著性与之前的检验基本一致,不再重述。

(四) 稳健性检验

贸易摩擦与国家形象之间的内生性问题需重点分析。首先,借鉴 Rose

(2016)[17]的研究构建国家形象的工具变量：$otpnai_{it} = \sum_{j}^{j \neq i} pnai_{it} / j$。其中 $otpnai_{it}$ 代表 i 国 t 年对中国的积极形象评价，$otnnai_{it}$ 为 i 国 t 年对中国的消极形象评价。除 i 国外，j 国对中国的积极形象评分与 i 国对中国的形象评价相似，但又不会直接影响 i 国对中国的贸易政策。

其次，对中国的国家形象评价涉及众多国家，且不同国家的评价存在差异性，而这可能会影响结论的有效性。因而我们重新构建相对形象指标 $rpnai = pnai/(pnai + nnai)$①，即强调积极（消极）形象的相对比重，从源头上降低国家形象的国别异质性影响。稳健性检验结果见表6。其中（1）（2）列为工具变量检验结果，Shea Partial R^2 统计量表明 $otpnai$ 或 $otnnai$ 不是弱工具变量，Hausen J 统计量表明工具变量通过了过度识别检验，即工具变量在统计学意义是上是有效的。（3）（4）列为国家相对形象指标的检验结果。可以看出，这里的国家形象变量的系数符号和显著性与之前的检验一致，无论是单独的国家形象还是使用工具变量或是相对形象的检验结果，均证明国家形象对贸易摩擦的效应存在。控制变量的系数符号和显著性也与之前检验结论一致，大部分控制变量系数均在90%的概率上显著。除东道国GDP增长率和BIT与贸易摩擦显著负相关外，其他控制变量均与贸易摩擦显著正相关。一方面，源自东道国自身市场增长动力以及涉及双边贸易和投资的有关协定成为化解贸易摩擦的有效途径；另一方面，出口贸易总额和政治制度水平也显著强化了对华贸易摩擦规模，说明伴随国际贸易交往的深化，中国未来可能会面临更多来的来自发达国家的贸易摩擦。从对华贸易摩擦的成因来看，很大程度上源自东道国自身的收入分配差距和失业率等经济和社会矛盾。

表6　稳健性检验

	（1） OLS + IV	（2） OLS + IV	（3） 相对形象	（4） 相对形象
hepu	0.006 8 *** (10.48)	0.005 5 *** (10.51)	0.009 9 *** (10.54)	0.007 4 *** (9.96)
otpnai	-0.053 5 *** (-3.05)			
otnnai		0.037 8 *** (2.68)		

---

① 消极形象类似表示为：$rnnai = nnai/(nnai + pnai)$。

续表

	(1) OLS + IV	(2) OLS + IV	(3) 相对形象	(4) 相对形象
$rpnai$			-0.007 9*** (-2.93)	
$rnnai$				0.009 1*** (3.21)
$gini$	0.028 3* (1.78)	0.037 4* (1.94)	0.039 7** (1.98)	0.040 2** (2.40)
une	0.061 8*** (3.83)	0.074 3*** (3.97)	0.079 1*** (4.02)	0.096 5*** (4.17)
$hggdp$	-0.002 9** (-1.97)	-0.003 1** (-2.40)	-0.015 9** (-2.56)	-0.016 6*** (-2.65)
bit	-0.117 2* (-1.69)	-0.191 8* (-1.72)	-0.202 3** (-2.01)	-0.233 6** (-2.20)
imv	0.086 2** (2.13)	0.112*** (3.10)	0.095 7** (2.41)	0.087 1** (2.13)
dec	0.024 5 (1.48)	0.025 9* (1.69)	0.038 5* (1.70)	0.039 3* (1.74)
$constant$	-3.561 0** (-2.52)	-4.112 6*** (-2.62)	-3.139 2*** (-2.79)	-2.179 5** (-2.40)
N	436	436	436	436
Shea Partial R^2	0.26	0.25		
F	65.20	67.12	65.91	60.23
$P > F$	0.000 0	0.000 0	0.000 0	0.000 0
Hanson J Statistic	9.527	9.966		
$P > H$	0.820	0.855		

最后,经济政策不确定性与贸易摩擦之间的内生性问题可能性较小。原因是:第一,虽然从理论上说,贸易摩擦会加重市场的悲观预期倾向,提高不确定性风险,但从指标来看,贸易摩擦强调了东道国对中国的贸易争端,而经济政策不确定性则是立足于东道国的角度,因而两个指标的指向性差异使得产生内生性问题的可能性较小。第二,经济政策不确定性指数的构建,是基于微观视角对媒体资料的整合和汇总,而反倾销壁垒数据属于宏观层面的统计数据,微观数据对宏观数据的反向影响较为有限。

五、结论与建议

本文使用2006—2014年31个国家（地区）对中国发起的反倾销数据，实证研究了经济政策不确定性与国家形象对对华贸易摩擦的影响。结果显示，不确定性与贸易摩擦正相关，中国的积极形象（消极形象）显著降低（增加）了贸易摩擦数量。进一步的研究发现，收入分配差距扩大了不确定性对贸易壁垒的正向影响；政治制度扩大了消极国家形象对贸易壁垒的正向溢出效应。通过双边视角检验发现，市场发展潜力差异和意识形态差异均与贸易摩擦正相关。其中，市场潜力差异扩大了不确定性对贸易摩擦的正向影响，意识形态差异降低了积极形象对贸易壁垒的负向溢出效应，扩大了消极形象的正向溢出效益。

针对当下严峻的国际贸易环境，推进全球化的"中国方案"应从以下几个方面着手。首先，发展是当今时代的主题，经济全球化由于提升了人类社会的整体福利水平，必将成为长久趋势。当前低迷的市场环境使得不确定性大幅上升，贸易保护主义的兴起加重了逆全球化趋势，因而短期内全球化仍将遭受挑战。但我们需立足长远，因为开放和合作才是时代的主旋律。其次，面对贸易摩擦，中国应优化营商环境，着力提升国家软实力。第一，中国企业需要充分关注东道国的市场风险，相机抉择展开海外营商。市场环境和制度环境差异均会加重外来者劣势，对资本安全和投资收益产生影响，中国企业需要做足功课，依据当地的法律规范展开经济活动，降低市场摩擦风险。第二，应着力提升以国家形象为代表的国家软实力水平，以软实力带动硬实力。高质量的国际关系会提升开放经济的质量和效率，稳固经贸合作关系。树立制度自信和文化自信，不断提升国家形象的软实力，大力进行国际化宣传，增强"中国道路"的吸引力。第三，要不断深化政治和经济制度改革，以沟通对话作为主要的争端解决机制，化解由政治制度差异、意识形态差异等带给中国的发展困扰，强化中国发展道路的国际共识。最后，要坚定不移地推进对外开放战略，建立开放、包容、可持续的全球化发展模式，这是"新常态"环境下深化中国对外经济体制改革的必由之路。

参考文献

[1] 马轶群. 经济政策不确定性与我国宏观经济波动——基于实际经济周期模型的分析[J]. 中南财经政法大学学报，2016（4）：11-20.

[2] 鲁晓东，刘京军. 不确定性与中国出口增长[J]. 经济研究，2017（9）：39-54.

[3] BAKER S R, BLOOM N, DAVIS S J. Measuring economic policy uncertainty [J].

The Quarterly Journal of Economics, 2016, 131 (4): 1593-1636.

[4] 王义中, 宋敏. 宏观经济不确定性、资金需求与公司投资[J]. 经济研究, 2014 (2): 4-17.

[5] BLOOM N, STEPHEN B, JOHN V R. Uncertainty and investment dynamics [J]. Review of Economics Studies, 2007, 74 (2): 391-415.

[6] 陈德球, 陈运森, 董志勇. 政策不确定性、税收征管强度与企业税收规避[J]. 管理世界, 2016 (5): 151-163.

[7] 尹翔硕, 李春顶, 孙磊. 国际贸易摩擦的类型、原因、效应及化解途径[J]. 世界经济, 2007 (7): 74-85.

[8] 姜团. 中美贸易摩擦的成因与对策[J]. 财经问题研究, 2014 (S1): 154-157.

[9] 闫克远, 王爽, 张曙霄. 中国遭遇国际贸易摩擦的必然性与合理性研究[J]. 经济学家, 2011 (10): 98-104.

[10] 鲁晓东, 赵奇伟. 中国的出口潜力及其影响因素——基于随机前沿引力模型的估计[J]. 数量经济技术经济研究, 2010 (10): 21-35.

[11] 钱学锋, 龚联梅. 贸易政策不确定性、区域贸易协定与中国制造业出口[J]. 中国工业经济, 2017 (10): 81-98.

[12] GRINOLS E L, PERRELLI R. Politics, the WTO and trade disputes: evidence from US cases [J]. Pacific Economics Review, 2002, 7 (2): 335-357.

[13] 李春顶. 中美贸易摩擦成因中的心理、制度和政治因素分析[J]. 财贸研究. 2007 (3): 50-56.

[14] 王孝松, 谢申祥. 发展中大国间贸易摩擦的微观形成机制——以印度对华反倾销为例[J]. 中国社会科学, 2013 (9): 86-107, 206.

[15] LEE K H, MAH J S. Institutional changes and anti dumping decisions in the United States [J]. Journal of Policy Modeling, 2003, 25: 555-565.

[16] 李东进, 安钟石, 周荣海, 等. 基于Fishbein合理行为模型的国家形象对中国消费者购买意向影响研究——以美、德、日、韩四国国家形象为例[J]. 南开管理评论, 2008 (5): 40-49.

[17] ANDRE K R. Like me, buy me: the effect of soft power on exports [R]. NBER Working Paper, 2015: No 21537.

[18] 施炳展. 文化认同与国际贸易[J]. 世界经济, 2016 (5): 78-97.

[19] WILLIAM N, GARDBERG N A, BELKIN L Y. Organizational attractiveness is in the eye of the beholder: the interaction of demographic characteristics with foreignness [J]. Journal of International Business Studies, 2006, 37 (5): 666-686.

[20] 杜晓君, 蔡灵莎, 史艳华. 外来者劣势与国家并购绩效研究[J]. 管理科学, 2014 (2): 48-59.

[21] 杜晓君, 杨勃, 齐朝顺, 等. 外来者劣势的克服机制: 组织身份变革——基于

联想和中远的探索性案例研究[J]．中国工业经济，2015（12）：130-145.

　　[22] 戴翔，张二震．互利共赢新内涵与我国应对贸易摩擦新思路[J]．天津社会科学，2014（3）：88-91.

　　[23] 吴志成．理性认识收入分配差距的崛起[N]．中国社会科学报，2018-04-10（001）．

　　[24] 赵瑾．贸易与就业：国际研究的最新进展与政策导向——兼论化解中美贸易冲突对我国就业影响的政策选择[J]．财贸经济，2019（3）：5-18.

　　[25] 杨源源，于津平．逆全球化背景下中国贸易政策取向选择——基于DSGE模型的动态模拟分析[J]．南开经济研究，2019（1）：100-116.

　　[26] 李春顶，陆菁，何传添．最优关税与全球贸易自由化的内生动力[J]．世界经济，2019（2）：72-96.

　　[27] 任靓．特朗普贸易政策与美对华"301"调查[J]．国际贸易问题，2017（12）：153-165.

　　[28] 高乐咏，王孝松．利益集团游说活动的本质与方式：文献综述[J]．经济评论，2009（3）：151-158.

　　[29] 朱锋．"中国崛起"与"中国威胁"——美国"意象"的由来[J]．美国研究，2005（3）：33-59.

　　[30] 佟家栋．分工与国际经济保护主义：驳"中国威胁论"[J]．世界经济，2017（6）：3-22.

　　[31] 吴飞．流动的中国国家形象："中国威胁论"的缘起与演变[J]．南京社会科学，2015（9）：7-16.

　　[32] 李小华．"权力转移"与国际体系的稳定——兼析"中国威胁论"[J]．世界经济与政治，1999（5）：42-45，75.

　　[33] 徐业坤，钱先航，李维安．政治不确定性、政治关联与民营企业投资——来自市委书记更替的证据[J]．管理世界，2013（5）：116-130.

　　[34] 王克稳，李敬强，徐会奇．不确定性对中国农村居民消费行为的影响研究——消费不确定性和收入不确定性的双重视角[J]．经济科学，2013（5）：88-96.

　　[35] 汪亚楠，周梦天．贸易政策不确定性、关税减免与出口产品分布[J]．数量经济技术经济研究，2017（12）：127-142.

　　[36] 中国现代国际关系研究院课题组．世界大变局深刻复杂[J]．现代国际关系，2019（1）：1-6，21.

　　[37] 王小梅，秦学志，尚勤．金融危机以来贸易保护主义对中国出口的影响[J]．数量经济技术经济研究，2014（5）：20-36+85.

　　[38] 于潇，孙悦．逆全球化对亚太经济一体化的冲击与中国方案[J]．南开学报：哲学社会科学版，2017（6）：88-97.

　　[39] 董静然．"一带一路"倡议下投资者——国家争端解决机制研究——基于欧盟

国际投资法庭制度的考察[J].江苏社会科学,2018(1):173-180.

[40]桑百川,郑伟.拓展中国与金砖国家服务贸易往来的对策研究——基于贸易竞争性和互补性的分析[J].世界经济研究,2014(6):30-34,87-88.

[41]谢建国.经济影响、政治分歧与制度摩擦——美国对华贸易反倾销实证研究[J].管理世界,2006(12):8-17,171.

[42]宋国友.中美经贸关系的新变化与新趋势[J].复旦学报:社会科学版,2014(4):95-102.

[43]徐毅.中国贸易顺差的结构分析与未来展望[J].国际贸易问题,2010(2):19-24.

[44]李昕,徐滇庆.中国外贸依存度和失衡度的重新估算——全球生产链中的增加值贸易[J].中国社会科学,2013(1):29-55,205.

第四篇 04
绿色经济发展研究

中国城市绿色创新空间格局及其影响因素[*]

改革开放四十年来，以规模扩张、重量轻质为主要特征的粗放型、外延式发展模式在推动中国经济发展和城市化进程的同时，生态环境恶化、资源短缺、城市新贫困等城市病滋生以及增长过度依靠投资、自主创新能力不强等问题也日益凸显，成为当前城市经济可持续发展亟待解决的难题。党的十九大报告明确提出要"推进绿色发展，构建市场导向的绿色技术创新体系，加快建设创新型国家"。作为绿色和创新两大发展理念的有机结合，绿色创新战略无疑是实现城市经济效益和环境效益双赢的一剂良方，是未来城市发展实现追赶超越目标的重要引擎，也是我国城市实现"弯道超车"的必由之路。同时，作为地区经济社会各方面发展的内核、生态文明建设的主阵地、国家经济产出最为重要的基地（马静等，2017）[1]，城市也具有创新"牵引"和绿色发展"载体"的双重作用。

一个城市的绿色创新水平与本地区的经济因素、创新因素、制度因素等密不可分，而众多因素的合力作用在一定程度上影响甚至决定了城市绿色创新发展的进程。同时，新经济地理学理论证明了知识溢出效应的存在，使得绿色创新还会受到城市空间的相互作用，进而影响城市绿色创新的空间分布特征及演化格局，带来更大范围的经济格局改变。基于此，聚焦于绿色创新的空间格局与影响因素两个侧面，从城市层面探究绿色创新的空间演化格局，并讨论不同因素对城市绿色创新的影响，深入揭示城市绿色创新发展规律，是推进我国新型城镇化、驱动城市经济持续健康发展的题中应有之义。

---

[*] 原载于《广东财经大学学报》2019年第1期第25-37页。
作者：彭文斌，湖南科技大学商学院教授，博士生导师；文泽宙，湖南科技大学商学院研究生；邝嫦娥，湖南科技大学商学院讲师，硕士生导师。

一、绿色创新文献评述与研究主题提出

绿色创新一词最早见于 Fussler 和 James（1996）[2]合著的《绿色创新：创新和可持续发展的突破体系》一书，但有关绿色创新的内涵学界至今未达成共识，目前主要涵盖了以下三类认知：一是引入环境绩效的创新（Cainelli 等，2012）[3]，二是减少环境负担的创新（Albort 等，2017）[4]，三是囊括产品、流程和组织创新的环境创新（Chen 等，2006）[5]。笔者认为，相较于传统创新，绿色创新是兼顾技术创新和绿色环保双重收益，从而有助于缓解资源环境压力并能促进经济可持续健康发展的新型创新活动。

现有文献主要从多元视角对绿色创新的指标选取与测度以及影响因素两个方面展开研究。关于绿色创新的指标选取与测度，多数文献是根据所研究的主题，结合研究假设和数据的可获得性等，自主选择指标与测度方法。如贾军和张伟（2014）[6]使用环境技术专利数单一指标来衡量绿色创新；范群林等（2011）[7]选取与环境技术创新投入、产出及其他相关联的47个指标，通过主成分分析法测算绿色创新。绿色创新活动涉及面较广，单一指标测度法显然无法涵盖大部分绿色创新因素；主成分分析法较单一指标测度法更为全面，但其将绿色创新视作一个"黑箱"，掩盖了绿色创新的内在运行机制（罗良文和梁圣蓉，2016）[8]。现在应用较为广泛的方法主要有随机前沿分析法（SFA）和数据包络分析法（DEA），这两种方法各有优劣。其中，使用参数法的SFA需要事先假定具体生产函数形式，以反映生产者自身效率水平状况，但所有周期的数据仅需构造一个统一生产前沿且允许一定随机误差的存在；而使用非参数法的DEA则无需假定具体生产函数形式，但需要在各个周期均构造一个生产前沿，从而通过生产者自身和其他相同级别生产者之间的比较检验是否达到生产前沿。

关于绿色创新的影响因素学界已取得较多成果，部分学者着重考察了单一因素对绿色创新的影响，研究主要基于环境经济学、创新经济学、管理学等视角，聚焦于环境政策、FDI、资源能力、公司治理等因素对绿色创新的影响。如"波特假说"提出，适当的环境规制能刺激技术革新，使企业获得市场竞争优势，从而达到促进绿色创新的目的（Porter，1995）[9]。但若环境规制强度过大，则会降低企业总体研发水平，阻碍绿色创新（Panda，2008）[10]。Reis（2001）[11]认为，外商直接投资（FDI）通过减少流入国的创新成本可促进其绿色创新。而在FDI流入影响绿色创新的过程中，创新资源投入起到了中介作用（毕克新等，2014）[12]。Brunnermeier 和 Cohen（2003）[13]通过实证研究发现，污染治理投入对绿色创新具有显著正向作用。同时，加大人力资源投入、提高企

业自主创新能力也会推动绿色创新发展（Hurley 等，2012）[14]。此外，Amore 和 Bennedsen（2016）[15]的研究发现，较好的公司治理能力会显著提高绿色技术领域的创新。还有部分学者综合考察了多个影响因素对绿色创新的影响。如华振（2011）[16]的研究结果显示，提升人力资本素质、提高 R&D 强度、增加环境污染治理投入等，均有利于绿色创新发展，而高贸易开放程度会抑制绿色创新发展。张钢和张小军（2014）[17]运用扎根理论分析了经济效益预期、利益相关者压力和资源冗余三个因素对绿色创新的影响，认为其对绿色创新战略作用显著，但具体影响方式和路径存在差异，等等。

还有学者从空间视角对绿色创新的分布格局进行了探索研究。如杨朝均等（2018）[18]基于中国省域面板数据进行了空间计量分析，发现我国东中西部地区绿色创新存在明显差异，中西部地区绿色创新比东部地区波动更大。刘佳和宋秋月（2018）[19]运用修正后的引力模型对 30 个省份绿色创新的空间关联强度进行了量化分析，发现不同绿色创新集聚板块之间存在版块内集聚和板块间显著关联的特征，整体空间极化效应显著。刘明广（2017）[20]的实证研究表明，绿色创新在我国东中西部呈现出由高到低的空间格局，空间集聚效应明显，且各省份间绿色创新差异正在不断缩小；但付帼等（2016）[21]的研究则提出，未来我国绿色创新将极有可能呈现东部优势加大、中部惰性凹陷、西部跳跃性转变的空间格局。

综上，有关绿色创新的研究已取得一定成果，但这些研究的指标选取较为随机，且大多数学者是从全国或省级层面对绿色创新的影响因素进行考察，缺乏城市层面的研究。考虑到当前我国城市发展的迫切要求，本文将研究重心放在城市层面的地理空间，以 2005 年—2016 年 285 个城市单位面板数据为样本，通过科学选择绿色创新的测度指标和影响因素，运用探索性空间数据分析（ES-DA）方法，探讨城市间绿色创新空间演化格局中的关系与趋势，并构建空间杜宾模型深入剖析绿色创新的影响因素。通过研究，期待能拓展绿色创新的内涵与外延，为中国城市绿色创新协同发展和城市生态文明建设提供一些借鉴和思考。

二、城市绿色创新的机制、指标体系与测度方法

（一）绿色创新的形成与影响机制

绿色创新与传统创新最大的不同，在于前者在追求经济效益的同时还会兼顾绿色环保，因此分析中国城市创新的空间特征，引入环境污染的相关变量十

分必要。考虑到环境污染是伴随产品的生产而出现的，故将其视作非期望产出。从投入产出角度来看，可将绿色创新过程细分为3个阶段，即：投入阶段；研发、测试和应用阶段；产出阶段。基于绿色与创新两大理念，通过投入大量人力、资本等要素，经过反复研发与测试，将成熟的绿色创新技术应用于生产实践，一方面可获得期望产出如发明专利、工业产值等，另一方面也会有工业三废排放等非期望产出。显然，非期望产出越少，表明绿色创新水平越高。

  城市绿色创新水平的高低主要受本地区要素投入的影响，同时也与周边城市的绿色创新活动紧密关联。假如有A、B两个城市，其中城市A为本地区。一方面，由于存在溢出效应①，城市A在绿色创新过程中所产生的新知识、新技术会突破地域限制传播至B城市，导致本地区绿色创新产品所面临的竞争加大，并会直接影响后续绿色创新的投入与研发。同理，城市B在绿色创新过程中产生的新知识、新技术同样可能会被城市A吸收，促进城市A绿色创新水平的提高。由此，溢出效应会令社会整体的绿色创新水平提高，但随着地区间的竞争加大，"搭便车"现象也会影响绿色创新研发的积极性。另一方面，由于各地区的环境规制政策不同，传统污染型技术和产业也会在城市间发生转移。一般来说，相比投入高、回报周期长、风险大的绿色创新技术，企业更偏向于使用低成本但可能产生污染的技术进行生产，而这会令环境约束不强的地区沦为企业的"污染天堂"，进而阻碍绿色创新发展。城市间的绿色创新会相互影响，但各城市绿色创新水平仍然参差不齐，部分城市可能因联系紧密而形成空间集聚状态，另一些城市则可能因地理或经济等方面的原因与周边城市脱节，呈现空间发散状态，而空间特征在一定程度上也会影响甚至决定各城市的绿色创新发展进程。

  此外，城市的绿色创新还会受到环境制度约束、经济条件支撑等因素的影响，它们或者为绿色创新提供了良好的发展环境从而能促进绿色创新（如高水平教育、发达的交通条件等），或者因有悖于绿色创新发展理念而抑制绿色创新（如不合理的产业结构等），甚至当这些外部因素的量达到一定临界点时，其作用的方向会发生转变。还有一些因素兼具有促进和抑制作用，最终效果取决于两种作用的大小。如环境规制政策的实施既会倒逼企业进行技术革新和加大环保投入，也会挤出企业研发投入进而抑制绿色创新；政府研发补贴既可以缓解企业融资需求并分散企业研发风险，也会因信息不对称等原因滋生高额寻租成

---

① 根据源出和源入两个方向，可将溢出效应进一步分为"溢他效应"和"他溢效应"，前者指本地区向其他地区效应溢出，后者指其他地区向本地区效应溢出。

本，进而阻碍企业正常的绿色创新活动。

(二) 绿色创新指标体系构建与数据来源

本研究将在传统创新指标的基础上加入环境指标，构建包括创新投入、期望产出和非期望产出三个方面的绿色创新指标体系。

1. 创新投入：以地方财政科技投入和从业的科技人员数作为替代变量。关于创新投入，无论是罗默的内生增长理论还是新古典框架下的生产函数，资本和劳动都是最基本的要素。现有文献中，资本变量通常选取 R&D 经费内部支出，劳动变量则选取 R&D 人员全时当量（钱丽等，2018）[22]。由于中国城市的 R&D 经济内部支出和 R&D 人员全时当量较难获得，故借鉴李金滟等（2017）[23]的做法，分别选取地方财政科技投入和从业人口中的科技人员数作为替代变量。

2. 期望产出：以专利授权量表示。现有研究认为，专利能相对客观地体现地区的创新水平，在创新活动中应用较为普遍。多数学者选择专利申请量和专利授权量作为绿色创新的期望产出，由于专利申请量具有滞后效果，且专利授权量更能保证绿色创新的产出质量（杨树旺等，2018）[24]，因此本研究选择专利授权量作为绿色创新的期望产出。

3. 非期望产出：以二氧化硫、工业废水和工业烟（粉）尘排放量表示。为区别于传统创新，绿色创新指标的选取需要考虑环境污染状况，即非期望产出。参照已有研究成果，并基于数据的可得性，选择工业二氧化硫、工业废水和工业烟（粉）尘排放量作为绿色创新的非期望产出。

4. 数据来源：本研究以 2005—2016 年中国 285 个城市作为研究对象。期望产出指标中的专利授权量来源于中华人民共和国国家知识产权局专利检索系统；创新投入和非期望产出指标数据主要来源于《中国城市统计年鉴》（2006 - 2017）、国家统计局网站和相应地级市的统计公报；部分缺失值采用线性插值法予以补充。

(三) 绿色创新的研究方法选择

1. SBM-DEA 方法

传统的 DEA 模型是基于径向和角度进行测度，得到的结果通常具有片面性，因而不利于对绿色创新进行多角度的客观评价。Tone（2003）[25]提出的非径向和非角度的 SBM-DEA 模型可以有效克服仅从投入或产出单角度进行估算的不足，能从投入和产出两个方面同时对无效率状况进行测量，充分考虑了松弛变量和污染变量对模型测度的影响。

含有非期望产出的 SBM-DEA 模型一般表达式为：

$$\min\rho = \frac{1 - \frac{1}{m}\sum_{i=1}^{m}\frac{S_i^-}{x_{i0}}}{1 + \frac{1}{S_1 + S_2}\left(\sum_{r=1}^{S_1}\frac{S_r^g}{y_{r0}^g} + \sum_{l=1}^{S_2}\frac{S_r^b}{y_{l0}^b}\right)}$$

$$\text{s.t.} \begin{cases} x_0 = X\lambda + S^- \\ y_0^g = Y^g\lambda - S^g \\ y_0^b = Y^b\lambda + S^b \\ S^-, S^g, S^b, \lambda \geq 0 \end{cases} \quad (1)$$

式中，目标函数 ρ 为效率值，且 $\rho \in [0, 1]$；S^-、S^g、S^b 分别代表创新投入、期望产出和非期望产出的松弛变量；m、S_1、S_2 分别代表创新投入、期望产出和非期望产出要素的种类数；X、Y^g、Y^b 分别代表决策单元中的创新投入、期望产出和非期望产出向量，$X = [x_1, \cdots, x_n]$，$Y^g = [y_1^g, \cdots y_n^g]$，$Y^b = [y_1^b, \cdots y_n^b]$，$n$ 表示决策单元个数；λ 表示权重向量。当且仅当 $\rho = 1$、$S^- = 0$、$S^g = 0$、$S^b = 0$ 时，决策单元处在效率前沿面上，表现为决策单元有效且具有完全效率，否则存在效率损失。

2. 探索性空间数据分析（ESDA）方法

空间自相关用于考察数据是否存在空间依赖性。当位置相近区域表现出相似取值时，即高值和高值、低值和低值集聚在一起时，表示"正的空间自相关"；若高值和低值集聚在一起，则表示"负的空间自相关"。本研究在基于SBM-DEA模型测度绿色创新的基础上，选用全局莫兰指数I（Global Moran's I）和局部莫兰指数I（Local Moran's I）分析绿色创新的空间集聚特征。以全局莫兰指数I考察事物总体空间联系和差异情况，可反映整个空间序列$\{x_i\}_{i=1}^n$的集聚特征；以局部莫兰指数I考察每个空间单元与周围地区的空间差异程度，可反映具体某个区域附近的空间集聚特征，对全局莫兰指数I予以完善。两个指数的计算公式如下：

全局莫兰指数I： $$I = \frac{\sum_{i=1}^{n}\sum_{j=1}^{n}w_{ij}(x_i - \bar{x})(x_j - \bar{x})}{S^2\sum_{i=1}^{n}\sum_{j=1}^{n}w_{ij}} \quad (2)$$

局部莫兰指数I： $$I = \frac{(x_i - \bar{x})}{S^2}\sum_{j=1}^{n}w_{ij}(x_j - \bar{x}) \quad (3)$$

其中，n 表示城市个数；x_i 和 x_j 代表城市 i 和城市 j 的观测值，$\bar{x} = \frac{1}{n}\sum_{i=1}^{n}x_i$；$S^2 =$

$\dfrac{\sum_{i=1}^{n}(x_i-\bar{x})^2}{n}$ ——表示样本方差；w_{ij} 是空间权重，常用的是相邻权重矩阵和地理权重矩阵，但考虑到绿色创新与经济发展情况密切相关，因此需要着重考虑经济权重矩阵 E。借鉴林光平等（2005）[26]的思想，E 的主对角元素全为 0，非主对角元素为 $E_{ij}=\left|\dfrac{1}{\bar{Y}_i-\bar{Y}_j}\right|$（$i\neq j$），$\bar{Y}_i$ 表示第 i 个城市 2005—2016 年的人均实际 GDP。

三、中国城市绿色创新水平的空间分布特征

（一）中国城市绿色创新平均水平变化趋势

运用 MaxDEA 软件并根据 SBM-DEA 模型计算得出 2005—2016 年间中国 285 个城市绿色创新水平（GI）。从时间趋势来看，此期间中国城市绿色创新平均值为 0.04，大致表现出缓慢上升趋势（见图 1）。仅在 2006 年出现了下降过程，可能的原因是当时我国处于政策转型调整期，正在对产业结构进行调整。但 2007 年国家提出要建设"两型社会"，资源环境的保护日益受到重视，从经济持续健康发展目标出发，通过加大环保投入力度，大力发展高新技术产业，使绿色创新水平得以持续增长，到 2016 年达到最高值 0.11。值得注意的是，全国整体绿色创新水平还不够高，仍有较大发展潜力。随着京津冀协同发展、长江经济带发展及粤港澳大湾区建设等战略的实施，我国城市绿色创新水平必将大幅提升。

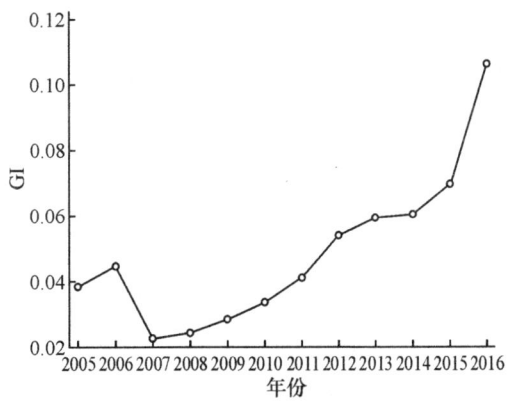

图 1　2005—2016 年中国城市绿色创新平均水平变化趋势图

（二）中国城市绿色创新的空间演化格局

在使用空间计量模型分析中国城市绿色创新的影响因素前，需要先判断绿

色创新是否存在空间集聚特征。借助 Stata15.0 软件对绿色创新进行全局和局部的空间自相关性检验,结果见表2。

表2 绿色创新的 Global Moran's I 值

年份	Moran's I	E(I)	sd(I)	z	P-value
2005	0.011 0	-0.004 0	0.023 0	0.632 0	0.264 0
2006	-0.006 0	-0.004 0	0.025 0	-0.083 0	0.467 0
2007	0.035 0	-0.004 0	0.024 0	1.625 0	0.052 0
2008	0.050 0	-0.004 0	0.025 0	2.187 0	0.014 0
2009	0.055 0	-0.004 0	0.026 0	2.267 0	0.012 0
2010	0.078 0	-0.004 0	0.026 0	3.090 0	0.001 0
2011	0.059 0	-0.004 0	0.024 0	2.654 0	0.004 0
2012	0.070 0	-0.004 0	0.026 0	2.851 0	0.002 0
2013	0.073 0	-0.004 0	0.027 0	2.830 0	0.002 0
2014	0.052 0	-0.004 0	0.026 0	2.107 0	0.018 0
2015	0.075 0	-0.004 0	0.027 0	2.909 0	0.002 0
2016	0.067 0	-0.004 0	0.028 0	2.536 0	0.006 0

注:E(I) 和 sd(I) 分别表示理论期望和理论方差,z 为标准化统计量,P-value 为伴随概率 P 值。

表2反映了285个城市绿色创新的集聚与分散状态。可以看出,2005年和2006年 Moran's I 值不显著并接近于0,说明这两年中国城市绿色创新的空间分布较为随机,但2007—2016年间的城市绿色创新 Moran's I 值均为正,且至少在10%水平下显著,表明从2007年开始,中国城市绿色创新分布存在显著的空间正相关性,具有空间相似性的城市在地域上存在连带关系,表现出明显的空间集聚和空间依赖特征,即低绿色创新水平城市其周围城市的绿色创新水平也较低,而高绿色创新水平城市其周围城市的绿色创新水平也较高。从全局 Moran's I 值的变化趋势来看,先是逐渐升高然后趋于平稳。具体而言,2005—2010年间,Moran's I 值呈上升态势,在2010年达到峰值0.078,且从2008年开始 P 值明显减小,区域空间差异不断缩小,说明金融危机增强了城市间绿色创新的空间关联性和依存度。当然,这种更高的关联程度既有可能是绿色创新水平的同时上升,也有可能是绿色创新水平的同时下降。但不可否认的是,这一时期城市之间的联系变得更为紧密。2011—2016年间的 Moran's I 值略有下降,在0.070上下浮动,说明危机过后,随着创新驱动发展战略的提出,各城市绿色创新投入和支持力度存在较大差异,总体发展水平较低,空间相关性减弱。但由

于共享经济的发展,城市之间仍维持着必要的依赖性,导致城市间的空间相关性在降低到一定程度后趋向稳定。然而这种稳定的空间集聚格局仅维持在较低程度,城市单元之间的联系还有待加强。

全局空间自相关性检验反映出中国城市绿色创新存在空间集聚,但隐藏了城市空间的内部联系,不能反映具体的空间关联特征。为此,需要进一步对绿色创新进行局部空间自相关性检验。

为判断不同时期我国城市绿色创新的空间关联特征,本文以 2005 年、2010 年和 2016 年这三个时间节点为例进行分析(其他年份结果具有相似性)。从图 2 的 Moran's I 散点图①可知,三个观测时点落在第一、三象限的城市均最多,说明中国城市绿色创新在地理上确实存在显著正相关性,与全局空间自相关性检验结果相符。表 3 列出了三个观测时点中具体落在高 – 高型区域(热点区)和

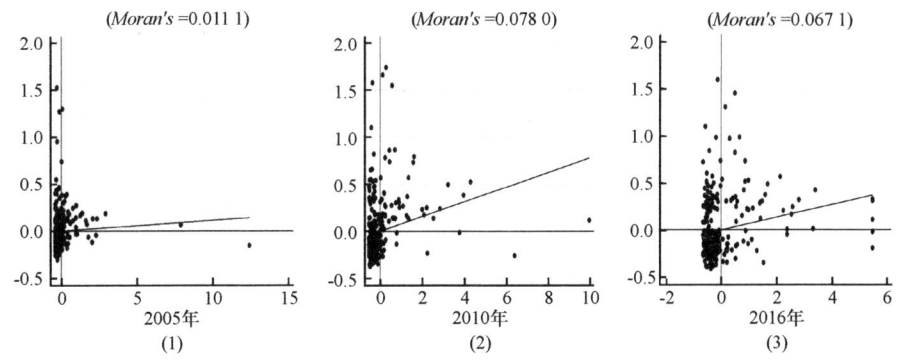

图 2　2005 年、2010 年、2016 年的绿色创新 Moran's I 散点图

低 – 低型区域(盲点区)的显著性城市②。发现 2005—2016 年热点区域分布呈现出由内陆向沿海转移的趋势,且绿色创新在地理距离限制下,由珠三角的"单核心"逐渐形成了以珠三角、长三角和北部湾等城市群为区域范围的"多核心"集聚形态,这些区域城市间联系紧密,信息、知识等共享较充分,经济转型升级较快,经济发展质量得到改善。此外,乌鲁木齐等国家园林城市依托自身良好的生态环境优势,相较于周边城市拥有更好的绿色创新基础,因此具有较强的辐射带动能力。而盲点区域则主要集中于石嘴山、临汾、抚顺等内陆老

---

① Moran's I 散点图描述的是变量与其空间滞后(即该观测值周围邻居的加权平均)向量之间的相关关系。横坐标对应描述变量,纵坐标对应空间滞后向量。
② 限于篇幅,本文仅列出重点关注的显著正相关性城市,高 – 低和低 – 高两个异质性突出区域的显著性城市未予列出。

工业基地，由于其多以传统粗放型发展方式为主，转型升级缓慢，经济发展较为落后，阻碍了绿色创新活动的发展，同时这些地区与周边城市联系相对薄弱，难以形成区域优势互补，进而导致整个区域的绿色创新水平偏低，缺乏绿色创新增长极。

表3 各城市不同年份的绿色创新空间关联特征

区域	2005	2010	2016
高-高型区域（热点区）	克拉玛依、东莞、江门、广州、西宁、乌鲁木齐、惠州、佛山、深圳、汕头、烟台	克拉玛依、东莞、三亚、江门、广州、西宁、乌鲁木齐、惠州、佛山、深圳、绍兴、宁波	克拉玛依、东莞、海口、江门、广州、西宁、乌鲁木齐、惠州、深圳、厦门、台州、金华、绍兴、宁波
低-低型区域（盲点区）	嘉峪关、保山、临沧、柳州、天水、酒泉、兰州、固原、安庆、临汾	保山、柳州、酒泉、兰州、榆林、固原、临汾、赤峰、辽源、张掖	保山、安顺、吴忠、银川、石嘴山、乌海、呼和浩特、延安、平凉、运城、临汾、秦皇岛、朝阳、赤峰、抚顺、通辽、齐齐哈尔、辽源

整体而言，中国城市绿色创新显著的空间关联类型总体格局大致不变，仍以正向关联为主，虽然"高-高"型区域和"低-低"型区域均有所增加，但"低-低"型区域城市数量增加速度更快，未来中国城市绿色创新发展应注重整体水平的提高和均衡区域之间的差异，防止出现两极分化格局。

四、城市绿色创新的影响因素

（一）城市绿色创新因素构成与衡量

城市绿色创新水平是多因素共同作用的结果。借鉴杨树旺等（2018）[24]、彭文斌等（2018）[27]的研究，将绿色创新的影响因素归纳为经济因素、创新因素和制度约束因素。其中，经济因素是绿色创新的基础，创新因素是绿色创新的动力，制度因素是绿色创新顺利推进的重要保障。因此，本文主要从经济因素、创新因素和制度因素三个方面探讨其对中国城市绿色创新的影响。

1. 经济因素：以交通条件（HM）与产业结构（IS）表示。绿色创新是与一定经济条件相匹配的，经济发展能为绿色创新提供必不可少的基础设施和经济环境。基础设施涉及面较广，本文主要选取对绿色创新影响力较大的交通条件进行分析。陶长琪和周璇（2016）[28]认为，便利的交通条件使得城市之间的联系更为紧密，也令城市间的产业集聚、要素流动、技术溢出以及信息资源共享等特征更加明显，对绿色创新技术具有较大影响。本文借鉴其研究，采用公里里程作为交通条件（HM）的衡量指标。经济环境是制约绿色创新发展的重要因素，而产业结构与绿色创新的关系最为密切，合理的产业结构能推动绿色创新发展。本研究选取第二产业增加值占 GDP 的比值表征产业结构（IS），分析其对绿色创新的具体影响情况。

2. 创新因素：以教育水平（EL）与开放程度（FC）表示。不断提升的创新能力是支撑绿色创新水平稳步提升的重要推动力，这一影响一方面是源于区域内部的自主创新，另一方面也源于国际的溢出效应。教育作为人力资本积累的重要来源，是内部自主创新能力提升的一大手段，是国家自主创新体系中不可或缺的一环（李金滟等，2017）[23]。居民受教育程度越高，对绿色产品和环境质量的要求越严格，越能倒逼企业进行绿色创新。由于高校毕业生是就业创业的主力军，因此采用万人在校大学生人数来衡量教育水平（EL）。在开放经济环境下，区域对外交流有助于引进国外高水平技术、高素质人才及 FDI 等创新因素，扩大开放程度能使本地区更容易获得国际溢出效应，促进自身创新能力提高，但也可能导致污染产业进入本地区，从而沦为"污染天堂"（徐志伟，2016）[29]。本文选取当年实际使用外资金额占 GDP 比重作为开放程度（FC）的替代指标。

3. 制度因素：以环境规制强度（ER）表示。由于绿色创新的经济维度和环境维度都存在正向溢出的外部性，因此需要制定相关制度对绿色创新活动进行约束，而环境规制便是最为重要的约束手段。创新补偿效应与遵循成本效应一直是环境规制对绿色创新影响的争论焦点。如 Porter（1995）[9]认为环境规制带来的创新补偿效应大于遵循成本效应，能实现绿色生产和高利润的双赢格局；而 Slater 和 Angel（2000）[30]的研究发现，"庇古税"的存在使得企业成本过高从而会降低企业研发投入，遏制企业的绿色创新。可见，环境规制之于绿色创新究竟是"促进说"还是"抑制说"或是"无效说"仍待进一步探究。本文借鉴魏玮等（2013）[31]的做法，以城市居民可支配收入替代环境规制强度（ER）。

以上影响因素指标的相关数据主要来源于《中国城市统计年鉴》（2006 - 2017）、《中国区域统计年鉴》（2006 - 2014）、国家统计局网站及相应地级市的统计公报。为减轻异方差，所有变量均以自然对数形式进入估计方程。各变量的描述性统计见表4。

表4　变量描述性统计

变量	观测值	平均值	标准差	最小值	最大值
lnGI	3 420	-4.096 7	1.377 1	-12.137 4	0
lnHM	3 420	9.121 2	0.729 6	6.180 6	11.769 1
lnFC	3 420	0.072 5	1.284 1	-6.701 9	2.656 0
lnIS	3 420	3.583 2	0.247 3	2.149 4	4.446 6
lnEL	3 420	4.442 1	1.137 5	0	7.179 3
lnER	3 420	9.779 3	0.466 4	8.514 6	13.248 6

（二）基础模型构建

根据前述分析，中国城市绿色创新确实存在空间相关性，据此可构建空间自回归模型（SAR）、空间误差模型（SEM）和空间杜宾模型（SDM）等。研究结果显示，似然比检验结果分别为59.41和57.21，沃尔德检验值为72.67，且均通过了显著性检验，即空间误差（Spatialerror）和空间滞后（Spatiallag）均拒绝了原假设，故选取较为稳健的空间杜宾模型对中国城市绿色创新影响因素进行实证分析。基础计量模型如下：

$$\ln GI_{it} = \alpha_0 \sum_{j=1}^{n} w_{ij}\ln GI_{it} + \alpha_1 \sum_{j=1}^{n} w_{ij}\ln HM_{it} + \beta_1 \ln HM_{it} + \alpha_2 \sum_{j=1}^{n} w_{ij}\ln FC_{it} + \beta_2 \ln FC_{it} + \alpha_3 \sum_{j=1}^{n} w_{ij}\ln IS_{it} + \beta_3 \ln IS_{it} + \alpha_4 \sum_{j=1}^{n} w_{ij}\ln EL_{it} + \beta_4 \ln EL_{it} + \alpha_5 \sum_{j=1}^{n} w_{ij}\ln ER_{it} + \beta_5 \ln ER_{it} + \mu + \varepsilon_{it} \quad (4)$$

其中：i 代表城市；t 代表时间；GI_{it} 表示第 i 个城市在 t 年的绿色创新指标；HM_{it}、FC_{it}、IS_{it}、EL_{it}、ER_{it} 分别表示影响城市创新的交通条件、开放程度、产业结构、教育水平和环境规制变量；α、β 分别为待估线性相关关系和效应系数向量；ε_{it} 为随机扰动项；w_{ij} 表示空间权重矩阵，这里同样使用经济权重矩阵 E。

（三）实证结果及分析

为避免伪回归问题，在进行回归估计之前，需对面板数据进行面板单位根检验。表5中的LLC检验、IPS检验、PP-Fisher检验和ADF-Fisher检验结果表明，所有变量均为 $I(0)$ 过程，即变量是平稳的，可直接进行后续实证检验。

表5 面板数据平稳性检验结果

变量	LLC 检验	IPS 检验	CH 检验 PP-Fisher	CH 检验 ADF-Fisher	是否平稳
lnGI	-19.919 6***	-2.454 7***	18.632 9***	15.926 5***	是
lnHM	-97.664 0***	-13.100 2***	255.664 5***	11.343 9***	是
lnFC	-20.055 1***	-1.084 3*	24.627 2***	12.894 9***	是
lnIS	-14.752 0***	-4.413 2***	11.968 7***	21.487 3***	是
lnEL	-28.228 1***	-5.158 6***	35.761 4***	19.769 7***	是
lnER	-74.101 0***	-3.453 7***	13.584 4***	21.453 7***	是

注：***、**、*分别表示1%、5%、10%水平上显著。下表同。

一般来说，绿色创新是一个持续进行的过程，需充分考虑时间滞后效应，因而在构建的动态空间杜宾模型中加入绿色创新的滞后项GI_{it-1}，对中国城市绿色创新的影响因素进行探讨。动态空间杜宾模型由于同时考虑了个体时间和个体空间的序列相关性，可以有效解决个体和时间的固定效应问题，得到的估计系数更加可靠（见表6）。

表6 动态空间杜宾模型估计结果

变量	主效应	空间滞后	直接效应	间接效应	总效应
L.lnGI	0.761 5***				
	(0.013 4)				
lnHM	-0.129 4***	0.246 1*	0.131 1***	0.246 6*	0.377 7
	(0.047 9)	(0.129 6)	(0.046 2)	(0.135 1)	(0.143 9)
lnFC	-0.011 6	0.021 0	-0.010 5	0.020 5	0.010 0*
	(0.010 1)	(0.027 7)	(0.009 7)	(0.026 7)	(0.029 0)
lnIS	-0.127 6*	-0.664 1***	-0.129 2*	-0.651 5***	-0.780 7***
	(0.074 5)	(0.227 6)	(0.072 4)	(0.224 3)	(0.231 0)
lnEL	0.010 3	0.038 5	0.010 5	0.043 8	0.054 2*
	(0.029 4)	(0.094 1)	(0.028 4)	(0.094 1)	(0.098 8)
lnER	0.044 6	0.289 0	0.047 9	0.287 4	0.335 3*
	(0.058 9)	(0.191 6)	(0.058 1)	(0.188 2)	(0.194 5)
Observations			3135		
Number of city			285		
rho			0.009 6*		
sigma2_e			0.149 4***		

续表

变量	主效应	空间滞后	直接效应	间接效应	总效应
Log-likelihood			−2 172.882 9		
R^2			0.662 9		
时间固定			是		
空间固定			是		

注：括号内为标准误差；sigma2_e 为组内标准差；Log-likelihood 为对数似然值。下表同。

从表6的估计结果可以看出，动态空间杜宾模型估计的 R^2 为0.662 9，说明模型拟合效果较好。城市绿色创新的空间系数（rho 估计值）为0.009 6，且通过了10%显著性水平检验，说明绿色创新存在显著的正向空间溢出效应，个别城市绿色创新水平的提高会辐射到周边城市，从而带动邻近城市绿色创新水平的提升。从绿色创新的滞后效应看，绿色创新确实受到往期绿色创新的影响，其一阶滞后项系数高达0.761 5且在1%水平下显著，即往期绿色创新每提高1个百分点会使得当期绿色创新相应提高0.761 5%，说明绿色创新的累积效应不可忽略。下面根据绿色创新的直接效应、间接效应和总效应分解结果，具体分析各因素的影响作用。

就直接效应而言，其反映的是自变量对本地区的影响程度。可以看出，交通条件系数为0.131 1，且通过了1%显著性水平检验，说明交通条件的改善对绿色创新具有明显促进作用。这是因为便捷的交通可以提高交易效率，减少企业成本，使得企业有更多资金投入到绿色创新技术的研发领域。开放程度系数为负但不显著，本地区在获得对外开放带来的资金、人才等好处的同时，也可能使其他地区的污染产业得以转入，导致本地区的环境污染加重，绿色创新水平反而下降。产业结构系数为−0.129 2，且在10%的水平下显著，说明第二产业占 GDP 比重越大，越不利于绿色创新发展。因为第二产业中高耗能、高污染的石化、钢铁、有色金属等仍是大部分城市的支柱产业，而战略性新兴产业发展薄弱，阻碍了绿色创新发展，这与陈景新和张月如（2018）[32]的结论基本一致。教育水平系数为0.010 5，未通过显著性检验，说明教育带来的人力资本提升会促进绿色创新发展。环境规制系数为0.047 9，即环境规制会倒逼绿色创新，环境规制越高的城市绿色创新水平越高，从而支持了"波特假说"的观点。

就间接效应而言，其反映的是自变量对周边地区的影响程度，也称溢出效应。研究结果表明，交通条件系数显著为正，且系数值0.246 6比直接效应的系数值0.131 1大，这意味着完善本地区交通设施条件对周边城市绿色创新发展的促进作用大于对本地区的作用,其主要通过知识溢出、劳动力集聚和产业集聚效应三个路径影响城市群集聚经济(Daniel等,2011)[33],使得各城市之间联系更为紧密,有利于信息、技术等的共享,进而推动各城市的绿色创新发展。开放程度系数为0.0205,开放程度的扩大,导致周边城市更容易将重污染产业转移到本地区,而周边城市转而发展环保产业,绿色创新水平得到提高。产业结构系数为-0.6515,本地区第二产业的发展会显著抑制周边城市的绿色创新。教育水平系数为正,发达的教育水平在提高本地区绿色创新水平的同时,也会带动周围城市的绿色创新发展。环境规制系数为0.2874,说明本地区环境规制的增强,会引起周边城市环境规制做出相应调整,有利于其绿色创新水平的提升。

就总效应而言,其反映的是直接效应和间接效应对绿色创新的综合影响程度。交通条件系数为0.3777,改善交通条件有助于绿色创新发展,但作用不明显。开放程度显著促进了绿色创新发展,说明开放经济下获得的绿色创新资金、技术等好处总体上要高于环境污染等成本,扩大对外开放强度会加快绿色创新发展。产业结构系数为-0.7807,第二产业的发展显著不利于提升绿色创新水平。教育水平和环境规制系数分别为0.0542、0.3353,且都通过了显著性水平检验,因而不断提高教育水平,适度加强环境规制强度,将有利于推进我国城市绿色创新发展。

(四)稳健性检验

为考察动态空间杜宾模型估计结果的稳健性,同时在一定程度上与传统估计方法进行比较,本研究进一步构建静态空间杜宾模型,以检验交通条件、开放程度、产业结构、教育水平和环境规制等5个变量对绿色创新的影响,估计结果如表7所示。不难看出,无论是直接效应、间接效应还是总效应,5个影响因素的系数均未发生变化,可以认为原模型的估计结果是稳健的。但固定效应下的静态空间面板模型忽略了时间和空间的异质性,且未考虑绿色创新的动态变化过程,掩盖了往期绿色创新"累积效应"对当期绿色创新发展的作用,所以5个影响因素的显著性相较于原模型有所提高,同时其模型估计的R^2为0.2183,明显低于原模型的0.6629,说明原模型拟合度更高,估计结果更为准确。因此,选择原模型进行实证分析是科学合理的。

表7 静态空间杜宾模型估计结果

变量	主效应	空间滞后	直接效应	间接效应	总效应
lnHM	-0.093 3*	0.541 5***	0.101 8*	0.613 1***	0.714 9***
	(0.053 4)	(0.150 7)	(0.055 0)	(0.162 6)	(0.175 9)
lnFC	-0.026 3**	0.003 9	-0.026 9**	0.001 3	-0.025 6
	(0.012 7)	(0.033 0)	(0.012 4)	(0.038 1)	(0.041 8)
lnIS	-0.287 4***	-0.010 3	-0.278 1***	-0.048 8	-0.326 9
	(0.093 0)	(0.275 6)	(0.088 8)	(0.290 7)	(0.305 4)
lnEL	0.136 3***	0.312 8***	0.140 0***	0.369 1***	0.509 1***
	(0.036 3)	(0.118 0)	(0.035 2)	(0.126 1)	(0.133 8)
lnER	0.086 5	0.002 9	0.088 0	0.022 9	0.110 9
	(0.076 7)	(0.246 2)	(0.074 5)	(0.270 4)	(0.283 7)
Observations			3 420		
Number of city			285		
rho			0.098 5***		
sigma2_e			0.256 0***		
Log-likelihood			-2 172.882 9		
R^2			0.218 3		
时间固定			是		
空间固定			是		

五、研究结论与政策建议

本文基于2005—2016年中国285个城市的面板数据,构建SBM-DEA模型测度了城市绿色创新水平,并分析了其空间分布特征。同时运用探索性空间数据分析方法,对中国城市绿色创新的空间演化格局进行了研究。在此基础上,构建动态和静态的空间杜宾模型,探讨交通条件、开放程度、产业结构、教育水平和环境规制5个因素对绿色创新的影响情况。研究发现:(1)绿色创新的测度结果显示,2005—2016年全国城市绿色创新水平平均值为0.04,绿色创新整体上表现出缓慢上升趋势,但绿色创新水平仍有较大提升空间。(2)空间自相关性检验结果表明,中国城市绿色创新分布存在显著的空间正相关性,空间集聚特征明显;285个城市在2005年、2010年和2016年3个时间节点落在高-高型区域和低-低型区域的城市较多,热点区域分布呈现出由内陆向沿海转移的趋势,绿色创新在地理距离的限制下,由珠三角的"单核心"逐渐形成以珠三角、长三角和北部湾等城市群为区域范围的"多核心"集聚形态,乌鲁木齐等国家园林城市依托自身良好的生态环境优势，绿色创新基础较好，辐射带动能力强，盲点区域则主要集中于石嘴山、临汾、抚顺等内陆老工业基地。（3）绿色创新具有累积效应，往期绿色创新成果会进一步推动当期绿色创新发展，且动态空间杜宾模型比静态空间杜宾模型拟合效果更好，得到的估计系数更加可靠。（4）从直接效应、间接效应和总效应来看，交通条件、开放程度、产业结构、教育水平和环境规制均为绿色创新的重要影响因素。具体而言，交通条件的完善、教育水平的提高以及环境规制强度的加大均可促进绿色创新；第二产业占GDP比重越大，越会显著抑制绿色创新；扩大开放程度不利于本地区绿色创新，但有利于周边城市的绿色创新水平提升，总体而言会促进我国城市绿色创新发展。

基于上述研究结论，本文提出如下政策建议。

第一，政府要继续鼓励绿色创新，加大引导与扶持力度。绿色创新技术存在较强的溢出效应，但企业的研发成本高、风险大、报酬低，不如传统创新带来的效益明显。当前我国以模仿创新为主，绿色创新积极性不足，这成为我国经济高质量发展的一大阻碍，尤其在受到美国等发达国家的技术出口限制时，我国绿色创新就会陷入"低端锁定"状态，这从美国挑起的贸易战可见一斑。因此仅靠市场这只"看不见的手"难以有效推进我国城市绿色创新发展，还需要政府这只"看得见的手"引导与扶持企业的绿色创新活动，适当给予政策优惠和财政补贴，推广使用新能源，积极培育战略性新兴产业，努力提升我国的绿色创新水平，形成自己在绿色创新技术领域的核心优势，攻占新科技革命和产业革命的制高点。

第二，以城市群为载体，推动我国城市绿色创新全面发展。研究表明，绿色创新表现出明显的空间正相关性，且形成了以城市群为区域范围的"多核心"集聚形态，在幅员辽阔的中国，应综合考虑各城市的绿色创新现状及空间集聚特点，明确城市定位，有针对性地、因地制宜地实施差异化绿色创新政策。以京津冀、珠三角、长三角、北部湾等城市群为载体，通过城区群内部的优势互补、良性互动，打破本位主义和绿色创新溢出的市场与体制壁垒，实现城市绿色创新资源的自由流动、整合与共享，以城市群为中心逐渐向周边地区辐射开去，由点及面带动周边乃至全国城市绿色创新协同发展，努力开创我国城市绿色创新全面发展的新局面。

第三，应重视其他因素对绿色创新的积极促进作用。要实现绿色创新水平的提升，首先要为绿色创新发展提供良好的环境，如加大教育资源和交通等基础设施建设投入，努力提高产学研一体化程度，加强交通节能以构建绿色交通体系，推动绿色创新成果落地。抓住"一带一路"建设机会，不断扩大对外开放程度，但在"走出去"与"引进来"的过程中，要注重对高质量产业、技术、人才的吸收，对于高污染产业和技术应设定进入障碍，避免沦为"污染天堂"。新常态下，我国经济由高速增长转变为中高速增长，经济发展正处于转型升级的关键时期，要抓住工业转型契机，加快产业结构优化升级，构建低碳型产业结构，从根本上改变高投入、高能耗、低产出的发展模式，推动产业链向高端化延伸。加强政府、公众和环保NGO的环境监管力度，杜绝排污管理上的寻租行为，同时将绿色GDP作为官员考核的重要依据，将环境规制政策真正落到实处，倒逼企业进行绿色创新。

参考文献

［1］马静，邓宏兵，蔡爱新．中国城市创新产出空间格局及影响因素——来自285个城市面板数据的检验［J］．科学学与科学技术管理，2017（10）：12-25.

［2］FUSSLER C, JAMES P. Eco-innovation: a break through discipline for innovation and sustainbility［M］. London: Pitman Publishing, 1996.

［3］CAINELLI G, MAZZANTI M, MONTRESOR S. Environmental innovations, local networks and internationalization［J］. Industry and Innovation, 2012, 19（8）: 697-734.

［4］ALBORT M G, HENSELER J, LEAL-MILLAN A. Mapping the field: a bibliometric analysis of green innovation［J］. Sustainability, 2017, 9（6）: 1011-1025.

［5］CHEN Y S, LAI S B, WEN C T. The influence of green innovation performance on corporate advantage in Taiwan［J］. Journal of Business Ethics, 2006, 67（4）: 331-339.

［6］贾军，张伟．绿色技术创新中路径依赖及环境规制影响分析［J］．科学学与科学技术管理，2014（5）：44-52.

［7］范群林，邵云飞，唐小我．中国30个地区环境技术创新能力分类特征［J］．中国人口·资源与环境，2011（6）：31-36.

［8］罗良文，梁圣蓉．中国区域工业企业绿色技术创新效率及因素分解［J］．中国人口·资源与环境，2016（9）：149-157.

［9］PORTER M E. Toward a new conception of the environment competitiveness relationship［J］. The Journal of Economic Perspectives, 1995（4）: 97-118.

［10］PANDA C. Environmental regulation and U. S. States technical in efficiency［J］. Economics Letters, 2008, 3: 363-365.

［11］REIS A B. On the welfare effects of foreign investment［J］. Journal of International Economics, 2001, 54（2）: 411-427.

［12］毕克新，王禹涵，杨朝均．创新资源投入对绿色创新系统绿色创新能力的影响——基于制造业FDI流入视角的实证研究［J］．中国软科学，2014（3）：153-166.

[13] BRUNNERMEIER S B, COHEN M A. Determinants of environmental innovation in US manufacturing industries [J]. Journal of Environmental Economics & Management, 2003, 45 (2): 278-293.

[14] HURLEY J, NEIL J, BUCKLEY, KATHERINE CUFF. Determinants of eco-innovations by type of environmental impact: the role of regulatory push/pull, technology push and market pull [J]. Zew Discussion Papers, 2012, 78 (32): 112-122.

[15] AMORE M D, BENNEDSEN M. Corporate governance and green innovation [J]. Journal of Environmental Economics & Management, 2016, 75: 54-72.

[16] 华振. 我国绿色创新能力评价及其影响因素的实证分析——基于DEA-Malmquist生产率指数分析法[J]. 技术经济, 2011 (9): 36-41+69.

[17] 张钢, 张小军. 企业绿色创新战略的驱动因素: 多案例比较研究[J]. 浙江大学学报: 人文社会科学版, 2014 (1): 113-124.

[18] 杨朝均, 杨文珂, 朱雁春. 中国省际间对内开放对驱动工业绿色创新空间趋同的影响[J]. 中国环境科学, 2018 (8): 3189-3200.

[19] 刘佳, 宋秋月. 中国旅游产业绿色创新效率的空间网络结构与形成机制[J]. 中国人口·资源与环境, 2018 (8): 127-137.

[20] 刘明广. 区域创新系统绿色创新效率的空间分布及收敛性研究[J]. 工业技术经济, 2017 (4): 10-18.

[21] 付帼, 卢小丽, 武春友. 中国省域绿色创新空间格局演化研究[J]. 中国软科学, 2016 (7): 89-99.

[22] 钱丽, 王文平, 肖仁桥. 共享投入关联视角下中国区域工业企业绿色创新效率差异研究[J]. 中国人口·资源与环境, 2018 (5): 27-39.

[23] 李金滟, 李超, 李泽宇. 城市绿色创新效率评价及其影响因素分析[J]. 统计与决策, 2017 (20): 116-120.

[24] 杨树旺, 吴婷, 李梓博. 长江经济带绿色创新效率的时空分异及影响因素研究[J]. 宏观经济研究, 2018 (6): 107-117+132.

[25] TONE K. Dealing with undesirable outputs in DEA: a slacks-based measure (SBM) approach [R]. GRIPS Research Report Seires, 2003.

[26] 林光平, 龙志和, 吴梅. 我国地区经济收敛的空间计量实证分析: 1978-2002年[J]. 经济学 (季刊), 2005 (S1): 67-82.

[27] 彭文斌, 胡孟琦, 路江林. "绿水青山" 理念的绿色分工演进与实践路径[J]. 湖南科技大学学报: 社会科学版, 2018 (4): 120-124.

[28] 陶长琪, 周璇. 环境规制与技术溢出耦联下的省域技术创新能力评价研究[J]. 科研管理, 2016 (9): 28-38.

[29] 徐志伟. 工业经济发展、环境规制强度与污染减排效果——基于"先污染, 后治理"发展模式的理论分析与实证检验[J]. 财经研究, 2016 (3): 134-144.

［30］SLATER J，ANGEL I T. The impact and implications of environmentally linked strategies on competitive advantage：a study of Malaysian companies research［J］. Journal of Business，2000，47（1）：75-89.

［31］魏玮，宋一弘，刘志红. 能源约束、环境规制对FDI流动的经济效应分析——来自215个城市的经验证据［J］. 审计与经济研究，2013（2）：106-112.

［32］陈景新，张月如. 中国区域绿色创新效率及影响因素研究［J］. 改革与战略，2018（6）：72-79.

［33］DANIEL G，CHATMAN，ROBERT B，et al. Do public transport improvements increase agglomeration economies? a review of literature and an agenda for research［J］. Transport Reviews，2011，31（6）：725-742.

中国制造 2025 的碳减排目标会实现吗[①]

一、引言

近年来，为控制气候变化、保护地球生态环境平衡，碳减排问题一直受到国际社会广泛关注。1992 年《联合国气候变化框架公约》首次确定了发达国家与发展中国家"共同但有区别"的碳减排责任分配原则，1997 年《京都议定书》将这种约束上升到法律层面。进入 21 世纪，碳减排目标的设定进一步清晰。2009 年我国向国际社会作出承诺：2020 年碳强度目标相比 2005 年下降 40%—45%，这是我国首次明确提出量化的碳减排目标。2015 年习近平主席在巴黎气候变化大会上郑重宣布，我国碳排放峰值最晚将于 2030 年实现，这一承诺标志着我国的碳减排形成了碳强度与碳排放绝对量的双重约束，碳减排规划由近景推及至中远期目标，也使得碳减排战略目标更加明确和高标准化。

碳减排战略目标的落实有赖于制造业碳减排目标的顺利实现，而对制造业的碳排放进行准确预测可为制造业的碳减排路线提供有益指导，确保制造业减排目标顺利实现，进而助推经济总体碳减排目标的实现。2015 年 5 月国务院出台《中国制造 2025》，提出 2025 年我国单位工业增加值的二氧化碳排放要比 2015 年下降 40%，为助推我国绿色发展、实现制造强国提出了明确要求。我们有必要以此目标为基础，制定出行业碳排放路线图。而碳排放路线图的制定，又以碳排放的科学预测为重要依据。

所谓碳排放预测，是指根据能源活动尤其是化石能源活动的消耗情况间接对碳排放进行推测。林伯强和刘希颖（2010）[1]通过建立均衡方程研究了中国在三种情景下的碳排放预测问题；韩文科等（2012）[2]通过能源活动预测了 2020

[①] 原载于《广东财经大学学报》2017 年第 4 期第 4–14 页。
作者：张明志，山东财经大学经济学院讲师，经济学博士；孙婷，山东大学经济学院博士研究生；李捷，山东大学经济学院博士研究生。

年的碳排放水平；武红（2014）[3]提出化石能源消费的碳排放研究具有重要意义且亟待完善；冯悦悦和张力小（2012）[4]以北京市为例构建LEAP模型，分析了基准情景、政策情景、低碳情景三种不同情境下2007—2030年的能源需求、能源结构和碳排放的发展趋势；张捷和赵秀娟（2015）[5]以广东省为例，利用多目标模型研究了产业结构变动与碳排放实现目标之间的关系。部分学者采用分解方法来生成碳排放的基准值，如Paul（2007）[6]利用分解分析方法生成了中国电力行业2020年的碳排放水平基准值。除此之外，对能源系统的估计也可以间接形成对碳排放的预测。如Gambhir等（2013）[7]采用一种混合模型在反事实假设准则和低碳发展两种情景下评估了中国能源系统的未来发展，发现通过混合利用可再生能源、核能以及碳捕获、储存技术，可以从根本上改变中国的能源系统，而如果与需求端行业日益提高的电气化相结合则会更有效；林伯强和李江龙（2015）[8]系统构建了中国能源综合预测框架，间接对二氧化碳排放进行了预测；郭朝先（2014）[9]则直接对工业的碳减排潜力进行了估算，发现工业内部结构和能源结构的优化将会极大地增加工业内部的减排潜力。

已有文献对我国制造业碳排放预测的研究比较缺乏，主要是源于这项研究需要考虑的因素很多，研究过程比较复杂。具体来说：一是制造业行业碳排放的影响因素很多，长期均衡关系的分析也需统筹考虑多个相关因素，相关均衡方程的建立应将这些因素全面纳入。二是经济发展面临的形势在不断变化，相关指标的预测需要考虑最新的政策。党的十八大之后我国经济步入"新常态"，经济发展速度逐步放缓，《中共中央关于制定国民经济和社会发展第十三个五年规划的建议》（以下简称《十三五规划》）也提出，"十三五"期间我国的经济发展应保持中高速增长，因而2030年碳排放绝对量峰值目标和2025年中国制造业的碳强度下降目标的实现，在碳排放路线图的研究中都要得到体现。三是碳排放预测需要多情景分析、高强度模拟。碳排放路线图应基于减排目标、分多个情景预测，每个方案都要有排放图，还要通过高强度的模拟计算和分析来获取最大可能出现的值。四是行业碳排放分配需要在考虑产业结构调整变化的基础上进行倒推，我国全面二孩政策的放开对人口数量及结构的变化也会产生显著影响。

碳排放分配问题包括区域分配和行业分配，但本研究只关注行业分配情况。向其凤（2013）[10]研究了中国碳排放总量的产业间分配问题，并根据产业结构调整现状倒推出各产业的增加值、总能耗及各产业的能源结构。我国制造业的转型发展将带来产业结构的较大调整，因而本文也将以产业结构调整为切入点，对碳排放分配进行规划和设计。

基于以上研究难点，本文将创新性地提出一些解决方法。一是基于 Kaya 恒等式，引入制造业高碳产业比例等特色指标，建立制造业碳排放长期均衡协整方程；二是基于最新政策环境，对解释变量进行合理预测，并通过情景分析和数值模拟，实现概率预测与数值预测的统一、静态预测与动态预测的统一，全面展现经济发展不同水平上制造业的碳排放路线图。此外，本文还将通过产业结构倒推法得出制造业细分行业的碳排放分配情况，为制造业细分行业的碳排放路线提供重要参考。

二、理论分析与研究设计

（一）理论分析

长期均衡关系是指变量与变量之间在长期变动中存在的一种依赖关系，计量经济学中的协整分析是研究变量之间是否存在长期均衡关系的一种重要方法。该方法首先要考虑存在关系的可能变量，然后对变量进行平稳性检验，如果变量都是同阶单整的，则可进一步做协整关系检验，最后通过 t 检验水平来反映检验的结果。碳排放长期均衡关系的理论基础主要来自近半个世纪以来的相关研究成果。自 20 世纪 70 年代以来，学者们开始对碳排放的长期变动规律进行研究并取得一定成果。如 Ehrlich 和 Holdren（1971）[11]首次研究了碳排放与人口、财富、技术三大变量之间的均衡变动关系，建立了 IPAT 模型；Dietz 和 Rosa（1996）[12]将其改为 STIRPAT 模型。日本学者 Yoichi Kaya（1989）[13]将碳排放分解为能源碳强度、能源强度、人均 GDP 和人口四个因素，建立了 Kaya 恒等式。与此同时，还有一些学者也专注于碳排放与某个相关指标的关系进行研究，如 Grossman 和 Krueger（1991）[14]探索了经济发展水平与人均 GDP 之间的关系，发现二者之间存在长期的倒 U 型关系，并将该关系称之为"环境库兹涅茨曲线"（Environmental Kuznets Curve，EKC）。

以上研究形成了以 IPAT 模型系列、Kaya 恒等式、EKC 三种分析范式为主的长期均衡分析框架，其中，Kaya 恒等式的应用最为广泛。最具代表性的如林伯强和刘希颖（2010）[1]对中国碳排放所作的预测分析，该研究加入了中国城市化阶段变量，发现中国城市化水平的提高是导致碳排放增加的重要因素。城市化对碳排放影响的路径是：城市化水平提高的背后，是城市建设速度的加快和建设水平的提高，是城市基础设施建设和房地产建设的扩张，而这必然会带来施工所需的设备、钢材、水泥等消费的增加，进而会带动上游行业增加生产，最终引起碳排放上升。EKC 的检验方法运用也较多，但所得结论不一，主要是由于"异质性难题"的存在和影响。余东华和张明志（2016）[15]通过引入发展水平和发展结构两个维度以克服异质性难题，发现EKC的结论因国家的发展阶段而异。结合以上三种分析范式可以发现，经济增长、技术进步、能源结构等均是碳排放长期预测的重要影响变量。

（二）模型构建

Kaya恒等式的研究基础坚实，变量长期受到检验和考验，因而本文将基于Kaya恒等式对模型进行改进，以展开进一步研究。Kaya恒等式模型如下：

$$GHG = \frac{GHG}{EN} \times \frac{EN}{GDP} \times \frac{GDP}{POP} \times POP \tag{1}$$

Kaya恒等式第一次将碳排放（GHG）与能源碳强度（GHG/EN）、能源强度（EN/GDP）、人均GDP（GDP/POP）、总人口（POP）四个变量联系到一起，并且通过实证检验发现这四个变量与二氧化碳排放之间存在着密切关系。具体分析如下：

1. 能源碳强度（GHG/EN）。能源碳强度代表单位能源的碳排放，该指标越高，表明能源的碳排放密度越高，反之则越低。能源碳强度可以反映能源消耗产生的碳排放程度。能源结构中，若煤炭使用比例越高，则意味着能源碳强度越高，因为煤炭是高碳排放能源；若天然气使用比例越高，则意味着能源碳强度越低，因为天然气是低碳排放能源，属于相对清洁能源。

2. 能源强度（EN/GDP）。能源强度代表单位GDP的能源消耗量，是衡量生产技术水平的重要变量。能源强度越高，表明能源的利用率越高，单位能源的产出越高，反之则越低。我国的自主创新能力一直是制约制造业转型升级的关键因素，小企业创新动力不足，技术水平持续低下，能源强度长期维持在高位。高排放、高污染企业其节能减排技术落后，必然会带来碳排放的高增长。

3. 人均GDP（GDP/POP）。人均GDP反映的是经济发展水平，本研究中具体指制造业的人均增加值，简称人均增加值。

4. 总人口（POP）。研究中，我们采用的是总人口（POP）而不是制造业的从业人数。这是由于制造业是国民经济发展的驱动行业，人们方方面面的消费都会用到其产品，因而我国总人口的数量变动对制造业的发展具有重要影响。如果采用制造业的从业人数进行研究，则反而难以全面反映制造业的产出数量。

我国制造业的能源消费结构自1991年以来呈现出"煤降、气升、油扩"的态势。诸多能源消费中煤炭的二氧化碳排放系数最高，因而其占总体能源的比例将会直接影响制造业的碳排放水平。《十三五规划》提出"创新、协调、绿色、开放、共享"的发展理念，能源的绿色发展成为未来的重要趋势，煤炭比例的降低必将被放在极为重要的位置。这主要是基于我国以下现实：第一，煤炭的消耗比例已由1991年的67%下降到2012年的40%，下降幅度达41%[①]。煤炭是二氧化碳排放的最主要能源。根据IPCC 2006年公布的碳排放系数，煤炭的平均二氧化碳排放系数达到94 600 kg CO_2/TJ（TJ即万亿焦耳），天然气为56 100 kg CO_2/TJ，原油为73 300 kg CO_2/TJ，即相同单位能源的原油、天然气，其二氧化碳排放量要比煤炭分别少23%、41%。我国的能源结构长期处于"富煤、贫油、少气"的局面，这给我国的碳减排目标尤其是高排放的制造业的碳减排目标带来了较大困难。第二，我国制造业天然气消费的比例从1991年的3%上升至2012年的7%，油品比例从1991年的12%上升至2012年的18%[②]。低碳能源的使用将有利于制造业的低碳发展，然而，以煤炭为主的能源结构仍然难以得到根本性的改变，尤其是焦炭的使用比例有可能持续不减。

林伯强和刘希颖（2010）[1]将城市化发展水平也纳入到碳排放的影响因素，其理由是城市人口的碳排放水平高于农村。但本文的研究对象为制造业，与城市化水平的关联性不大。进一步地，再分析制造业产业结构变动本身对碳排放的影响。制造业产业的绿色水平代表了制造业"去污染化"的进程。根据张明志（2015）[16]的测算，黑色金属冶炼及压延加工业、非金属矿物制品业、化学原料及化学品制品业是制造业高居前三位的碳排放产业，合计占到制造业总排放的近2/3。因此本研究将这三个行业产值占制造业总产值的比重作为制造业的高碳产业指数。即，制造业碳排放影响因素的方程可设为：

$$GHG = f(Ug, Int, Agdp, Pop, Coal, Mcr) \qquad (2)$$

其中，GHG代表制造业碳排放量，Ug代表能源碳强度，Int代表能源强度，$Agdp$代表人均制造业增加值，Pop代表总人口，$Coal$代表煤炭能源消费比例，Mcr代表高碳产业比例。为准确表达经济意义，对方程中的变量同时取对数，得到如下对数回归方程：

$$\ln GHG = f(\ln Ug, \ln Int, \ln Agdp, \ln Pop, \ln Coal, \ln Mcr) \qquad (3)$$

（三）数据来源与处理

二氧化碳排放量采取张明志（2015）[16]测算的1991—2012年制造业生产者角度的碳排放数量，这主要是由于目前的测算是以生产者原则为主，而消费端碳排放的测算受投入产出表的限制，数据不连续。制造业增加值因统计年鉴中只有2005年至今的数据，因而采用陈诗一（2011）[17]的测算数据，不足部分根

---

① ② 根据历年《中国能源统计年鉴》计算得来。

据历年《中国统计年鉴》中的数据补齐。能源消耗、煤炭比例的数据来自《中国能源统计年鉴》，人口数量数据来自《中国统计年鉴》。增加值按照1990年不变价格进行处理。

三、制造业碳排放的协整检验

协整方程表示变量与变量之间存在着长期的均衡关系。时间序列的数据研究经常要对协整方程进行分析。协整方程分析面对的数据为非平稳序列数据，但非平稳序列的线性组合却有可能是平稳序列。Engle 和 Granger（1987）[18]认为可以对回归方程的残差项进行检验，如果残差项是平稳的，那么可以认定协整方程存在。Johansen 和 Juselius（1990）[19]进一步提出可以利用回归系数进行检验。本文采用 Johansen 协整检验①方法，首先利用 ADF 对各变量进行平稳性检验，发现 GHG、Ug、Int、Agdp 和 Coal 的对数变量均为一阶单整，即满足协整检验的条件（见表1）。

表1　各变量的 ADF 检验结果

变量	t 值	1%水平	5%水平	10%水平	是否平稳
ln*GHG*	0.01	-3.79	-3.01	-2.65	否
Dln*GHG*	-4.48	-3.81	-3.02	-2.61	是
ln*Ug*	-2.06	-3.79	-3.01	-2.65	否
Dln*Ug*	-4.75	-3.81	-3.02	-2.65	是
ln*Int*	-0.63	-3.79	-3.01	-2.65	否
Dln*Int*	-4.41	-3.81	-3.02	-2.65	是
ln*Agdp*	-0.78	-3.86	-3.04	-2.66	否
Dln*Agdp*	-3.99	-3.81	-3.02	-2.65	是
ln*Pop*	-1.09	-3.81	-3.02	-2.65	否
Dln*Pop*	-2.19	-3.83	-3.02	-2.65	是
ln*Coal*	-1.12	-3.86	-3.04	-2.67	否
Dln*Coal*	-5.14	-3.86	-3.04	-2.67	是
ln*Mcr*	0.14	-3.75	-3.00	-2.63	否
Dln*Mcr*	-3.15	-3.75	-3.00	-2.63	是

借助 Johansen 协整检验方法，发现在1%的显著性水平下各变量之间存在三

---

① Johansen 协整检验亦称 JJ（Johansen-Juselius）检验，是 Johansen 和 Juselius 一起提出的、一种以 VAR 模型为基础的检验回归系数的协整检验。

个协整关系。考虑到存在协整关系的情况下,协整系数要经过标准化处理,因而可构建如下协整方程(括号内为标准差):

$$\ln GHG = 1.03\ln Agdp - 0.09\ln Coal + 1.00\ln Int - 0.12\ln Mcr + \ln Ug - 6.18 \quad (4)$$
$$(0.0155) \quad (0.0474) \quad (0.0231) \quad (0.0432) \quad (0.0076)$$

根据式(4)可以得出:我国制造业二氧化碳排放量的增加与人均制造业增加值、能源强度、能源碳强度之间存在正向关系;与煤炭消费比例、制造业高碳产业比例存在负向关系。进一步研究发现,人均制造业增加值、能源强度和能源碳强度的系数均符合其经济意义,但煤炭消费比例、制造业高碳产业比例的系数不符合其经济意义。原因在于,煤炭消费比例虽然在下降,但制造业的能源消费在持续上升,而且煤炭比例的协整系数在10%的显著性水平下显著,所以显著性水平较低。

下面对加入制造业出口量的影响进行分析。我国2001年加入WTO,2005年开始实行汇率改革,这对我国的出口造成了较大影响。加入WTO对我国制造业出口量的影响并不确定,一方面外贸企业会对我国制造业企业带来冲击,但另一方面也会导致我国出口量的增加。人民币升值理论上会导致出口减少、进口增加。研究中,设定人民币升值变量在2005年以后为1,之前为0;加入WTO变量2001年后为1,之前为0。利用这两个虚拟变量进行回归分析,发现加入WTO变量带来的影响不显著,而人民币汇率改革的因素则对制造业碳排放的变动产生了负向影响。因而上述回归协整方程可更新为:

$$\ln GHG = 1.07\ln Agdp + 1.02\ln Int - 0.16\ln Mcr - 0.02\ln Rmb + 1.00\ln Ug - 6.71 \quad (5)$$
$$(0.0169) \quad (0.0241) \quad (0.0368) \quad (0.0079) \quad (0.0066)$$

从回归系数来看,制造业人均增加值每增加1个百分点,制造业碳排放量增加1.07个百分点,这与林伯强和刘希颖(2010)[1]的结论较为接近。进一步说明人均增加值的上升对制造业碳排放量的上升具有加速作用,因而碳减排的进程应由政府、企业、个人主动进行控制。能源强度每增加1个百分点,制造业碳排放将增加1.02个百分点,表明能源强度的上升对制造业碳排放量上升同样具有加速推动作用。能源强度是指单位GDP的能源消耗量,它与技术水平呈反方向变动,即能源强度越高,技术水平越低,反之则越高。这进一步说明创新对减少制造业碳排放具有非常重要的作用。高碳产业比例每增加1个百分点,碳排放水平将下降0.16个百分点,即高碳产业比例增加会导致制造业的碳排放呈现衰减式的增加。人民币升值1个百分点造成碳排放水平下降0.02个百分点,表明人民币升值会导致制造业的出口水平下降。能源碳强度每增加1个百分点,碳排放水平将增加1个百分点,两者为同向和同比例变动关系。能源碳强度反映的是单位能源的碳排放水平,它与能源减排技术呈现反比关系。因而提高能源减排技术水平，必将对降低制造业碳排放水平具有相同幅度的助推作用。

上述协整方程回归结果表明，制造业的碳排放水平与人均增加值、能源强度、高碳产业比例、人民币汇率、能源碳强度等5个变量均存在长期均衡关系。由于人民币汇率为虚拟变量，2005年后为1，所以仅对其他4个变量进行赋值即可。即预测我国制造业2025年的碳排放水平，需预测人均增加值、能源强度、高碳产业比例和能源碳强度2025年的水平值。

四、制造业碳排放变动的情景分析

所谓情景分析，是指根据所预测的指标值设定不同倾向的情景进行分析。这里的情景一般可分为积极情景、消极情景和基准情景。根据具体预测指标的不同，积极情景和消极情景具有不同的概念。对于合意产出，指标值越高越积极；对于非合意产出，指标值越低越积极。碳排放是一种非合意产出，应将其积极情景设定为增速较慢情景，消极情景设定为增速较快情景。为准确预测2025年制造业的碳排放水平值，首先对协整方程的各影响因素准确赋值（见图1）。

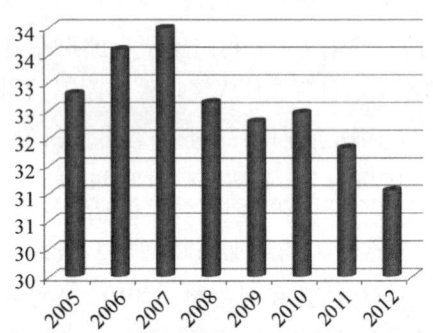

图1　我国制造业增加值占比变动情况（2005—2012年）

注：根据历年《中国工业统计年鉴》及陈诗一[17]的统计结果绘制。

（一）人均增加值

根据我国"十三五"规划提出"十三五"期间经济要保持中高速增长的要求，2020年GDP将比2010年翻一番，结合林伯强和刘希颖（2010）[1]、刘世锦（2014）[20]、苏亮瑜和谢晓闻（2017）[21]的相关研究，本研究确定我国2016—2020年、2020—2025年和2016—2025年经济的平均增速分别为6.5%、5.5%和6%，进而可得出2025年我国GDP将达到1 248 535亿元（2014年不变价格）。

具体到制造业,可根据《中国制造 2025》中的相关指标并结合我国制造业的增加值占比,推算得出制造业的增加值。从图 1 可以看出,我国制造业增加值占比基本稳定在 31%—34% 之间。以平均值 32.5% 进行推算,制造业 2025 年的增加值将达到 405 773.8 亿元(2014 年不变价格)。再结合全面二孩政策和国家卫生计生委的预测,2029 年我国人口峰值接近 14.5 亿,依此推算,2015—2025 年我国人口年均增速为 7.8‰,到 2025 年将达到 14.443 5 亿;2015 年我国制造业的人均增加值在基准情景下将为 2.81 亿元/万人,2015—2025 年的年均增速为 6.75%。积极情景和消极情景分别浮动 1 个百分点进行分析①。

(二) 能源强度

《中国制造 2025》提出,规模以上单位工业增加值能耗 2025 年要比 2015 年下降 34%。首先,根据 2007—2012 年能源强度的平均增速来推算 2015 年的能源强度。为确保总目标的实现,要保证消极情景下也能达到《中国制造 2025》提出的单位工业增加值能耗下降的总目标。为此,设定制造业能源强度 2025 年比 2015 年下降 34%。由此推算,2016—2025 年能源强度年均下降 5.63 个百分点。其次,根据推算的 2015 年能源强度,再估算出 2025 年的能源强度为 0.875 8 万吨标准煤/亿元。积极情景和消极情景则分别浮动 0.5 个百分点进行考虑。

(三) 高碳产业比例

从图 2 可以看出,高碳产业②产值占比自 1991 年以来维持在 19%—25% 之间。初步分析表明,高碳产业产值占比以 10 年为一个周期存在周期性变动。据

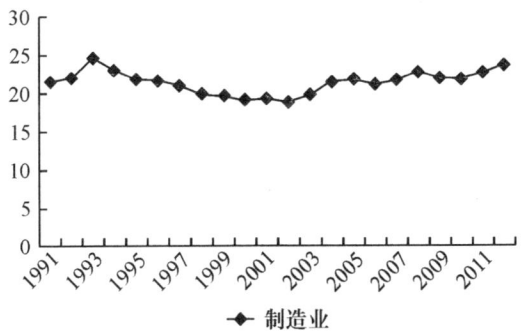

图 2　我国制造业高碳产业产值占比变动情况(1991 年—2012 年)

说明:根据《中国工业统计年鉴》相关数据绘制得出。

---

① 浮动水平遵循林伯强和刘希颖(2010)[1]的设定,下同。
② 即黑色金属冶炼及压延加工业、非金属矿物制品业、化学原料及化学品制品业。

此推算，2025年高碳产业的产值占比为20%。积极情景和消极情景分别浮动1个百分点进行考虑。

（四）能源碳强度

2009年我国政府提出，到2020年我国碳强度要比2005年下降40%—45%，同时非化石能源（即清洁能源）占比要上升至15%。林伯强和蒋竺均（2009）[22]基于合理的能源规划①预测2020年清洁能源占比达到16%，并根据能源消费结构进一步计算得出能源碳强度指标。与2008年的指标值相比，能源碳强度年均增速为-0.80%（2010年—2015年）和-0.60%（2015年—2020年）。

根据增长率水平预测出各影响因素2025年的水平值，再利用式（5）对制造业的二氧化碳排放量进行预测，最后计算得出三种情景之下制造业2025年二氧化碳的排放水平及2020年—2025年制造业二氧化碳的排放增速（见表2—表4）。

表2 2025年我国制造业碳排放水平预测值

情景	增长率设定（%）				CO_2排放年均增速（%）	2025年CO_2排放总量（亿吨）
	人均增加值	能源强度	高碳产业比例	能源碳强度		
消极情景	7.75	-5.13	—	-0.40	2.41	96.92
基准情景	6.75	-5.63	—	-0.60	0.84	80.78
积极情景	5.75	-6.13	—	-0.80	-1.05	68.42

注：CO_2排放增速与上文计算的2012年制造业碳排放水平进行比较；高碳产业比例为周期性指标，所以不需设定增长率；人均增加值的推算源于GDP的推算，所以此处用GDP来推算人均增加值的增幅。

表3 2025年各影响因素的预测水平值

方案	人均增加值（万元/人）	能源强度（万吨标准煤/亿元）	高碳产业比例（%）	能源碳强度（万吨CO_2/万吨标准煤）
消极情景	30 839	0.923 7	19	2.216 4
基准情景	28 100	0.875 8	20	2.172 3
积极情景	25 570	0.830 3	21	2.129 0

① 源自国家发改委公布的《可再生能源中长期发展规划》。

表4　2020—2025年三种情景下制造业碳排放量及增速预测对照　　亿吨,%

年份	基准情景 CO$_2$	基准情景 增幅	积极情景 CO$_2$	积极情景 增幅	消极情景 CO$_2$	消极情景 增幅
2020	77.97	0.99	72.48	-0.73	85.50	2.49
2021	78.76	1.01	71.95	-0.72	87.64	2.50
2022	79.57	1.03	71.44	-0.70	89.85	2.52
2023	80.41	1.05	70.94	-1.67	92.13	2.54
2024	80.86	0.56	69.75	-1.82	94.49	2.56
2025	80.78	-0.09	68.49	-1.80	96.92	2.58

基准情境下：预计制造业碳排放水平为80.78亿吨，2020年—2025年年均增速达到0.84%。这主要是基于各指标在相关研究文献和文件指导中的平均水平值，也是最大可能的指标预测值。在组合情景下，这也将是三种情景中最有可能出现的水平值。由表4可以看出，在基准情景下，峰值在2024年出现，为80.86亿吨。

消极情景下：预计2025年制造业碳排放水平为96.92亿吨，2020年—2025年年均增速为2.41%。制造业人均增加值增长较快，这主要源于前文设定了较快的GDP增速以及人口增速。制造业人均增加值的增长速度为7.75%（见表5），至2025年达到30 839元/人（见表3）。这种发展速度对经济增长而言是比较乐观的，但对于碳排放而言则较为悲观。能源强度达到0.892万吨标准煤/亿元，下降速度较慢。高碳产业比例为19%，这主要源于前文研究高碳产业比例与制造业碳排放是反方向变动关系所致。能源碳强度同样因为设定了较低的下降速度，所以其水平值较高，预测2025年为2.264万吨CO$_2$/万吨标准煤。在消极情境下，2025年之前制造业碳排放绝对值将处于持续增加状态，拐点将在2025年后出现。

积极情景下：预计2025年制造业碳排放水平值达到68.42亿吨，2020年—2025年年均增速达到-1.05%。人均增加值增长较慢，同样是基于前文设定了较慢的GDP增速及人口增速。在这种情景下，各变量的预计指标值有利于碳排放的快速下降。一方面，人均增加值增长速度较慢，预计2020年—2025年年均增长速度为5.75%。经济发展速度的放缓降低了制造业的产出增长速度，降低了能源需求增长速度，进而降低了碳排放。另一方面，《中国制造2025》也提出将由追求数量转向追求质量，质量的提高表明技术水平将提高，能源强度与能源碳强度下降速度也会较快。由此，在2020年—2025年之间，碳减排情形理想的情况下，制造业绝对值呈现下降状态，意味着峰值目前已经出现。

五、制造业2025年碳排放水平预测的动态模拟分析

借鉴林伯强和刘希颖（2010）[1]的预测方法，采用蒙特卡罗模拟方法对制造业2025年的碳排放水平进行动态模拟。蒙特卡罗模拟分析是一种从总体中抽取大量随机样本进行相关计算的方法，它摆脱了敏感性分析中的固定速率及组合带来的研究上的局限性。如在我们前面设定的三种情景中，解释变量存在两个局限：一是经济增长速度一般是变化的，即不会匀速增长，其他变量同样也会发生变化；二是解释变量的组合不只是这三种，而变量的不同组合会导致不同的结果。因此上面的情景分析给出了2025年碳排放水平变动的边界，但未能成功预测最有可能的水平位置。而蒙特卡罗模拟分析则可以更好地解决以上问题。

蒙特卡罗模拟分析需要非常精准地设定变量的分布，然而难点也正在于此。为此，本文将根据Greene和Ahmad（2005）[23]、林伯强和蒋竺均（2009）[22]以及林伯强和刘希颖（2010）[1]的相关研究，设定以下模拟规则：

（1）假定风险变量符合离散型分布，同时相应设置5个离散取值，确定相应的；

（2）分布概率情况与情景分析较为类似，将最高概率赋予中值，即得基准情景；

（3）概率的分布设定取对称分布。

根据表5给出的各变量的增长率和概率分布，结合式（1）的协整方程结果，利用Matlab R2014b软件，进行5万次模拟产生一系列的随机数值，得出2025年制造业CO_2排放数值概率的直方分布图如图3所示。在相关假设情形下，2025年制造业CO_2的排放数值出现的最大可能区间为78.5亿吨—81.5亿吨。这与前面基准情景假设下预测得到的碳排放水平值较为吻合，说明在《中国制造2025》碳排放指标得以实现、我国经济进入新常态增长和实行全面二孩政策的前提下，制造业2025年的碳排放量达到78.5亿吨—81.5亿吨的概率最大。

表5 解释变量的增长率及概率设定

人均增加值		能源强度		高碳产业比例		能源碳强度	
增长率	概率	增长率	概率	2025值	概率	增长率	概率
7.75	5	-5.13	5	19	10	-0.40	5
7.25	20	-5.38	25	19.5	20	-0.50	25
6.75	50	-5.63	40	20	40	-0.60	40

续表

| 人均增加值 || 能源强度 || 高碳产业比例 || 能源碳强度 ||
增长率	概率	增长率	概率	2025值	概率	增长率	概率
6.25	20	-5.88	25	20.5	20	-0.70	25
5.75	5	-6.13	5	21	10	-0.80	5

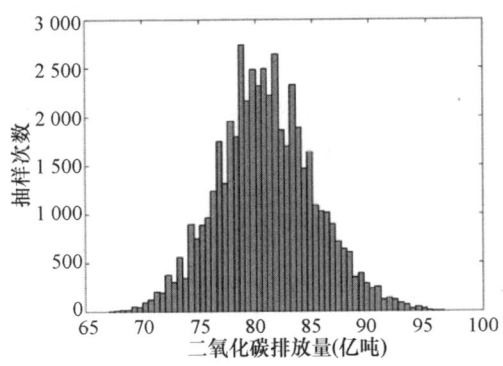

图3 2025年中国制造业碳排放预测值模拟直方分布图

与此同时，对于其他小概率的情况也不能忽视。如《中国制造2025》也可能导致我国制造业价值链走向高端化，附加值水平可能大幅度上升，制造业因质量提高而可能导致经济高速增长，并带动国民经济快速发展。另外，自主创新能力的显著提高、清洁能源的广泛应用和推广，也可能会导致能源强度、能源碳强度的迅速下降，从而更加积极的情景也有可能出现。

六、制造业2020—2025年的碳排放分配图谱

根据情景分析法对2020—2025年的碳减排图谱进行设计，设计原则为达到《中国制造2025》规定的减排数量，即在基准情景下预测碳排放数值。

制造业细分行业间的碳排放分配问题需要考虑新时期产业结构优化情况下的重新调整。李宝瑜和高艳云（2005）[24]提出了基于劳动和资本要素的产业发展失衡状态的评价方法。张明志和余东华（2016）[25]在该研究的基础上加入技术要素，形成了新的产业失衡度评价方法，借助该产业失衡评价结果对产业结构调整提出了建议，并进一步推测制造业细分产业碳排放的构成比例情况。

石油化工及炼焦、化学原料及化学制品业、黑色金属冶炼及压延加工业在控制发展速度的情况下保持正常发展。这印证了本文在研究高碳产业比例中发现的"高碳产业比例对制造业碳排放产生反向影响"的结论。由此，可根据

1991—2012年间三大产业碳排放比例的平均水平来确定其未来碳排放分配比例。

制造业中的其他17个产业均处于发展不足的状态，应分层次、有重点地刺激发展。首先，应重点发展劳动密集型产业中的木材加工及竹、藤、棕、草制品业和家具制造业这两类完全发展不足产业。其次，由于《中国制造2025》提出智能制造工程和工业强基工程都将以较大力度促进电子相关产业发展，所以应适度提高电子产业的比例。其他产业分配可按照经验比例法进行确定。

可以看出，制造业碳排放以年均0.84%的速度增长，至2020年达到77.97亿吨，2025年达到80.78亿吨。根据计算还可得出：2020年与2005年相比，制造业单位增加值碳排放的下降幅度约为44%，即可以完成国家规定的碳强度总体下降40%—45%的目标。

在细分行业上，黑色金属冶炼及压延加工业是排放最大的子行业，占制造业碳排放的29.30%。印刷业、记录媒介的复制是排放量最小的行业，其仅占制造业碳排放的0.12%。

七、结 论

本文基于《中国制造2025》及经济新常态下的相关指标，研究了2020—2025年中国制造业碳排放水平的水平值及其在行业间的分配，为我国制造业、进而为全国整体经济碳减排目标的实现勾勒出碳排放图谱（见表6），具有较强的政策指导和行业指导意义。主要结论如下。

表6　基准情景下制造业及细分行业碳排放图谱（2020—2025）　　　亿吨

制造业细分行业①	比例	2020	2021	2022	2023	2024	2025
B	3.400	2.651 0	2.677 8	2.705 4	2.733 9	2.749 2	2.746 5
C	2.090	1.629 6	1.646 1	1.663 0	1.680 6	1.690 0	1.688 3
D	0.190	0.148 1	0.149 6	0.151 2	0.152 8	0.153 6	0.153 5
E	0.140	0.109 2	0.110 3	0.111 4	0.112 6	0.113 2	0.113 1
F	1.360	1.060 4	1.071 1	1.082 2	1.093 6	1.099 7	1.098 6

① B：食品、饮料和烟草制造业；C：纺织业；D：服装及其他纤维制品业；E：皮革、毛皮、羽绒及其制品业；F：木材加工及竹、藤、棕、草制品业；G：家具制造业；H：造纸及纸制品业；I：印刷业、记录媒介的复制；J：文教体育用品制造业；K：石油加工及炼焦业；L：化学原料及化学品制造业；M：医药制造业；N：化学纤维制造业；O：橡胶和塑料制品；P：非金属矿物制品业；Q：黑色金属冶炼及压延加工业；R：有色金属冶炼及压延加工业；S：金属制品业；T：机械、电子、电子设备制造业；U：其他制造业。

续表

制造业细分行业	比例	2020	2021	2022	2023	2024	2025
G	1.060	0.826 5	0.834 9	0.843 4	0.852 3	0.857 1	0.856 3
H	1.680	1.309 9	1.323 2	1.336 8	1.350 9	1.358 4	1.357 1
I	0.120	0.093 6	0.094 5	0.095 5	0.096 5	0.097 1	0.096 9
J	0.250	0.194 9	0.196 9	0.198 9	0.201 0	0.202 2	0.202 0
K	13.810	10.767 7	10.876 8	10.988 6	11.104 6	11.166 8	11.155 7
L	17.630	13.746 1	13.885 4	14.028 2	14.176 3	14.255 6	14.241 5
M	0.730	0.569 2	0.574 9	0.580 9	0.587 0	0.590 3	0.589 7
N	1.180	0.920 0	0.929 4	0.938 9	0.948 8	0.954 1	0.953 2
O	0.790	0.616 0	0.622 3	0.628 7	0.635 2	0.638 8	0.638 2
P	17.180	13.395 2	13.531 0	13.670 1	13.814 4	13.891 7	13.878 0
Q	29.300	22.845 2	23.076 7	23.314 0	23.560 1	23.692 0	23.668 5
R	1.840	1.434 6	1.449 2	1.464 1	1.479 5	1.487 8	1.486 4
S	0.770	0.600 4	0.606 5	0.612 7	0.619 2	0.622 6	0.622 0
T	5.610	4.374 1	4.418 4	4.463 9	4.511 0	4.536 2	4.531 8
U	0.880	0.686 1	0.693 1	0.700 2	0.707 6	0.711 6	0.710 9
总体		77.973 7	78.762 4	79.573 4	80.408 5	80.859 6	80.784 3

1. 我国制造业的碳排放增长与人均增加值、能源强度、能源碳强度、高碳产业比例之间存在长期均衡关系。其中，人均增加值、能源强度、能源碳强度对制造业碳排放变动存在正向影响，高碳产业比例、人民币汇率改革对制造业碳排放变动存在反向影响。具体来看，人均增加值每增加1个百分点，制造业碳排放将增加1.07个百分点；能源强度每增加1个百分点，制造业碳排放将增加1.02个百分点；高碳产业比例每增加1个百分点，制造业碳排放将减少0.16个百分点；能源碳强度每增加1个百分点，制造业碳排放将增加1个百分点；人民币汇率制度改革导致制造业碳排放下降0.02个百分点。

2. 根据已有文献和文件对解释变量进行合理预测，分别得出积极情景、消极情景和基准情景三种情形下2025年制造业的碳排放预测水平值分别为68.42亿吨、96.92亿吨、80.78亿吨，同时得出了2020—2025年制造业碳排放的平均增速。

3. 利用蒙特卡罗模拟方法对制造业2025年碳排放的概率分布情况进行模拟分析，发现在相应假设条件下，其最大可能的取值区间为78.5亿吨—81.5

亿吨。

4. 依据产业结构失衡度倒推产业结构合理化发展，进而推算出我国制造业未来十年的碳排放结构，并据此得出制造业 2020—2025 年碳排放的分配情况及排放图谱。研究发现，在基准情境下，制造业将保持 2.34% 的年均增长速度。其中碳排放最高的制造行业为黑色金属冶炼及压延加工业，预计 2025 年为 23.67 亿吨；碳排放最低的制造行业为印刷业、记录媒介的复制行业，预计 2025 年为 0.10 亿吨。

根据以上结论，本文提出如下政策建议。

1. 对制造业中的高碳产业应整合规模，实现效率发展，而不应盲目限制。黑色金属冶炼及压延加工业、非金属矿物制品业、化学原料及化学品制品业三大产业应共享节能环保技术，并引导重点企业进行低碳化生产的典型示范，实现高碳产业对制造业碳排放的规模化吸收。

2. 制造业碳排放的年均增长速度应控制在 0.84% 左右，以保证 2025 年碳排放目标的实现。若当年的年度增长高于 0.84%，下年度的碳排放控制就应"从紧"；若当年的年度增长低于 0.84%，下年度的碳排放控制就可适当"放宽"。

3. 当经济增速低于 6% 时，制造业占整体经济 31%—34% 的结构可以较为理想地促成碳减排目标的实现。

在未来进一步的研究中，应及时更新制造业碳排放的测算数据，并利用这些新的数据对制造业碳排放预测序列进行更新延长。同时，应进一步分析经济新常态下制造业产业结构的新变化，在新业态结构下发现更合理、更具体的碳排放分配方案。

参考文献

［1］林伯强，刘希颖. 中国城市化阶段的碳排放：影响因素和减排策略［J］. 经济研究，2010（8）：66-78.

［2］韩文科，康艳兵，刘强，等. 中国 2020 年温室气体控制目标的实现路径与对策［M］. 北京：中国发展出版社，2012.

［3］武红. 中国多尺度区域碳减排——格局、机理及路径［M］. 北京：中国发展出版社，2014.

［4］冯悦怡，张力小. 城市节能与碳减排政策情景分析——以北京市为例［J］. 资源科学，2012（3）：541-550.

［5］张婕，赵秀娟. 碳减排目标下的产业结构优化研究——基于投入产出模型和多目标规划模型的模拟分析［J］. 中国工业经济，2015（6）：68-80.

［6］PAUL A S. Decomposition for emission baseline setting in China's electricity sector

[J]. Energy Policy, 2007, 35 (1): 280-294.

[7] GAMBHIR A, NIELS S, TAMARYN N, et al. A hybrid modeling approach to develop scenario for China's carbon dioxide emissions to 2050 [J]. Energy Policy, 2013, 59 (8): 614-632.

[8] 林伯强, 李江龙. 环境治理约束下的中国能源结构转变——基于煤炭和二氧化碳峰值的分析[J]. 中国社会科学, 2015 (9): 84-128.

[9] 郭朝先. 中国工业碳减排潜力估算[J]. 中国人口. 资源与环境, 2014 (9): 13-20.

[10] 向其凤. 中国碳排放总量产业间的分配研究 [D]. 北京: 首都经济贸易大学, 2013.

[11] EHRLICH P R, HOLDREN J P. Impact of population growth [J]. Science, 1971, 171 (3): 1212-1217.

[12] DIETZ T, ROSA E A. Effects of population and affluence on CO_2 emissions [J]. Proceedings of the National Academy of Sciences of the United States of America, 1996, 94 (5): 175-179.

[13] KAYA Y. Impact of carbon dioxide emission on GNP growth: interpretation of proposed scenarios [R]. Presentation to the Energy and Industry Subgroup, Response Strategies Working Group, IPCC, Paris.

[14] GROSSMAN G M, KRUEGER A B. Environmental impacts of a north American free trade agreement [R]. NBER Working Paper, 1991.

[15] 余东华, 张明志. 异质性难题化解与碳排放 EKC 再检验——基于门限回归的国别分组研究 [J], 中国工业经济, 2016 (7): 57-73.

[16] 张明志. 我国制造业细分行业的碳排放测算——兼论 EKC 在制造业的存在性 [J]. 软科学, 2015 (9): 113-116.

[17] 陈诗一. 中国工业分行业统计数据估算[J]. 经济学 (季刊), 2011 (3): 735-776.

[18] ENGLE R F, GRANGER C W J. Cointegration and error correction: representation, estimation, and testing [J]. Econometrica, 1987, 55 (2): 251-276.

[19] JOHANSEN S, JUSELIUS K. The full information maximum likelihood procedure for inference on cointegration—with application to the demand for money [J]. Oxford Bulletin of Economics and Statistics, 1990, 52 (2): 169-210.

[20] 刘世锦. 中国经济增长十年展望——在改革中形成增长新常态 [M]. 北京: 中信出版社, 2014.

[21] 苏亮瑜, 谢晓闻. 碳市场发展路径与功能实现: 基于碳排放权的特殊性[J]. 广东财经大学学报, 2017 (1): 24-31.

[22] 林伯强, 蒋竺均. 中国二氧化碳的环境库兹涅茨曲线预测及影响因素分析[J].

管理世界,2009(4):27-36.

[23] GREENE D L, AHMAD S. Costs of U. S. oil dependence:2005 update [R]. Oak Ridge National Laboratory Working Paper,2005.

[24] 李宝瑜,高艳云. 产业结构变化的评价方法探析[J]. 统计研究,2005(12):65-67.

[25] 张明志,余东华. 制造业低碳化导向的供给侧改革研究[J]. 财经科学,2016(4):58-68.

生态文明视阈下中国环境污染排放绩效的演变与驱动[①]

一、引言

伴随中国经济发展与资源环境之间的深层次矛盾日益尖锐，环境承载力已经达到或接近上限，成为新常态下中国经济发展面临的最严峻的挑战之一。为了解决环境污染问题，中国政府不仅将生态文明和美丽中国建设提高到中国经济社会发展前所未有的战略高度，而且制定了世界上最大规模的节能减排计划。2014 年修订的《环境保护法》将保护环境作为"国家的基本国策"，并首次提出各级政府必须将环境保护纳入国民经济和社会发展规划。然而这一系列环境领域的政策措施所取得的效果有限，环境问题仍愈演愈烈，成为中国社会新的不稳定因素。那么中国环境污染排放的效果究竟如何？单纯依赖民众的主观感觉必然是有失偏颇的，为此，本文构建了一种新型的环境污染排放绩效指数，以期能对中国环境污染排放的效果进行客观评价。由于环境污染的累积性以及环境污染与经济发展的内在关联性，对环境污染的治理和从根本上改善生态环境不可能一蹴而就，因此需要对环境污染排放绩效的演变趋势进行深入考察，以期能为客观地检验过去一段时期及当前环境污染治理的效果提供经验证据，同时也为政策制定者对环境污染排放绩效的未来演变趋势做出科学的判断、进而为完善环境政策提供决策参考。

生态文明建设强调的是经济与资源环境协调发展，不考虑经济发展而单纯降低环境污染的思路对于任何国家尤其是中国这样一个发展中大国来说并不可取。因此在生态文明视阈下对环境污染排放绩效的考察，应建立在尽可能减少环境污染排放并努力扩大经济产出这一思路上。直接地，若使用国内生产总值

[①] 原载于《广东财经大学学报》2017 年第 1 期第 13 – 23 页。
作者：刘华军，山东财经大学经济学院教授，博士生导师。

(GDP)作为经济产出,可以用单位环境污染排放的经济产出即"GDP/环境污染排放"来衡量环境污染排放绩效,本文将该指标定义为"环境污染排放效率"。该指标越大,说明单位环境污染排放的经济产出越多,环境污染排放绩效越高。但这一指标只是考虑了生产过程的产出端而没有考虑投入端,在现实生产过程中,不论是经济产出还是作为经济产出副产品的环境污染排放,均涉及其他投入要素诸如资本、劳动、能源等。对于多投入多产出问题,数据包络分析(Data Envelopment Analysis, DEA)凭借其优势在环境效率和生产率领域得到了广泛的应用(zhou等,2008)[1]。实际上,从变量冗余(slack)角度,借助环境生产技术和恰当的 DEA 模型也可以同时得到 GDP 的冗余量和环境污染排放的冗余量,还可得到 GDP 和环境污染排放的理想值(即投影值,projection),而"GDP 的理想值/环境污染排放的理想值"就是环境污染排放效率的理想值,它可反映环境污染排放效率能够达到的最理想状态。与之相对应,"GDP/环境污染排放"即为环境污染排放效率的实际值。因此,与已有研究不同,本文将以环境污染排放效率的实际值与其理想值的比值来定义一种新型的环境污染排放绩效指数(Environmental Pollution Emission Performance Index, EPEPI),该指数可测度实际的环境污染排放效率与理想的环境污染排放效率之间的距离,该指数越接近于1,则说明实际的环境污染排放效率已经达到理想状态,环境污染排放绩效越高;反之则表明环境污染排放绩效越低。

除了环境污染排放绩效指数的定义,本文试图从以下三个方面对已有文献进行拓展:第一,根据环境污染排放绩效指数的定义,对其进行测度的关键在于准确地测度经济产出和环境污染排放的冗余值。区别于已有研究,本文在环境生产技术和 DEA 框架下构建了基于全局基准技术的非径向方向性距离函数模型,以测度经济产出和环境污染排放的冗余值。作为方向性距离函数的延伸和拓展,非径向方向性距离函数不仅能通过方向向量的设置将环境污染排放作为非期望产出,而且较传统的方向性距离函数,它可允许投入产出变量按照不同的比例进行扩张或缩减,因而更加符合现实生产过程(Fukuyama 和 Weber, 2009)[2]。第二,与已有研究多采用当期或序列 DEA 方法构造最佳生产前沿不同,本文在计算非径向方向性距离函数时,将采用全局基准技术构造最佳生产前沿,因而能有效解决测度结果的跨期比较问题(Pastor 和 Lovell,2005)[3]。第三,尽管众多文献考察了环境绩效的影响因素,包括经济发展水平、产业结构、能源结构、环境规制、外商直接投资等,然而值得注意的是,由于被解释变量与解释变量之间存在内在依赖性,利用传统估计方法如 OLS 或 Tobit 模型考察环境污染排放绩效的影响因素时,并不能满足回归分析的样本独立性假设,因此可能会导致传统的回归分析结果存在偏误。为了克服这一局限，本文采用 Bootstrap 方法（Simar 和 Wilson，2007）[4]进行经验估计，以确保回归结果更加可信。

根据 GBT-NR-DDF 模型和环境污染排放绩效指数，本文采用 2000—2012 年中国分省数据，以地区实际生产总值作为期望产出，以资本、劳动和能源作为投入，采用熵值法将多种污染物拟合为"综合污染排放指数"作为非期望产出，对分省及区域环境污染排放绩效进行测度并实证考察其演变趋势；在此基础上采用 Bootstrap 方法对环境污染排放的关键驱动因素进行分析。

二、模型与指标构建

（一）DEA 模型构造

本文将每一个省份看作一个决策单元（DMU），假设有 N 个 DMU（$n=1, 2, \cdots, N$），在每个时期 p（$p=1, 2, \cdots, P$），每个 DMU 使用 M 种投入（x（R_+^M），联合生产 S 种期望产出（y（R_+^S））和 J 种非期望产出（b（R_+^J）），则在每个时期 p（$p=1, 2, \cdots, P$）的环境生产技术 EPT^p 可以表示为：

$$EPT^p = \{(x^p, y^p, b^p): \sum_{n=1}^{N} z_n^p x_{nm}^p \leq x_{nm}^p, m=1,2,\cdots,M; \sum_{n=1}^{N} z_n^p y_{ns}^p \geq y_{ns}^p, s=1,2,\cdots,S;$$
$$\sum_{n=1}^{N} z_n^p b_{nj}^p = b_{nj}^p, j=1,2,\cdots,J; z_n^p \geq 0, n=1,2,\cdots,N\} \quad (1)$$

借鉴 Wang 等（2013）[5]、Zhang 等（2013）[6]、杨骞和刘华军（2015）[7]等的研究，被评价单元 DMU_n 在时期 p（$p=1, 2, \cdots, P$）的非径向方向性距离函数可以表示为：

$$\vec{D}_{n,NR-DDF}^p(x_n^p, y_n^p, b_n^p; g) = \max w_m^x \beta_m^s + w_s^y \beta_s^y + w_j^b \beta_j^b$$

$$\text{s.t.} \quad \sum_{n=1}^{N} z_n^p x_{nm}^p \leq x_{nm}^p - \beta_m^x g_{xm}, m=1,2,\cdots,M;$$

$$\sum_{n=1}^{N} z_n^p y_{ns}^p \geq y_{ns}^p + \beta_s^y g_{ys}, s=1,2,\cdots,S; \quad (2)$$

$$\sum_{n=1}^{N} z_n^p b_{nj}^p = b_{nj}^p - \beta_j^b g_{bj}, j=1,2,\cdots,J;$$

$$z_n^p \geq 0, n=1,2,\cdots,N, p=1,2,\cdots,P; \beta_m^x, \beta_s^y, \beta_j^b \geq 0$$

其中，g 为方向向量，$g=(-g_x, g_y, -g_b)$；w 为标准化的权重向量，$w=(w_m^x, w_s^y, w_j^b)^T$。

为解决跨期可比问题，Pastor 和 Lovell（2005）[3]提出了基于全局基准技术

(Global Benchmark Technology，GBT)的前沿面构造方法，即使用所有时期的投入产出数据来确定一个相同的生产前沿。下面将全局基准技术方法和非径向方向性距离函数结合起来，构造一个基于全局基准技术的非径向方向性距离函数模型（GBT-NRVDDF）。首先根据所有时期的全部样本数据定义全局基准的环境生产技术，见式（3），其中 EPT^{global} 代表基于全局基准的环境生产技术，EPT^{P} 代表不同时期的环境生产技术。在基于全局基准的环境生产技术下，被评价单元 DMU_n 在时期 p 的非径向方向性距离函数可通过式（4）的 DEA 模型进行求解。

$$EPT^{global} = (EPT^1 \cup EPT^2 \cup \cdots \cup EPT^P) \tag{3}$$

$$\vec{D}^p_{n,GBT-NR-DDF}(x_n^p, y_n^p, b_n^p; g) = \max w_m^x \beta_m^s + w_s^y \beta_s^y + w_j^b \beta_j^b$$

$$\text{s. t.} \quad \sum_{n=1}^{N}\sum_{p=1}^{P} z_n^p x_{nm}^p \leq x_{nm}^p - \beta_m^x g_{xm}, m = 1,2,\cdots,M;$$

$$\sum_{n=1}^{N}\sum_{p=1}^{P} z_n^p y_{ns}^p \geq y_{ns}^p + \beta_s^y g_{ys}, s = 1,2,\cdots,S; \tag{4}$$

$$\sum_{n=1}^{N}\sum_{p=1}^{P} z_n^p b_{nj}^p = b_{nj}^p - \beta_j^b g_{bj}, j = 1,2,\cdots,J;$$

$$z_n^p \geq 0, n = 1,2,\cdots,N, p = 1,2,\cdots,P; \beta_m^x, \beta_s^y, \beta_j^b \geq 0$$

（二）环境污染排放绩效指标构建

为构建环境污染排放绩效指标，需要定义投入和产出变量。本文使用的投入向量包括资本（K）、劳动（L）、能源（E），期望产出为地区实际生产总值（GDP），非期望产出为综合污染排放指数（Comprehensive Pollution Emission Index，CPEI）。假定模型（4）求得的污染排放指数和地区实际生产总值的最优解分别为 β^*_{PEI} 和 β^*_{GDP}，本文用污染排放效率的实际值与污染排放效率的理想值来定义环境污染排放绩效指数（EPEPI）。第 n 个省份在时期 p 的 EPEPI 如公式（5）所示。其中，GDP 和 CPEI 分别表示地区生产总值和综合污染排放指数的实际值，$\beta^*_{GDP}GDP$ 和 $\beta^*_{CPEI}CPEI$ 分别表示地区生产总值的冗余（slack）（即期望产出不足）和综合污染排放指数的冗余（即非期望产出过度），由此，$GDP + \beta^*GDP$ 表示地区生产总值的投影值，而 $CPEI - \beta^*CPEI$ 则表示综合污染排放指数的理想值。若某个 DMU 的 $\beta^*_{GDP} = \beta^*_{CPEI} = 0$，说明不存在冗余，换言之，该 DMU 处于最优生产前沿，此时，EPEPI = 1，即该 DMU 的环境污染排放绩效达到最大。当然，若存在变量冗余，则 EPEPI < 1。实际上，式（5）表示的正是环境污染排放效率的实际值占环境污染排放效率理想值的比重，该值越大，说明环境污染排放效率的实际值距离理想值越近，环境污染排放绩效越高；反之，则环境污

染排放绩效越低。

$$EPEPI_n^p = \frac{GDP_n^p/CPEI_n^p}{(GDP_n^p + \beta_{n,GDP}^{p,*}GDP_n^p)/(CPEI_n^p - \beta_{n,CPI}^{p,*}CPEI_n^p)} \tag{5}$$

$$AEPEPI_N^p = \frac{\sum_{n=1}^{N}GDP_n^p/\sum_{n=1}^{N}CPEI_n^p}{(\sum_{n=1}^{N}GDP_n^p + \sum_{n=1}^{N}\beta_{n,GDP}^{p,*}GDP_n^p)/(\sum_{n=1}^{N}CPEI_n^p - \sum_{n=1}^{N}\beta_{n,CPEI}^{p,*}CPEI_n^p)} \tag{6}$$

$$AEPEPI_h^p = \frac{\sum_{n=1,n\in h}^{G_h}GDP_n^p/\sum_{n=1,n\in h}^{G_h}CPEI_n^p}{(\sum_{n=1,n\in h}^{G_h}GDP_n^p + \sum_{n=1,n\in h}^{G_h}\beta_{n,GDP}^{p,*}GDP_n^p)/(\sum_{n=1,n\in h}^{G_h}CPEI_n^p - \sum_{n=1,n\in h}^{G_h}\beta_{n,CPEI}^{p,*}CPEI_n^p)} \tag{7}$$

在公式（5）的基础上，可以计算出在某个时期 p 全部 N 个省份的平均环境污染排放绩效指数（$AEPEPI_N^p$），计算公式如式（6）所示。若将这 N 个省份划分为 h（h = 1，2，…，H）个不同的区域，每个区域包含 G_h 个省份，则可以计算出在某个时期 p 第 h 个区域的平均环境污染排放绩效指标（$AEPEPI_h^p$），计算公式如式（7）所示。为了考察某个时段比如从时期 p_1 到时期 p_2 的平均环境污染排放绩效，则可以分别按照如下公式进行，其中式（8）（9）（10）分别是时期 p_1 到时期 p_2 第 n 个省、全部 N 个省以及区域 h 的平均环境污染排放绩效，分别用符号 $AEPEPI_n^{p_1,p_2}$、$AEPEPI_N^{p_1,p_2}$、$AEPEPI_h^{p_1,p_2}$ 表示。

$$AEPEPI_n^{p_1,p_2} = \frac{\sum_{p=p_1}^{p_2}GDP_n^p/\sum_{p=p_1}^{p_2}CPEI_n^p}{(\sum_{p=p_1}^{p_2}GDP_n^p + \sum_{p=p_1}^{p_2}\beta_{n,GDP}^{p,*}GDP_n^p)/(\sum_{p=p_1}^{p_2}CPEI_n^p - \sum_{p=p_1}^{p_2}\beta_{n,CPEI}^{p,*}CPEI_n^p)} \tag{8}$$

$$AEPEPI_N^{p_1,p_2} = \frac{\sum_{p=p_1}^{p_2}\sum_{n=1}^{N}GDP_n^p/\sum_{p=p_1}^{p_2}\sum_{n=1}^{N}CPEI_n^p}{(\sum_{p=p_1}^{p_2}\sum_{n=1}^{N}GDP_n^p + \sum_{p=p_1}^{p_2}\sum_{n=1}^{N}\beta_{n,GDP}^{p,*}GDP_n^p)/(\sum_{p=p_1}^{p_2}\sum_{n=1}^{N}CPEI_n^p - \sum_{p=p_1}^{p_2}\sum_{n=1}^{N}\beta_{n,CPEI}^{p,*}CPEI_n^p)} \tag{9}$$

$$AEPEPI_h^{p_1,p_2} =$$

$$\frac{\sum\limits_{p=p_1}^{p_2}\sum\limits_{n=1,n\in h}^{G_h}GDP_n^p / \sum\limits_{p=p_1}^{p_2}\sum\limits_{n=1,n\in h}^{G_h}CPEI_n^p}{(\sum\limits_{p=p_1}^{p_2}\sum\limits_{n=1,n\in h}^{G_h}GDP_n^p + \sum\limits_{p=p_1}^{p_2}\sum\limits_{n=1,n\in h}^{G_h}\beta_{n,GDP}^{p,*}GDP_n^p)/(\sum\limits_{p=p_1}^{p_2}\sum\limits_{n=1,n\in h}^{G_h}CPEI_n^p - \sum\limits_{p=p_1}^{p_2}\sum\limits_{n=1,n\in h}^{G_h}\beta_{n,CPEI}^{p,*}CPEI_n^p)}$$ （10）

三、样本数据来源与处理

本文采用中国大陆分省份数据，其中，西藏因数据缺失被剔除，香港、澳门和台湾地区也不包含在样本中。样本数据的时期跨度为2000—2012年。考虑到DEA的效率测度受投入产出变量的数量限制，投入产出变量的个数不宜太多，在借鉴已有研究的基础上，本文选择了3种投入和两种产出。3种投入分别为资本、劳动和能源。两种产出分别为期望产出和非期望产出，其中，期望产出以实际生产总值来表示；非期望产出选择8种污染物并利用熵值法将它们拟合为环境污染综合指数（CPEI）来表示。具体的投入产出数据处理如下：

1. 资本投入（K）。本文用分省物质资本存量作为资本投入的代理变量，并与多数文献相一致，采用永续盘存法对资本存量进行估测，按照10.96%的折旧率测算2000—2012年中国大陆30个省份以2000年为基期的资本存量。所需数据均来源于历年《中国统计年鉴》。

2. 劳动投入（L）。鉴于《中国统计年鉴》2010年之前的就业人数与2011年、2012年统计口径不一致，不能确保数据的连贯性，而《新中国60年统计资料汇编》仅提供了至2008年的数据，经综合考虑，本文依据各省份统计年鉴来确定就业人数。

3. 能源投入（E）。已有研究中，除涂正革（2008）[8]采用煤炭消费量作为能源投入的代理变量外，其他文献多利用能源消费量这一指标，本文也采用"能源消费量"作为能源投入的代理变量。数据来源于历年《中国能源统计年鉴》，由于数据缺失，2001年宁夏回族自治区的数据来源于《宁夏统计年鉴》。

4. 期望产出（GDP）。本文以分省份地区实际生产总值作为期望产出，并按照2000年的价格进行消胀处理。相关数据来源于历年《中国统计年鉴》。

5. 非期望产出（$CPEI$）。由于使用单一的污染物指标很难表达环境压力，而采用多种污染物指标则必须考虑到投入产出数量对DEA识别能力的影响。借鉴已有研究，本文采用熵值法将多种污染物拟合成一个综合污染排放指数（$CPEI$）。具体考虑的污染物包括以下8种：二氧化碳（CO_2）、二氧化硫（SO_2）、化学需氧量（COD）、氨氮、烟（粉）尘、工业废气、工业废水、工业废气固体物。其中，因数据缺失，本文采用 IPCC（2006）提供的二氧化碳排放量估算方法，利用分省份煤炭、原油、天然气等 3 种化石能源消费量对分省份 CO_2 排放量进行估算（单豪杰，2008）[9]。2011 年、2012 年的烟（粉）尘数据分别来源于 2012 年、2013 年的《中国统计年鉴》，其他年份的数据根据《中国统计年鉴》和《中国环境统计年鉴》中的烟尘排放量和粉尘排放量加总得出；分省份的煤炭、原油、天然气数据来源于《中国能源统计年鉴》，其他污染物数据来源于相应的《中国统计年鉴》《中国环境年鉴》和《中国环境统计年鉴》。

四、环境污染排放绩效及其演变分析

根据环境污染排放绩效指数（EPEPI）的定义及 GBT-BR-DDF 的求解结果，本文在 CRS 和 VRS 两种假设下测度了 2000—2012 年中国分省份环境污染排放绩效指数，并对两种假设下的测度结果分别进行了 Wilcoxon 配对秩和检验、配对样本 T 检验，两种检验均在 1% 的显著性水平拒绝了原假设。根据 Zheng 等（1998）[10]的研究，本文采用 VRS 假设下的测度结果进行分析。

（一）分省份环境污染排放绩效

样本考察期内，海南、北京、天津、广东的 AEPEPI 超过 0.90，分别列于前 4 名；上海、福建、吉林、甘肃、重庆、新疆的 AEPEPI 介于 0.85—0.90 之间，分别列第 5—10 位；云南、江西、黑龙江、浙江、陕西、辽宁、贵州的 AEPEPI 介于 0.80—0.85 之间，分别列第 11—17 位；安徽、内蒙古、湖南、江苏、广西、湖北、四川、山东的 AEPEPI 介于 0.70—0.80 之间，分别列第 18—25 位；排名最后的是河南、青海、山西、河北、宁夏，其 AEPEPI 介于 0.50—0.70 之间，分别列倒数第 5—1 位。从分省演变的趋势看，样本考察期内，北京、天津、河北、上海、江苏、浙江、山东、河南、湖北、广东、四川、贵州等 13 个省市的 EPEPI 呈明显上升趋势；内蒙古、海南、云南、青海、宁夏、新疆等 6 个省份的 EPEPI 呈明显下降趋势（海南的 EPEPI 尽管呈下降趋势，但一直处于 0.95 以上）；山西、辽宁、吉林、江西、湖南、广西、重庆等 7 个省市的 EPEPI 呈 U 型趋势；而福建、安徽、陕西、甘肃等 4 省的 EPEPI 在样本考察期内并未出现大的波动。从省际 EPEPI 差距的演变趋势看，省际 EPEPI 之间的差距呈明显 U 型趋势，以 2004 年为拐点，之前省际 EPEPI 之间的差距呈现缩小态势，之后省际 EPEPI 之间的差距持续拉大（见图 1）。

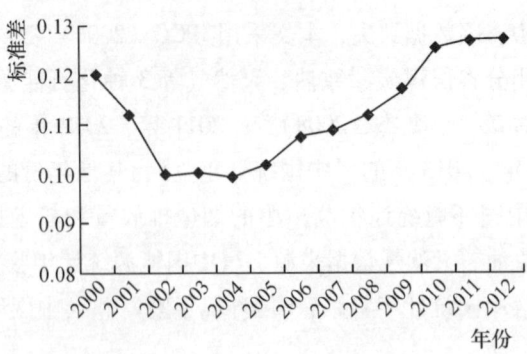

图1 环境污染排放绩效指数的省际差距演变

(二) 区域环境污染排放绩效

表1报告了不同时期全国及东中西部三大地区的AEPEPI。从全国环境污染排放绩效来看,整个样本考察期内全国的AEPEPI为0.8122,这意味着全国的环境污染排放效率的实际值仅达到理想值的81.22%,仍存在18.78%的提升空间。从全国环境污染排放绩效的演变趋势看,样本考察期内全国的AEPEPI呈明显的V型变化趋势(见图2),拐点位于2005年。其中,2000—2005年全国的AEPEPI趋于持续下降态势,从2000年的0.8291下降至2005年的0.7934;2005—2012年全国的AEPEPI趋于持续上升态势,从2005年的0.7934上升至2012年的0.8411。之所以如此,笔者认为可能与中国自"十一五"以来采取了更为严格的节能减排政策有关。在"十一五"规划纲要中,我国政府首次明确提出了"单位国内生产总值能源消耗降低20%左右和主要污染物排放总量减少10%"的经济社会发展约束性指标,但是这一节能减排目标的制定和实施是否对污染排放绩效的提升产生了显著影响,需要在影响因素分析中进行更细致的检验。

表1 不同时期全国及东中西部的平均环境污染排放绩效指数及年平均增长率

指标	时期	全国	东部	中部	西部
平均环境污染排放绩效指数 AEPEPI	"十五"时期	0.8053	0.8086	0.7672	0.8296
	"十一五"时期	0.8075	0.8402	0.7633	0.7981
	"十二五"前两年	0.8360	0.8862	0.7864	0.8096
	整个样本考察期	0.8122	0.8324	0.7726	0.8136
年平均增长率(%)	"十五"时期	-0.8758	-0.1328	-1.5093	-1.3462
	"十一五"时期	0.6974	1.6551	0.4412	-0.3137
	"十二五"前两年	1.1915	1.4289	1.0623	1.0362
	整个样本考察期	0.1206	0.8689	-0.2737	-0.5224

注:年平均增长率按照AEPEPI的几何平均值计算得出。

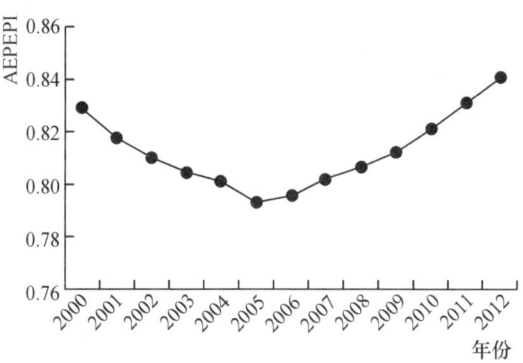

图 2　全国平均环境污染排放绩效指数演变

根据表1,"十五""十一五"以及"十二五"前两年,全国的 AEPEPI 分别是0.805 3、0.807 5 和0.836 0,说明自"十五"以来我国的环境污染排放绩效得到了一定改善。从环境污染排放绩效的变化速度来看,全国的 AEPEPI 在"十五"时期以年均 -0.88% 的速度下降,"十一五"时期则以年均约0.70% 的速度持续提高,"十二五"前两年增长速度更快,达到1.19%。整个样本考察期内,全国的 AEPEPI 年均增速达到0.12%。

从东中西部三大地区的环境污染排放绩效看,整个样本考察期内,东中西部三大地区的 AEPEPI 分别为0.832 4、0.772 6 和0.823 6,即东部地区最高,西部地区次之,中部地区最低。尽管人们主观认为东部地区污染最严重,但 AEPEPI 的测度结果却表明环境污染排放绩效与人们对环境污染的主观感受往往并不一致。结合三大地区环境排放绩效指数的演变(图3)可以发现:(1)东部地区的 AEPEPI 在2000—2005 年呈倒 N 型变化,而2005 年之后则持续上升;中部地区在2000—2006 年间 AEPEPI 呈不断下降趋势,此后小幅升高;而西部地区的 AEPEPI 在2000—2010 年间持续下降,此后小幅升高。(2)在"十五"时期,西部地区的 AEPEPI 高于东部和中部地区,而进入"十一五"以后,东部地区的 AEPEPI 远超过西部和中部地区,且差距不断拉大,而中部和西部地区 AEPEPI 之间的差距不断缩小。(3)从变化速度看,"十五"期间三大地区的 AEPEPI 均呈负增长,其中中部地区的下降幅度最大,年均下降约1.51%,西部地区年均下降1.35%,而东部地区下降速度较慢,只有0.13%。"十一五"时期,东部和中部地区的 AEPEPI 均得到了提高,而西部地区仍持续恶化。这一时期东部地区的 AEPEPI 年均提高约1.66%,中部地区年均提高约0.44%,西部地区则以年均0.31% 的速度持续下降。"十二五"以来,三大地区的环境污染排放绩效均有所提高,其中东部地区 AEPEPI 的提高速度有所放缓,年均上升 1.43%,中部和西部地区的 AEPEPI 年均分别提高 1.06% 和 1.04%。(4) 整个样本考察期只有东部地区的 AEPEPI 实现了增长,年均增长速度约为 0.87%,而中部和西部地区则分别以年均 0.27%、0.52% 的速度下降。

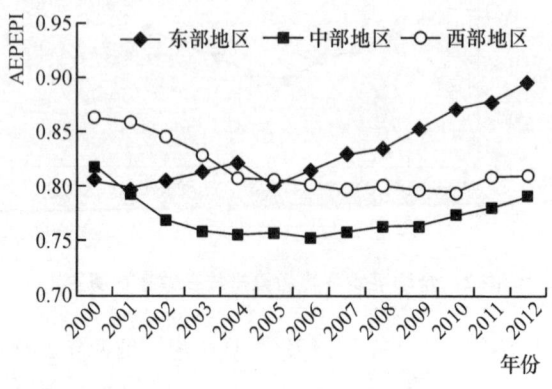

图3　东中西部平均环境污染排放绩效指数演变

五、环境污染排放绩效的驱动因素分析

（一）影响因素选择及实证估计方法

借鉴王兵等（2010）[11]、卢现祥和许晶（2012）[12]、黄祖辉等（2011）[13] 的研究,本文将环境污染绩效的关键驱动因素分为三大类:经济发展因素、结构调整因素和环境规制因素。其中,以人均 GDP（自然对数）衡量经济发展水平。为了考察"环境库兹涅茨曲线"假说（Environmental Kuznets Curve, EKC）,本文还考虑了人均 GDP 的平方项。根据该假说,在经济发展初期,伴随经济发展水平的不断提升,环境污染水平也将随之提升,环境污染排放绩效将随之下降;当经济发展到一定水平,环境污染由上升变为下降即出现了"拐点",当经济发展水平越过拐点之后,环境污染水平将随之递减,相应地,环境污染排放绩效将随之上升。根据已有研究,本文的结构调整因素主要考虑了三类结构指标,分别是能源结构、工业结构和所有制结构,其中,能源结构用煤炭占能源消费总量的比重表示,工业结构用重工业产值占工业总产值的比重表示,所有制结构用规模以上国有企业产值占工业总产值的比重表示。环境规制因素则主要考虑了能源强度（能源消费量/GDP）、排污费收入（排污费收入/工业增加值）、污染治理投资（污染治理投资/工业增加值）三个代理变量。除上述因素外,本文还考虑了外商直接投资因素,以检验"污染天堂假说"是否成

立。研究数据分别来源于相关年份的《中国统计年鉴》《中国能源统计年鉴》《中国环境统计年鉴》，分省 GDP 按照 2005 年 =100 进行消胀处理。

以 VRS 假设下的分省 *EPEPI* 作为被解释变量，以上述影响因素作为解释变量，构建面板数据计量模型，实证考察环境污染排放绩效的关键驱动因素。需要指出的是，由于被解释变量与解释变量之间存在内在依赖性（例如 *EPEPI* 测算中考虑了 GDP、能源等），不符合回归分析的样本独立性假设，可能导致传统的回归分析存在偏误。此外，由于环境污染排放绩效位于 0—1 之间，传统的 OLS 估计结果是有偏的，因此多数文献采用了 Tobit 估计方法（王兵等，2010）[11]，然而由于估计所用的样本只是全体样本中的一部分，因此 Tobit 回归估计也不具有一致性（黄祖辉等，2011）[13]。为了克服这一局限，本文采用 Bootstrap 计算标准误的方法进行截断回归估计。表 2 报告了全部样本考察期、"十一五"之前（2000—2005 年）和"十一五"以来（2006—2012 年）三个时期的估计结果。

（二）实证结果分析

1. 关于经济发展因素对环境污染排放绩效的影响

在全部样本考察期内，人均 GDP 的一次项系数为负值（-0.0570），二次项系数为正值（0.0773），且均通过了显著性水平检验，表明经济发展与区域环境污染排放绩效之间存在倒 U 型关系，即在经济发展过程中，区域环境污染排放绩效呈先下降后上升的趋势，这与王兵等（2010）[11]的研究结果一致。该结论在验证了 EKC 假说的同时，也说明环境污染排放等经济发展中遇到的问题必须通过经济发展加以解决，牺牲经济发展以提高环境污染排放绩效、或以环境污染为代价实现经济增长均是不可取的，这也是生态文明建设的题中应有之义。根据人均 GDP 一次项和二次项系数，拐点的位置位于 1.445 8 万元（2000 年价格）。按照这一数值，到 2012 年，除贵州外，其他 29 个省份全部越过了拐点，环境污染排放绩效与经济发展呈现"双赢"局面。当然，从"十一五"之前（2000—2005 年）和"十一五"以来（2006—2012 年）两个时期的回归系数来看，EKC 假说并没能得到较强的实证支持，这从一个侧面说明 EKC 假说需要有更长观测时期的观测值来提供支持。

表 2 Bootstrap 截断回归估计结果

因素类型	变量	全部样本考察期 (1) 回归系数	标准误	"十一五"之前 (2) 回归系数	标准误	"十一五"以来 (3) 回归系数	标准误
—	常数项	0.996 8***	0.046 5	0.676 9***	0.050 4	1.049 5***	0.043 2
经济发展	人均GDP	-0.057 0***	0.012 6	0.067 2***	0.020 1	-0.032 7	0.024 4
	平方项	0.077 3***	0.010 2	0.027 5*	0.015 9	0.075 3***	0.016 2
结构调整	能源结构	-0.140 0***	0.027 6	-0.056 2	0.040 4	-0.120 2***	0.027 7
	工业结构	-0.127 0**	0.057 8	-0.196 1**	0.094 7	-0.283 6***	0.085 6
	所有制结构	0.077 9**	0.034 1	0.474 0***	0.058 7	0.359 3***	0.041 1
环境规制	能源强度	-0.057 7***	0.008 8	-0.030 5***	0.011 6	-0.120 3***	0.010 7
	排污费收入	1.205 1	5.295 3	12.387 2	8.450 8	23.150 7***	7.322 6
	污染治理投资	5.997 8***	1.776 4	5.636 4***	2.131 5	3.561 7***	1.638 4
外资	外商直接投资	0.253 1	0.290 0	1.332 4***	0.296 5	0.392 5	0.402 3
—	Wald Chi²	180.56***	159.89***	569.90***			
—	obs.	368		168		200	

注：标准误通过 Bootstrap 方法经过 2000 次迭代计算而得；***、**、* 分别表示 1%、5% 和 10% 的显著性水平。

2. 关于结构调整因素对环境污染排放绩效的影响

根据表 2 中模型（1）的估计结果，在全部样本考察期内（2000—2012年），能源结构和工业结构的回归系数均显著为负（它们分别通过了 1% 和 5% 的显著性水平检验），而所有制结构的回归系数显著为正（通过 5% 的显著性水平检验），这说明结构因素对环境污染排放绩效存在显著影响。

（1）能源结构。根据回归结果，煤炭消费量占能源消费总量的比例居高不下是导致环境污染排放绩效低下的重要原因，因此，通过不断调整能源结构，降低能源使用中对煤炭的依赖性，提高新能源及清洁能源的利用力度，不断改善能源消费结构，将有助于提高环境污染排放绩效。对比表 2 中的模型（2）和（3）的回归结果，能源结构在"十一五"之前的 2000—2005 年尽管对环境污染排放绩效存在负向影响，但没有通过显著性检验，而"十一五"以来（2006—2012 年），能源结构对环境污染排放绩效的负向影响非常显著，而且其回归系数的绝对值较"十一五"之前大幅增加，这说明现阶段要提高环境污染排放绩效，能源结构的调整势在必行。

（2）工业结构。根据回归结果，以重工业产值占工业总产值比重表征的工业结构对环境污染排放绩效存在显著的负面影响，这一结论与王兵等（2010）[11]的研究结论是一致的。由于重工业往往是资本密集型产业，较轻工业而言，资本密集型的重工业更加倾向于重污染产业（黄祖辉等，2011）[13]，从而不利于环境污染排放绩效的改善。此外，对比表 2 中的模型（2）和（3）可以发现，自"十一五"以来，工业结构对环境污染排放绩效的负向影响要明显强于"十一五"之前，这说明我国目前的工业结构更加不利于环境污染排放绩效的提升，因而应加快推进工业结构调整，彻底消除重工业对环境污染的不利影响，走"资源节约型、环境友好型"的新型工业化道路，最大限度地释放出工业结构调整对促进环境污染排放绩效提升的红利。

（3）所有制结构。尽管所有制结构对环境业绩的影响是不易预期的（彭海珍和任荣明，2004）[14]，但本文的研究却支持所有制结构对环境污染排放绩效具有显著正向影响。由于国有企业较私有企业而言，其经济技术力量更为雄厚，节能减排的潜力相对更大，它们承担了更多的提高资源利用效率、减少污染排放以及保护环境的社会责任，因此具有较高的环境绩效。然而，对比"十一五"之前和之后两个时期可以发现，"十一五"以来所有制结构对环境污染排放绩效的促进作用相对于"十一五"之前有所减弱，这可能是因为近年来国有企业的环境责任感缺失，存在"绑架"或"勾结"当地政府、对环保政策"阳奉阴违"等问题（黄祖辉等，2011）[13]，从而降低了其对环境污染排放绩效提升的促进作用。因此,应该逐步强化国有企业的资源环境责任意识,充分发挥国有企业在落实节能减排责任中的作用,不断促进环境污染排放绩效的提升。

3. 关于环境规制因素对环境污染排放绩效的影响

首先,观察以能源强度表征的环境规制对环境污染排放绩效的影响。根据表5中模型(1)的回归结果,能源强度的回归系数显著为负,表明降低能源强度有利于环境污染排放绩效的提升。进一步观察表2中模型(2)和(3)的回归结果可以发现,"十一五"以来能源强度对环境污染排放绩效的影响明显大于"十一五"之前,这说明我国"十一五"以来采取的节能减排政策取得了一定效果,也进一步验证了环境污染排放绩效的拐点位置。

其次,分析排污费收入占工业增加值的比重表征的环境规制对环境污染排放绩效的影响。根据表2中模型(1)的估计结果,排污费收入的回归系数尽管为正值但没有通过显著性检验,原因可能是排污费收入征收标准过低,没有发挥出对污染减排的促进作用;而且排污费收入并非意味着减排减少,但却会在一定程度上降低期望产出。然而进一步观察模型(2)和(3)的回归结果可发现,"十一五"之前排污费收入对环境污染排放绩效也存在正向作用,但统计上并不显著,而"十一五"以来排污费收入对环境污染排放绩效存在显著正向影响,这从一个侧面说明排污费的征收可能需要与更严厉的节能减排政策相互配合,才能有效发挥其促进减排的效果。

最后,分析污染治理投资占工业增加值比重表征的环境规制对环境污染排放绩效的影响。根据估计结果,污染治理投资对环境污染排放绩效存在显著的正向效应,但其效应在"十一五"以来有所减弱,其回归系数由"十一五"之前的5.636 4降低至"十一五"以来的3.561 7。

4. 关于外商直接投资对环境污染排放绩效的影响

根据表2的估计结果,在全部样本考察期内,外商直接投资对环境污染排放绩效的影响为正,但没有通过显著性水平检验,这一结论表明"污染天堂假说"在中国并不成立。而且,"十一五"之前,外商直接投资能够显著提升环境污染排放绩效,而"十一五"以来,外商直接投资对环境污染排放绩效的影响并不显著。可能的原因在于,各个地区在引进外商直接投资时未能很好地调控其投资方向,而更多的是关注其数量规模,大比例的外商直接投资投向了传统的"三高"行业,进而对环境带来了负面影响(付丽娜等,2013)[15]。根据这一结论,在引入外商直接投资时,应充分考虑其对环境的影响,尽量避免中国成为"污染天堂"。

六、小结

本文从生态文明视阈出发，在环境生产技术和 DEA 框架下，基于全局基准技术的非径向方向性距离函数模型（GBT-NR-DDF），以"实际的环境污染排放效率/理想的环境污染排放效率"构造了一种新型指数即"环境污染排放绩效指数（$EPEPI$）"，测度了 2000—2012 年中国分省及区域环境污染排放绩效，并在刻画其演变趋势的基础上，采取 Bootstrap 截断回归方法实证考察了环境污染排放绩效的关键驱动因素。主要研究结论及启示如下：

第一，样本考察期内，中国环境污染排放绩效的均值为 0.812 2，最高的 2012 年也只有 0.841 1，环境污染排放绩效仍存在大约 20% 的提升空间。在生态文明视阈下，脱离经济发展单纯地讨论环境污染问题是不可取的，生态文明建设强调的是经济与资源环境协调发展，因而提升环境污染排放绩效的正确思路应是在尽可能减少环境污染排放的同时，尽可能地扩大经济产出。

第二，在样本考察期内，以 2005 年为拐点，中国的环境污染排放绩效呈"V"型变化，"十二五"以来环境污染排放绩效提升速度明显快于"十一五"时期。这表明中国的环境污染排放绩效正在朝好的方向发展，尽管当前中国的环境污染尤其是雾霾污染依旧严重，但不能简单地以此否认中国的环境污染排放绩效正在不断提升这一客观事实。伴随着国家围绕生态文明建设系列措施的实施，中国的环境污染排放绩效预期可望继续提高。

第三，在空间分布上，我国环境污染排放绩效存在严重的区域不平衡。其中，东部地区环境污染排放绩效最高，西部地区次之，中部地区最低。从发展速度来看，自"十一五"以来，东部地区的环境污染排放绩效的提升速度明显快于中西部地区，使得区域之间环境污染排放绩效的差距呈现先缩小后扩大的演变趋势。因此，在提升环境污染排放绩效的同时，要重视区域之间的协调，不断缩小环境污染排放绩效的区域差距。在这一方面，中西部地区的任务尤为艰巨。

第四，经济发展、结构调整和环境规制是影响环境污染排放绩效的重要因素。其中，经济发展与区域环境污染排放绩效之间存在倒"U"型关系；能源结构和工业结构对环境污染排放绩效存在显著的负向影响；所有制结构对环境污染排放绩效的影响显著为正。环境规制因素中，能源强度对环境污染排放绩效存在显著的负向影响，污染治理投资占工业增加值比重对环境污染排放绩效存在显著的正向影响，排污费收入占工业增加值比重对环境污染排放绩效的影响不显著。因此，应通过不断提升经济发展水平，加快推进结构调整，改革和完善环境规制措施，促进我国环境污染排放绩效的不断提升，进而推动我国生态文明建设取得显著成效。

参考文献

［1］ZHOU P, ANG B W, POH K L. A survey of data envelopment analysis in energy and environmental studies［J］. European Journal of Operational Research, 2008, 189 (1): 1-18.

［2］FUKUYAMA H, WEBER W L. A directional slacks-based measure of technical efficiency［J］. Socio-Economic Planning Sciences, 2009, 43 (4): 274-287.

［3］PASTOR J T, LOVELL C A. A global malmquist productivity index［J］. Economics Letters, 2005, 88 (2): 266-271.

［4］SIMAR L, WILSON P W. Estimation and inference in two-stage, semi-parametric models of production processes［J］. Journal of Econometrics, 2007, 136 (1): 31-64.

［5］WANG H, ZHOU P, ZHOU D Q. Scenario-based energy efficiency and productivity in China: a non-radial directional distance function analysis［J］. Energy Economics, 2013, 40: 795-803.

［6］ZHANG N, ZHOU P, CHOI Y. Energy efficiency, CO_2 emission performance and technology gaps in fossil fuel electricity generation in Korea: a meta-frontier non-radial directional distance function analysis［J］. Energy Policy, 2013, 56: 653-662.

［7］杨骞, 刘华军. 污染排放约束下中国农业水资源效率的区域差异与影响因素［J］. 数量经济技术经济研究, 2015 (1): 114-128.

［8］涂正革. 环境、资源与工业增长的协调性［J］. 经济研究, 2008 (2): 93-105.

［9］单豪杰. 中国资本存量 K 的再估算: 1952-2006［J］. 数量经济技术经济研究, 2008 (10): 17-31.

［10］ZHENG J L, LIU X, BIGSTEN A. Ownership structure and determinants of technical efficiency: an application of data envelopment analysis to Chinese enterprises (1986–1990)［J］. Journal of Comparative Economics, 1998, 26 (3): 465-484.

［11］王兵, 吴延瑞, 颜鹏飞. 中国区域环境效率与环境全要素生产率增长［J］. 经济研究, 2010 (5): 95-109.

［12］卢现祥, 许晶. 企业所有制结构与区域工业污染［J］. 中南财经政法大学学报, 2012 (1): 78-83.

［13］黄祖辉, 扶玉枝, 徐旭初. 农民专业合作社的效率及其影响因素分析［J］. 中国农村经济, 2011 (7): 4-13.

［14］彭海珍, 任荣明. 所有制结构与环境业绩［J］. 中国管理科学, 2004 (3): 136-140.

［15］付丽娜, 陈晓红, 冷智花. 基于超效率 DEA 模型的城市群生态效率研究［J］. 中国人口·资源与环境, 2013 (4): 169-175.